P

Johannes und Germana
von Dohnanyi

Schmutzige Geschäfte und Heiliger Krieg

Al-Qaida in Europa

Pendo Zürich München

Copyright © Pendo Verlag GmbH
Zürich 2002
Umschlaggestaltung: Charlotte Löbner, Mainz
Gesetzt aus der Minion
Satz: Michael Hempel, München
Druck und Bindung: Pustet, Regensburg
Printed in Germany
ISBN 3-85842-480-3

Inhalt

Einleitung:
Die Terroristen sind unter uns

5. September 1972. Olympische Spiele in München. Zwei Bilder. Das erste Bild: Auf einem Balkon des Olympischen Dorfes steht ein Mann. Bis auf die Augen ist sein Gesicht von einer schwarzen Maske verdeckt, in der Hand hält er eine Waffe. Vorsichtig späht der Maskierte über die Brüstung, steht offensichtlich Wache, während drinnen seine Komplizen neun israelische Sportler als Geiseln halten. Kurz zuvor haben sie sich den deutschen Behörden gegenüber als ein Kommando der palästinensischen Terrorgruppe »Schwarzer September« zu erkennen gegeben und von der Regierung in Jerusalem die Freilassung von 200 inhaftierten Palästinensern verlangt. Niemand weiß zu diesem Zeitpunkt, daß die Attentäter bereits in den ersten Minuten des Überfalls zwei Israelis kaltblütig ermordet haben.

Das zweite Bild, zwölf Stunden später, einige Minuten nach dem letzten Feuergefecht. Im Hintergrund der nach der Explosion einer von den Terroristen gezündeten Handgranate ausgebrannte Hubschrauber des Bundesgrenzschutzes. Schockleere Gesichter der Umstehenden. Sicher sind auch taktische Fehler gemacht worden. Niemand in Deutschland war auf die absolute Ruchlosigkeit des »Schwarzen September« vorbereitet. Elf israelische Sportler haben die Geiselnahme nicht überlebt, fünf Männer des achtköpfigen Kommandos sind von den Scharfschützen der Polizei erschossen worden. Die tragische Bilanz des ersten nahöstlichen Terrorüberfalls auf Deutschland.

Drei Jahrzehnte später war es erneut soweit. Rund 30 islamistische Terroristen bereiteten sich irgendwo in Europa auf die Erfüllung ihres Lebenstraums vor, hieß es in einem Alarmschreiben des Bundeskriminalamts (BKA) vom 23. April 2002 an das für Innere Aufklärung zuständige Bundesamt für Verfassungsschutz (BfV) in Köln und den Bundesgrenzschutz. »Innerhalb der nächsten 20 Tage« müsse in Deutschland, Frankreich und Großbritannien mit Geiselnahmen und Selbstmordattentaten gerechnet werden. Ziel der Attentäter aus dem Irak, Sudan, Jemen und Iran sei es, inhaftierte Al-Qaida-Terroristen freizupressen. Würden ihre Forderungen nicht erfüllt, wollten sie sich als »Märtyrer« zusammen mit ihren Geiseln in die Luft jagen. Das vertrauliche BKA-Papier beschrieb nicht weniger als eine grundlegende Strategieänderung der islamischen Terroristen. Europa dient ihnen nicht mehr länger nur als Warte- und Planungsraum – sie wollen ihren mörderischen Djihad (Gotteskrieg) jetzt auch auf den alten Kontinent ausdehnen.

Es bestehe kein Grund zur Panik, versuchten führende deutsche Sicherheitsexperten zwar sofort zu beruhigen. Doch das BKA-Papier sprach eine andere Sprache. Weil amerikanische Einrichtungen längst uneinnehmbaren Festungen gleichen, hätten die Terroristen »weiche Ziele« wie Synagogen und jüdische Schulen, Kirchen, Kinos und Diskotheken ins Visier genommen. Heinz Fromm, Präsident des BfV, mußte zugeben, daß »Angriffe auf nicht geschützte Ziele jederzeit denkbar sind«. Schlimmer noch: Laut Fromm waren die deutschen Behörden auch sieben Monate nach den Attentaten in Amerika auf die neue Bedrohung völlig ungenügend vorbereitet.

Überall in Europa werden seit dem 11. September Zellen von al-Qaida ausgehoben, doch Deutschland entpuppt sich immer mehr als eine der wichtigsten Drehscheiben des islamistischen Terrors. Von Hamburg aus plante die Al-Qaida-Zelle um Mohammed Atta die Anschläge vom 11. September.

In Frankfurt begann im April 2002 der Prozeß gegen vier Al-Qaida-Mitglieder, die 1999 einen Anschlag auf den Straßburger Weihnachtsmarkt vorbereiteten. Verbindungen nach Deutschland hatte auch der tunesische Attentäter, dessen Flüssiggasbombe am 11. April 2002 zehn deutsche Urlauber auf Djerba tötete. Und auch die neun ebenfalls im April verhafteten Mitglieder der Terrorgruppe al-Tawhid, so der Haftrichter, bereiteten einen Anschlag in Deutschland vor.

Im vertraulichen Gespräch hatte ein deutscher Verfassungsschützer in den Monaten nach dem 11. September immer wieder gewarnt: Der Krieg in Afghanistan habe die Handlungsfähigkeit von al-Qaida zwar »weitgehend beeinträchtigt« – aber eben nur in Afghanistan. In Europa hingegen seien die Terrorzellen »keineswegs zerschlagen oder inaktiv«. Denn Osama bin Ladens »loses Netzwerk mit festen Knoten« bestehe aus unabhängig voneinander operierenden Gruppen mit einem gemeinsamen Ziel: »Mit Terror und Mord wollen sie die verhaßten westlichen Demokratien in die Knie zwingen.«

Bin Laden sei der Anführer einer Bewegung, »die nicht unbedingt einen Anführer braucht, um funktions- und schlagkräftig zu sein«, das haben auch andere Untersuchungen ergeben.[1] Erst wenn sie zuschlagen wollen, braucht es den Segen aus dem virtuellen Hauptquartier. Nicht jeder Terrorakt sei al-Qaida direkt anzulasten, sagt schließlich der deutsche Terrorismusexperte Rolf Tophoven. »Al-Qaida gibt den Anstoß. Aber die über die Welt verstreuten isolierten Zellen brauchen dann keinen direkten Befehl etwa aus dem Irak oder werden direkt von Osama bin Laden gesteuert. Die Verbindungen zwischen diesen Gruppen sind sehr locker.«[2]

Empfindlich reagierte der Verfassungsschützer auch auf den Vorwurf, die deutschen Sicherheitsdienste hätten versagt. Seit Jahren beobachteten er und seine Kollegen die schleichende Radikalisierung der rund 3 Millionen in Deutschland lebenden

Muslime. Was immer die Verfassungsschützer in ihre Jahresberichte geschrieben hätten, sie seien »von keiner Bundesregierung ernst genommen worden«. Der wichtigste politische Auftrag an Bundeskriminalamt und Verfassungsschutz war von jeher die Observierung linker und rechter Extremisten. Deshalb fehlen dem BfV wie auch dem für die Auslandsspionage zuständigen Bundesnachrichtendienst (BND) heute dringend benötigte Kenner der muslimischen Welt und ihrer Sprachen. »Wir wissen kaum mehr als das, was in den Zeitungen steht«, gab ein Mitarbeiter des Landeskriminalamts Nordrhein-Westfalen nach den Anschlägen in Amerika offen zu.

Nicht, daß im übrigen Europa die Strategien gegen den islamischen Terrorismus viel weiter gediehen wären. Aber wenigstens existieren in London, Paris und Rom entsprechende Gesetze. Bis zum vergangenen September wurden diese allerdings kaum angewendet: Wer sich in die Machenschaften der Gotteskrieger nicht einmischte, lautete das zynische Kalkül, würde auch nicht riskieren, zur Zielscheibe ihrer Attacken zu werden. Anders in Deutschland: Dort fehlten griffige Gesetze gegen den internationalen Terror bis in den Herbst des Jahres 2001 so gut wie ganz. Seitdem ist zwar einiges in Gang gekommen, dennoch ist eines nicht zu übersehen: die Erinnerung an die verbrecherische Staatsstruktur des Dritten Reichs und das daraus entstandene Demokratieverständnis der Deutschen haben den Terroristen in die Hände gespielt.

Die mit der Erinnerung begründete Angst vor sich selbst ist Nachkriegsdeutschland zur zweiten Natur geworden, das Verhältnis von Staat und Gesellschaft eine komplizierte Struktur von Sicherungen zum Schutz vor sich selbst. Um jede Art von Machtkonzentration in wenigen Händen zu vermeiden, wurde der Staat so transparent und so dezentral wie möglich organisiert. Der Kontrolle der Staatsorgane weitgehend entzogen dagegen blieb der Bürger in seiner Privatsphäre. Was immer

»der Staat« sich in der Vergangenheit zum Thema »innere Sicherheit« ausdachte – es trieb die von der eigenen Vergangenheit geradezu besessene Nation an den Rand eines emotionalen Herzinfarkts. Selbst das mit richterlicher Genehmigung in der Garage eines bekannten Mafiabosses versteckte Mikrofon galt noch zur Mitte der neunziger Jahre als Pforte zu dem hinter jeder Ecke vermuteten »Polizei- und Spitzelregime«.

Dabei ist die deutsche Angst vor sich selbst längst unbegründet. Wohl nirgends sonst hat das demokratische »social engineering« nach dem Zweiten Weltkrieg so gut funktioniert. Die Bundesrepublik wurde zum europäischen Leitstern für eine liberale und offene Gesellschaft. Das Diskriminierungsverbot gegen Menschen anderer Rasse oder Hautfarbe wird ebenso ernst genommen wie das Recht auf Religionsfreiheit. Ausländer genießen den gleichen Schutz vor staatlicher Willkür wie jeder Deutsche. Bis heute hat kein anderes Land ein so großzügiges Asylrecht. Die aus der ehemaligen DDR entstandenen neuen Bundesländer haben an diesem Grundcharakter der deutschen Demokratie nichts verändert.

Doch im Kampf gegen den islamistischen Terrorismus erscheint die deutsche Gesellschaft zunehmend wehrlos. Der angebliche deutsche Überwachungsstaat erweist sich mit einemmal als Schimäre. Mehr noch: Das deutsche Modell behindert die gezielte Fahndung nach potentiellen Terroristen. »Die meisten Informationen über islamistische Terroristen in Deutschland«, klagt ein hoher Beamter des BKA, »sind mit hoher Wahrscheinlichkeit in Datenbanken gespeichert – nur sind diese über die ganze Republik verstreut und nicht vernetzt.« Und Datenschützer und Juristen regeln den Zugriff auf dieses Wissen eher nach abstrakten Prinzipien als praktischen Erwägungen. Noch zu Beginn des Jahres 2002 stoppte ein Berliner Richter die Rasterfahndung des Landeskriminalamts nach religiösen Terroristen, weil drei Studenten aus dem Nahen

Osten sich durch die arabischen Profildetails diskriminiert gefühlt hatten. »Oft fragt man sich, wer da wen schützen soll«, schimpfte der Verfassungsschützer. Und der BKA-Beamte bat um Anonymität: »Wer den Datenschutz in der bestehenden Form in Frage stellt, verbrennt sich die Finger.«

Im Schatten des liberalen Asylrechts, der absoluten Religionsfreiheit und des von der 68er-Generation inspirierten Multikulturalismus haben sich in Deutschland weit über ein Dutzend islamistischer Gruppierungen eingerichtet. Scheinbar unverdächtige kulturelle und religiöse Vereine, die angeblich zur Integration von Fremden dienten, entpuppen sich als Djihad-Tarnorganisationen. Daß die Deutschen sich nun von ihren Gästen getäuscht fühlen, findet ein Düsseldorfer Terrorfahnder naiv: »Ein Land, das aus falsch verstandener Toleranz zum Beispiel Hamas und Hisbollah erlaubt, in ihren religiösen Zentren offen für den Terrorkrieg gegen Israel zu werben, das türkischen Islamisten per Richterbeschluß gestattet, an öffentlichen Schulen ihre von Haß geprägte Version des Korans zu lehren – ein solches Land wird dafür bezahlen.«

Was die Ermittler schon lange wußten, scheint nun auch den Politikern zu dämmern. Ohne Parteiengezänk verabschiedete der Bundestag wenige Tage nach dem Attentat auf Djerba den Ergänzungsparagraphen zum Terrorismusgesetz, der erstmals die Unterstützung einer im Ausland operierenden Terrorgruppe unter Strafe stellt. Doch bis zu welchem Punkt die deutsche Gesellschaft bereit sein wird, für mehr kollektive Sicherheit individuelle Freiheiten preiszugeben, bleibt offen.

Und das, obwohl längst klar ist, daß der neue, der islamistische Terror weder gegen klar definierbare Ziele noch begrenzte Zielgruppen gerichtet ist. War es 1972 noch der durch das weltweite Interesse an den Olympischen Spielen garantierte Multiplikatoreffekt und nicht das Austragungsland Deutschland, der den »Schwarzen September« nach München trieb, so haben

Osama bin Laden und sein Terrornetz al-Qaida der freien und nach demokratischen Prinzipien geordneten Welt insgesamt den Krieg angesagt. Christen, Juden und aufgeklärte Muslime, Militärs und Zivilisten, kurzum alle, die sich ihrer rückwärts gewandten und menschenverachtenden Vision des Islam nicht beugen wollen, stehen auf der Haßliste der fanatischen Mudjaheddin (Gotteskrieger), die geradezu süchtig den »Märtyrertod« suchen, für den der Koran nicht nur den sofortigen Aufstieg ins Paradies, sondern auch die ewige Fürsorge von 70 Jungfrauen verspricht. Wer so denkt, ist bereit, seinen Krieg – bar jeder Skrupel – selbst mit den schrecklichsten aller Waffen zu führen. Es sei, hat der Terrorpate Osama bin Laden dekretiert, seine muslimische Pflicht, die Arsenale des Djihad auch mit Massenvernichtungswaffen zu füllen.

Spätestens seit dem 11. September sollte es keinen Zweifel mehr daran geben, daß der Saudi meint, was er sagt. Sein Wille ist Befehl. Seit Jahren sind Al-Qaida-Zellen rund um die Welt damit beschäftigt, die für den religiös motivierten Massenmord nötigen Ingredienzien zu besorgen. Die Beweise finden sich nicht nur in Abhörprotokollen der Polizei und den Gerichtsakten. Geständige Al-Qaida-Kämpfer selbst haben offen zugegeben, an solchen Projekten gearbeitet zu haben. Daß sie in ihren Aussagen wahre Alpträume und keine Horrormärchen erzählen, haben die kruden Bauanleitungen für atomare, biologische und chemische Waffen bewiesen, die nach dem 11. September 2001 zuhauf in den afghanischen Trainingslagern des islamistischen Terrors gefunden wurden.

Diesem alarmierenden Bild scheint die offene Erleichterung vor allem der amerikanischen Militärs zu widersprechen, die das sichergestellte Material ausgewertet und dann Entwarnung gegeben haben. Nach allen vorhandenen Erkenntnissen verfügt Osama bin Laden weder über russische Koffer-Atombomben, noch hat der irakische Diktator Saddam Hussein den

Saudi im Kampf gegen den verhaßten Westen mit Chemiewaffen oder Biokriegsspielzeug unterstützt. Bisher zumindest, behaupten die Geheimdienste, existiert al-Qaidas ABC-Waffenarsenal nur in der Phantasie der Terroristen.

Die Entwarnung erscheint allerdings vorschnell, wie so vieles andere, was in den vergangenen Jahren in der Öffentlichkeit als Erkenntnis über den islamistischen Terror gehandelt wurde.

Denn anders als die Militärs denken Terroristen nicht in Kategorien von Armeen und Waffensystemen, die bis zur Serienproduktion ausgereift sind. Ihre Stärken sind Phantasie, Flexibilität und Improvisation, um die Schwachstellen des Gegners auszunutzen. Und eine der gefährlichsten Schwachstellen der westlichen Demokratien ist ihr hoher Industrialisierungsgrad.

Warum eine chemische Bombe bauen, wenn der Selbstmordflug in eine Chemiefabrik oder einen Atommeiler mindestens den gleichen Effekt haben kann? Die Anschläge in den USA vom 11. September 2001, aber auch der Todesflug des Tessiners Luigi Fasulo in das Mailänder Pirelli-Hochhaus sieben Monate später beweisen, daß es einen absoluten Schutz gegen die Menschen, die zu allem entschlossen sind, allen Versprechungen der Politik zum Trotz auch in Zukunft nicht geben wird.

Warum nach komplizierter Nukleartechnologie suchen, wenn das Territorium der ehemaligen Sowjetunion ein Selbstbedienungsladen für alles, auch das gefährlichste Strahlenmaterial ist?

Und warum schließlich, wie das Dichterwort weiß, in die Ferne schweifen, wenn das Gute liegt so nah? Über lange Jahre hinweg haben die Industrieländer ihre giftigsten Abfälle ohne jede Skrupel in die dritte Welt exportiert. In vielen dieser Länder hat der Islamismus seine Wurzeln geschlagen. Was al-Qaidas Chemikern aus diesen Atom- und Giftmüllhalden alles zur freien Verfügung steht – kein Mensch weiß es. Und so ist es die sogenannte »schmutzige Bombe«, die den Experten die größte Sorge macht: mit nuklearen oder chemischen »Abfällen« angereicherte Sprengsätze, deren Terrorwirkung ihre physische Zerstörungskraft um ein Vielfaches übersteigt. »Gefahr durch systemimmanente Verwundbarkeit« nennen die Experten die Lage verharmlosend. Sie wissen, warum.

Ist schon eine realistische Einschätzung dieser Gefahr schwierig genug, so erweist sich die Suche nach einer erfolgversprechenden Abwehrstrategie als fast unmöglich. Niemand – von den allzeit bereiten Verschwörungstheoretikern einmal abgesehen – zweifelt zwar ernsthaft an der geistigen Urheberschaft bin Ladens für den 11. September. Doch sein Name, das wird immer deutlicher, ist Schall und Rauch. Al-Qaida ist nicht die erhoffte hierarchisch aufgebaute Struktur, der man nur die Führungsspitze wegbomben muß, um sie zum Einsturz zu bringen.

Al-Qaida (die Basis) selbst besteht wohl nur aus einem relativ kleinen Kern von Männern um Osama bin Laden, die für die Ausarbeitung der religiös-politischen Grundlagen und der allgemeinen Strategie des von dem Saudi erklärten »Gotteskampf gegen die Juden und Kreuzfahrer« zuständig sind.

Wie jeder Feldherr, der etwas auf sich hält, hat auch der gelernte Bauingenieur und Multimillionär Osama bin Laden seinen Krieg den um die Welt verstreuten Truppen in kurzen und auch noch vom tumbesten Terroristen zu verstehenden Befehlen vorgezeichnet. »Informationen über den Feind, dessen Land und Einrichtungen sammeln«, heißt es unter Punkt eins des von der britischen Polizei beschlagnahmten »al-Qaida manual« mit dem viel über das Ego des Verfassers verratenden Untertitel »Militärische Studien für den Heiligen Krieg gegen die Tyrannen«. Vorgesehen sind auch »Anschläge auf feind-

liches Personal und Touristen« unter Punkt drei, »Befreiungs-
aktionen für festgenommene Brüder« im nächsten und »Sprengen und Zerstören von Vergnügungsplätzen sowie Orten der
Sünde und Unmoral« schließlich unter Punkt sechs.

An diesen und ähnlichen Richtlinien orientiert sich dann
ein weltweit gespanntes loses Netz einzelner islamistischer
Gruppen, die in ihrer Zusammensetzung und der Planung
ihrer Aktivitäten weitgehend autonom sind. Andersherum
kann al-Qaida aber auch beschließen, einzelne Zellen für
bestimmte Aufgaben zu aktivieren. Im einen wie dem anderen
Fall übernehmen unverdächtige und wie feste Knoten in dieses
Netz eingeflochtene Personen die Kommunikation zwischen
dem »Think Tank« von al-Qaida um bin Laden und den einzelnen Zellen.

Netze sind punktuell flexibel und reagieren doch als
Ganzes. Einzelne Fäden können durchtrennt werden, ohne daß
die Struktur als solche ihren Zusammenhalt verliert. Ein Blick
auf den wichtigen Knotenpunkt Deutschland und seine Verbindungen genügt, um zu begreifen, wie schwer es sein wird,
das islamistische Terrornetz von al-Qaida effektiv zu zerstören.

Mohammed Atta etwa, der nach Ansicht des amerikanischen FBI das Kommando über die Attentäter vom 11. September führte, hatte an der Technischen Hochschule in Hamburg-
Harburg jahrelang ein ganz normales Studentenleben geführt.
Nach seinem mörderischen Selbstmordflug ins World Trade
Center erinnerten sich seine Kommilitonen an den Ägypter als
einen ernsthaften jungen Mann. Daß er bei der Universitätslei-
tung die Einrichtung eines Gebetsraums für die muslimischen
Studenten der Hochschule durchsetzte, hatte niemanden neugierig gemacht. Auch andere Mitglieder der Al-Qaida-Zelle um
Mohammed Atta, darunter die Kamikazemörder Ziad Jarrah
und Marwan al-Shehhi sowie Attas nach Pakistan geflohener
»Logistiker« Ramzi bin al-Shibh und sein Testamentsbezeuger

Mounir al-Motassadeq, hatten unauffällig in der Hansestadt gelebt. Daß diese fünf so normalen jungen Männer in Wirklichkeit Schläfer des internationalen islamistischen Terrorismus sein könnten, war einfach niemandem in den Sinn gekommen.

An dem Tag, an dem Mohammed Atta die voll besetzte Boeing 767 in das World Trade Center steuerte, war die sogenannte »Meliani«-Gruppe in Frankfurt bereits seit mehr als anderthalb Jahren hinter Schloß und Riegel. »Meliani« war der Tarnname des Anführers Mohammed Bensakhria, der nach seiner Flucht in Spanien verhaftet und inzwischen an Frankreich ausgeliefert wurde. Gegen die übrigen vier Mitglieder seiner Gruppe, die allesamt falsche Namen angegeben haben, wird seit Mitte April 2002 in der Main-Metropole verhandelt. Für die Anklage sollen sie im Dezember 1999 ein Attentat auf den Weihnachtsmarkt vor dem Straßburger Münster geplant haben. Als ob er sich damit von den Richtern mehr Sympathie erwarten könne, erklärte einer der Angeklagten, er habe nicht die »Christenhunde«, sondern die Straßburger Juden angreifen wollen. In der Wohnung der »Meliani«-Zelle am Frankfurter Kettenhofweg waren unter anderem auch eine Reihe von Chemikalien sowie detaillierte Anleitungen zum Bombenbau entdeckt worden. Die für die Al-Qaida-Abteilung »Frankfurt« entwickelte Giftgasformel war so gut, daß andere Gruppen wie etwa die in Mailand darauf drängten, von dem bisher nicht identifizierten »libyschen Chemiker« in das tödliche Geheimnis eingeweiht zu werden. Entdeckt wurde aber auch ein ungewöhnlicher Zünder – identisch mit dem, der im Dezember 2001 bei dem zum Islam konvertierten Briten Richard Reid gefunden wurde. Auf dem Weg von Paris in die USA war Reid von seinen Mitreisenden überwältigt worden, als er versuchte, das Flugzeug mit einem in seinen Schuhen versteckten Sprengsatz in die Luft zu jagen.

Auf den Tag genau sieben Monate nach den Anschlägen von New York und Washington explodierte am Morgen des 11. April 2002 ein zur Flüssiggasbombe umgebauter Lieferwagen vor der Synagoge auf der tunesischen Ferieninsel Djerba. Um 07.07 Uhr hatte der mutmaßliche Attentäter Nizar Ben Mohammed Nawar noch einmal bei seinem Freund Christian Ganczarski in Mülheim an der Ruhr angerufen. Er sei »Saif« (das Schwert), hatte er sich mit seinem Kampfnamen bei dem deutsch-polnischen Konvertiten gemeldet. »Ich brauche nur noch meinen Dawaa (Segen).« »So Gott will«, hatte Ganczarski geantwortet. Die Verfassungsschützer, die den Anschluß von Ganczarski schon seit Monaten abhörten, konnten mit dem Gespräch zunächst nichts anfangen. 100 Minuten später starben in der von »Saif« ausgelösten Explosion in Djerba zehn deutsche Urlauber und fünf Tunesier.

Am 23. April 2002 schließlich befahl Generalbundesanwalt Kay Nehm einen bundesweiten Großeinsatz gegen die Terrorgruppe al-Tawhid (Bekenntnis zur Einheit Gottes). Daß in den folgenden Tagen für neun der insgesamt elf Festgenommenen der Haftbefehl bestätigt wurde, lag wohl weniger daran, daß bei der Razzia unter anderem Poster von Osama bin Laden und eine Pistole samt Munition chinesischer Fabrikation sichergestellt worden waren. Vielmehr waren die Namen der Inhaftierten und ihre Kontakte ein Indiz dafür, daß die Gruppe wichtige logistische Funktionen für al-Qaidas Djihad-Pläne in Europa erfüllt hatte.

Wie viele andere islamistische Gruppen war auch al-Tawhid vom Verfassungsschutz schon seit längerem sporadisch observiert worden. Wenige Wochen nach dem 11. September wurde die Spur plötzlich heiß. In einem abgehörten Gespräch bettelte »Abu Ali« um den Tod als Märtyrer. Sein Gesprächspartner in Afghanistan wies den Wunsch freundlich, aber entschieden zurück. Noch sei es für »Abu Alis« Selbstopfer zu früh, in einigen Monaten erst werde man darüber reden können.

»Abu Ali« ist in Deutschland unter dem wahrscheinlich falschen Namen Yaser Hassan gemeldet. Er gilt als der Kopf der deutschen Al-Tawhid-Zelle. Und gesprochen hatte er mit dem Bin-Laden-Vertrauten Abu Mussab al-Zarqawi.

Der Jordanier al-Zarqawi gilt als der Gründer von al-Tawhid. Während der amerikanischen Angriffe auf Afghanistan soll er schwer verletzt worden sein. Inzwischen hat er sich wohl über die Grenze in den Iran retten können, wo er unter dem Schutz der fundamentalistischen Wächter der Khomeini-Revolution lebt. Die »Europa-Geschäfte« von al-Tawhid führte der jordanische Islamist Abu Katada von einer Moschee im britischen Luton aus, bis er im Februar 2002 plötzlich verschwand. Sowohl al-Zarqawi als auch Katada waren bereits früher von einem Gericht in der jordanischen Hauptstadt Amman wegen ihrer Beteiligung an den in letzter Sekunde vereitelten Attentaten zur Jahrtausendwende in Abwesenheit zu je fünfzehn Jahren Arbeitslager verurteilt worden.

Mohammed Atta, die »Meliani«-Zelle in Frankfurt, das Attentat auf die Synagoge in Djerba, die Aktivitäten von al-Tawhid in Deutschland – sind das alles isolierte Episoden?

Al-Zarqawi und Katada brauchten »Abu Ali« alias Yaser Hassan in Deutschland nicht nur wegen seiner Talente als Schleuser, die er als einer der europäischen »Tour Operator« von al-Qaida schon oft unter Beweis gestellt hatte. Über »Abu Ali« liefen auch die Kontakte zu einer von einem staatenlosen Palästinenser aus Syrien betriebenen Fälscherwerkstatt im dänischen Hørsholm. Der hat nach Ansicht der dänischen Polizei nicht nur Drogenhändler und Schmuggler, sondern über die Al-Tawhid-Zelle in Deutschland auch al-Qaida mit seinen »Kunstwerken« versorgt. Al-Zarqawi selbst hat sich wohl vor seiner Flucht in den Iran über »Abu Ali« aus Hørsholm einen neuen Paß schicken lassen.

Spuren der deutschen Al-Tawhid-Gruppe im Netz von al-Qaida: von Essen im Ruhrgebiet ins britische Luton nach Hørsholm in Dänemark über den Iran nach Afghanistan. Und nach Italien. Denn aus Mailand waren dem irakischen Al-Tawhid-Mitglied Thaer Mansour im März 2001 zwei falsche italienische Führerscheine nach München geschickt worden.

Weiter: In den Monaten vor den Attentaten in den USA war der Ägypter Mohammed Atta kreuz und quer durch die Welt gereist. In Prag traf er einen Agenten des irakischen Geheimdienstes. Zusammen mit einem anderen Vertreter Bagdads wurde er von einer Überwachungskamera in der malaysischen Hauptstadt Kuala Lumpur gefilmt. Auf dem Weg von Florida zur Al-Qaida-Zelle von Abu Dahdah in Spanien hatte Atta acht Stunden Aufenthalt auf dem Zürcher Flughafen Kloten, wo er seinen Bargeldvorrat mehrfach an den Geldautomaten auffrischte und dann auch noch ein Schweizer Offiziersmesser kaufte. In der Küstenstadt Salou, glauben die Ermittler, traf er nicht nur einen hochrangigen Vertreter bin Ladens, sondern auch seinen alten Hamburger Freund und Logistiker Ramzi bin al-Shibh, um noch einmal die Pläne für das Attentat durchzugehen. Als gesichert gilt, daß Atta auch in Rom war. Ob er Kontakte zu dem Zentrum der Islamisten in Mailand hatte, ist strittig.

Spuren der Atta-Zelle im Netz von al-Qaida: von Hamburg nach Florida nach Kuala Lumpur nach Spanien in die Tschechei. Wie bei al-Tawhid gibt es Verbindungen nach Italien und nach Afghanistan. Gelder für sein Attentat kamen aus den Golfstaaten. Und es bestehen Kontakte zu dem ebenfalls in Hamburg lebenden iranischen Kaufmann Mamoun Darkhanzali, der verdächtigt wird, einer der »festen Knoten« im Terrornetz zu sein. Über seine Firma sollen Gelder von al-Qaida an die operativen Gruppen fließen. Auch Darkhanzali hat Kontakte zu Abu Dahdah in Spanien und zu islamistischen Gruppen in England.

Weiter: Nach dem Attentat auf Djerba wurden der deutsch-polnische Konvertit Christian Ganczarski und sein marokkanischer Freund Karim M. vorübergehend festgenommen. Beide waren längere Zeit in Pakistan und Afghanistan gewesen. Dort hatte Ganczarski auch den Djerba-Attentäter Nizar Ben Mohammed Nawar kennengelernt, dessen Familie im französischen Lyon lebt. Die Terrorausbildung in einem der Bin-Laden-Camps leugnen die beiden Islamisten Ganczarski und M. hartnäckig. Aber der deutsch-polnische Ganczarski wurde im vergangenen Jahr von den Behörden in Georgien auf dem Weg nach Tschetschenien verhaftet. Angeblich war er in Sachen »humanitäre Hilfe« unterwegs. Sowohl Ganczarski als auch M. besuchten die als besonders radikal bekannte Al-Taqwa-Moschee in Duisburg. Weil ihre Beteiligung an dem Anschlag in Tunesien nicht nachzuweisen war, wurden die beiden schon wenige Stunden später wieder auf freien Fuß gesetzt. Doch die Hausdurchsuchungen bei Ganczarski und M. hatten einen weiteren Strang im Netz aufgedeckt. Bei dem Deutschpolen wurde die Kontonummer der russischen Frau von Mounir al-Motassadeq gefunden. Dieser sitzt seit Herbst 2001 in Haft, weil er das von Mohammed Atta vor dem 11. September verfaßte Testament als Zeuge unterschrieben hatte. Al-Motassadeq hatte auch Kontakte mit den beiden Atta-Komplizen Marwan al-Shehhi und Ziad Jarrah. Und der Marokkaner M. hatte auf einem Zettel die ehemalige Telefonnummer des »Logistikers« Ramzi bin al Shibh notiert, der sich nichts sehnlicher gewünscht hatte, als mit einem der Flugzeuge des Atta-Kommandos über das World Trade Center oder das Pentagon direkt ins Paradies zu fliegen.

Spuren im Netz von al-Qaida also auch im Fall Djerba: von Tunesien über Frankreich ins Ruhrgebiet zur Atta-Gruppe nach Hamburg nach Tschetschenien. Und, wie schon Mohammed Atta und die »Meliani«-Gruppe, Kontakte auch nach Italien und natürlich nach Afghanistan.

War es ein Zufall, daß der Terrorist und Geschäftsmann Wadih al-Hage, der inzwischen wegen seiner Beteiligung an den Bombenattentaten auf die amerikanischen Botschaften in Nairobi und Daressalam verurteilt wurde, auf seiner Visitenkarte die Hamburger Geschäftsadresse des Iraners Darkhanzali angab, der seinerseits mit Mohammed Atta, der spanischen Al-Qaida-Zelle und radikalen Muslimen in Großbritannien in Kontakt stand? Oder war es ein Zufall, daß die Al-Qaida-Gruppe in Mailand Kontakte mit den Männern von al-Tawhid und wohl auch mit Mohammed Atta hatte? Und daß die »Mailänder« auch in Verbindung mit dem in Großbritannien lebenden Abu Doha gestanden hatten, der als Führungsoffizier sowohl der Frankfurter »Meliani«-Zelle als auch des Terroristen Ahmed Ressam gilt, der von der bosnischen Djihad-Front über Italien nach Nordamerika geschickt worden war?

Kurz vor der Jahrtausendwende war Ressam an der Grenze von Kanada in die Vereinigten Staaten von Amerika mit 60 Kilogramm Sprengstoff und den dazugehörigen Zündern im Kofferraum entdeckt worden. Zur Millennium-Feier hatte er den Flughafen von Los Angeles in die Luft jagen wollen. Für dieses verhinderte Attentat war er von der amerikanischen Justiz zu 130 Jahren Haft ohne Bewährung verurteilt worden. Ahmed Ressam würde sein Leben hinter Gittern beenden. Wenn nicht …

… wenn der 34jährige Algerier im Mai 2001 nicht einen Entschluß gefaßt hätte. »Ich will mit dem Staatsanwalt reden«, rief er einem Wärter durch die Zellentür zu. Und schon am nächsten Tag erfuhr Ahmed Ressam, daß er für den Verrat an seinen Mitstreitern das amerikanische Zuchthaus »schon« nach

27 Jahren verlassen dürfte. Ressam schlug, ohne zu zögern, ein. Er wußte, daß er seinen Teil der Abmachung leicht würde erfüllen können. Am 23. Juni 2001 dann sagte er vor dem Distriktgericht von Manhattan aus, was er über die Pläne von Osama bin Laden und al-Qaida wußte. Besonders gut erinnerte er sich an seine Ausbildung im afghanischen Terrorlager von Deronta.

»Mr. Ressam«, wurde der Algerier von dem Staatsanwalt aufgefordert, »erzählen Sie dem Gericht von den Experimenten an den Hunden.«

– Wir haben nur zugeschaut. Es war unser Vorgesetzter, der den Versuch durchführte.

– Ihr Vorgesetzter war es also, der die Hunde in die Kiste zwang und dann Zyanid in die Kiste warf?

– Ja.

– Und dann hat er dem Zyanid noch Schwefelsäure hinzugefügt?

Ja.

– Und der Hund kam bei diesem Experiment um?

– Korrekt.

– Wie lange hat der Hund leiden müssen?

– Nicht sehr lange. Vielleicht vier Minuten. Aber es war auch nur ein kleiner Hund.

– Waren diese Experimente eine Vorbereitung für mögliche Angriffe auf Menschen?

– Richtig. Wir wollten die Wirkung von dem Gas ausprobieren.

– Und wurde in dem Ausbildungslager darüber gesprochen, das Gas gegen Amerikaner einzusetzen?

– Ja. Für uns waren die Amerikaner Feinde des Islam. Wenn nötig, hätten wir das Gas eingesetzt.

– Sah der Plan vor, Zyanid in die Ansaugstutzen der Klimaanlagen in öffentlichen Gebäuden zu füllen?

– Genau so. Nach dieser Methode wird Gas benutzt, wenn man töten will.[3]

Je mehr die Fahnder über das islamistische Terrornetz wissen, um so mehr fühlten sie sich an den italienischen Filmregisseur Federico Fellini mit seinen phantastischen Geschichten erinnert: »Jedes Detail«, hatte der Maestro geschrieben, »eröffnet eine Welt. Aus einem Loch sieht man ein Schwänzchen ragen, man zieht daran, ein Elefant kommt zum Vorschein.«[4] Je stärker die Ermittler an einzelnen Fäden zerren und je besser die internationale Zusammenarbeit der Fahndungsbehörden wird, um so dichter und damit verworrener wird das Netz des islamistischen Terrorismus, das wie Spinnenfäden rund um den Globus läuft.

»Der wird den Krieg gewinnen, der, selbst vorbereitet, darauf wartet, den Feind überraschen zu können«, hatte der chinesische Feldherr und strategische Genius Sun Tzu schon im 4. Jahrhundert vor Christus geschrieben.[5] Es ist dieses ur-asiatische und dem westlichen Denken und Handeln so fremde Konzept von Zeit und geduldiger Täuschung, das Osama bin Ladens Gegner erst langsam zu begreifen beginnen. »Ob es sich um Computerangriffe durch Hacker, eine große Explosion im World Trade Center oder einen Bombenanschlag von bin Laden handelt – all das geht über den Blickwinkel der amerikanischen Militärs weit hinaus«, notierten die chinesischen Strategieforscher Qiao Liang und Wang Xiangsui schon drei Jahre vor dem 11. September 2001. Aber was für die USA gelte, treffe auch auf die restlichen Industriestaaten zu. Der Westen insgesamt sei »denkbar schlecht darauf vorbereitet, dem (grenzenlosen) Krieg des 21. Jahrhunderts psychologisch, praktisch und vor allem mit neuen strategischen Konzepten« zu begegnen.[6]

I
Die Anfänge des europäischen Djihad

1 Osama bin Laden:
Ein Leben für den Terrorismus

Im Jahr 1928 hatte sich ein gewisser Mohammed bin Laden aus der süd-jemenitischen Stadt Hadramaut auf den Weg nach Saudi-Arabien gemacht. Nach der türkischen Besatzung, nach dem Ersten Weltkrieg und vor allem nach langen erbitterten Stammeskämpfen auf der arabischen Halbinsel hatte sich die von der radikal-konservativen sunnitischen Sekte der Wahabiten unterstützte Familie der Saud durchgesetzt. Und Mohammed bin Laden war auf ihrer Seite.

Er stieg in die Baubranche ein, gründete 1931 in Jeddah die Saudi Binladin Group und erhielt von der saudischen Herrscherfamilie eine Reihe erster lukrativer Aufträge.

Den Sprung zum Multimilliardär schaffte dann sein Sohn Mohammed. Die enge Beziehung zum Hause Saud wurde so intensiv, daß der Unternehmer 1967 zum Transportminister ernannt wurde und der persönliche Sekretär des Herrschers der Binladin Group per Dekret einen langjährigen Exklusivvertrag zur Pflege der heiligen Stätten des Islam in Saudi-Arabien sowie zur Restaurierung der Al-Aksa-Moschee in Jerusalem übertrug. Eng war auch die Freundschaft zu der Milliardärsfamilie bin Mahfouz, die ebenfalls beste Beziehungen zu dem Hause Saud pflegte und die später im Zusammenhang mit einer Reihe internationaler Skandale und fragwürdiger Kontakte zum extremistischen Islam ins Rampenlicht rücken würde. Als Mohammed bin Laden 1968 bei einem nie aufgeklärten Flugzeugunfall ums Leben kam, hatte er die Saudi Binladin Group zu einem international operierenden Konzern ausgebaut. Seine vielen Frauen hatten ihm 54 Kinder geboren. Eines von ihnen hörte auf den Namen Osama.[7]

Osama bin Laden kam 1957 in Jeddah zur Welt. Die wenigen Bilder aus seiner Jugend zeigen, immer im Kreis seiner Geschwister, einen hoch aufgeschossenen, scheu an der Kamera vorbeilächelnden Jungen. Wie alle Sprößlinge der reichen saudischen Oberschicht hatte auch Osama bin Laden ausgiebig Gelegenheit zum Reisen. Doch anders als die meisten seiner Altersgenossen verzichtete er auf das Luxusleben im westlichen Ausland. Der junge Osama hatte früh die religiöse Begeisterung für den radikalen Wahabismus entdeckt. So ließ er sich statt an einer der internationalen Elite-Universitäten in Jeddah zum Ingenieur ausbilden und trat anschließend in das väterliche Unternehmen ein. [8]

Im Dezember 1978 begann der Einmarsch der Roten Armee in Afghanistan. Zwei Monate später stürzte im Iran das Regime von Schah Reza Pahlewi. Damit verloren Amerikas Geheimdienste eine Reihe der wichtigsten elektronischen Beobachtungsstationen in die Sowjetunion und der Westen für viele Jahre einen großen Erdöllieferanten. Als auf dem Höhepunkt des Machtkampfs in Teheran sowjetische Truppenbewegungen auch an der Grenze zum Iran beobachtet wurden, schlugen die militärischen und geostrategischen Experten in Washington Alarm. Die Möglichkeit eines sowjetischen Vorstoßes nach Westasien, nur wenige Jahre nach den Erfolgen von Moskaus Verbündeten in Indochina, wurde als Teil eines langfristig angelegten Plans der kommunistischen Supermacht interpretiert, die westlichen Industriestaaten von ihrer Nabelschnur, den nahöstlichen Ölfeldern, abzuschneiden.

Im Weißen Haus beschlossen Ronald Reagan und sein Team, den afghanischen Widerstand gegen die sowjetische

Besatzung zu unterstützen. Für den antikommunistischen Krieg im Hindukusch bat Washington die islamischen Verbündeten um Hilfe. Pakistan würde den Mudjaheddin als Rückzugsgebiet dienen. Zum Dank würde Islamabad die von Washington bezahlten Waffen an die »Gotteskrieger« verteilen und selbstverständlich gut daran verdienen dürfen. Die arabische Welt, mit Saudi-Arabien an der Spitze, half zunächst mit Geld und später in steigendem Maß mit Freiwilligen, die gegen die gottlosen Sowjets kämpfen wollten.

Offen gestanden traf die sowjetische Invasionsarmee anfänglich auf nur geringen Widerstand. Die afghanischen Clans waren mehr damit beschäftigt, gegeneinander als gemeinsam gegen die Besatzer zu kämpfen. Das änderte sich erst, als die amerikanische Regierung Geld und Waffen schickte und die frisch aufgerüsteten Banden in einer breit angelegten Öffentlichkeitskampagne zu »Freiheitskämpfern« hochstilisierte. In der größten Operation ihrer Geschichte entdeckte die Central Intelligence Agency (CIA) den islamischen Fundamentalismus als Waffe. Aus den »Freiheitskämpfern« wurden so »Gotteskrieger« (Mudjaheddin). Nach Afghanistan, so das Jahre nach dem sowjetischen Abzug aus Kabul in Tschetschenien und Dagestan tatsächlich aufgegangene Kalkül, würden die islamistischen Extremisten die Sowjetunion von innen her attackieren. Aber da waren die Mudjaheddin längst der Kontrolle ihrer einstigen »Erfinder« entkommen und von antikommunistischen Gotteskriegern zu fanatischen Feinden des gesamten nichtislamischen Welt mutiert.

Der von der CIA organisierte Krieg mochte Tausende von Kilometern entfernt am Hindukusch toben. Die komplizierte Maschinerie aber, die zur Unterstützung der islamischen Mudjaheddin kreiert worden war, wurde an anderen Orten bedient. So schleuste die vom amerikanischen Geheimdienst gegründete Tarnfirma »Argin Corporation« von den etwa

350 Millionen Dollar, die Washington in acht Jahren offiziell in den Afghanistankrieg pumpte, gut 25 Millionen allein über die Büros der Shakarchi Trading AG in Zürich. Eine von vielen dubiosen Entscheidungen. Denn Washington mußte wissen, daß die CIA nicht der einzige Kunde des Unternehmens war.

1988 entpuppte sich die Shakarchi Trading AG als einer der größten Schweizer Skandale des Jahrzehnts. Denn nicht nur Mohammed Shakarchi, der einer irakischen Auswandererfamilie entstammte, war Geschäftspartner der Brüder Magharian, gegen die wegen Geldwäsche und Rauschgifthandels ermittelt wurde. In den Verwaltungsrat seines Unternehmens hatte Mohammed Shakarchi neben syrischen, türkischen und libanesischen Freunden auch den Zürcher Rechtsanwalt Hans Kopp als Vizepräsidenten plaziert. Als aufflog, daß das Unternehmen neben der CIA unter anderem auch dem türkischen Drogenboß Musullullu zu Diensten war und darüber hinaus auch als eine der Geldwäschestationen für die als »Pizza«- und »Libanon-Connection« bekannt gewordenen internationalen Rauschgiftorganisationen fungierte,[9] schied Hans Kopp am 8. November 1988 hastig aus dem Verwaltungsrat aus. Der Verdacht, seine Frau, derzeit erste Justizministerin der Eidgenossenschaft, habe ihn vorzeitig von den Ermittlungen im Fall Shakarchi informiert, zwang Elisabeth Kopp wenige Wochen später, am 5. Dezember, zum Rücktritt.[10]

Für die Ausbildung der afghanischen Gotteskrieger aktivierte die CIA eine Gruppe pensionierter Elitesoldaten. Unter ihnen war auch der höchstdekorierte Soldat der USA, Special-Forces-Oberst Bo Gritz. Nachdem er nach seinem Abschied aus dem aktiven Dienst mehrere Jahre lang im Dschungel von Indochina nach verschollenen amerikanischen Soldaten gesucht hatte, näherte er sich den stramm rechten Privatarmeen in Amerika und dem christlichen Glauben. Zeitweise lebte er mit seinen Freunden in einem einsam gelegenen und militärisch straff geführten Camp, das, ganz im Geist des christlichen Elitesoldaten, »Almost Heaven« (beinahe Himmel) genannt wurde. Außerdem hatte Hollywood Gritz als Helden entdeckt und schrieb dessen zahllose Abenteuer in die Zelluloid-Platitüde *Rambo* um.

Gritz und seine Truppe trainierten die Mudjaheddin auch in Florida, wo sich gut 20 Jahre später Mohammed Atta und seine Freunde ihre Flugkenntnisse zum Sturz auf das Pentagon und das World Trade Center aneignen würden. Das Geld für das Programm kam aus den Kassen eines in der Schweiz registrierten Tarnunternehmens namens Stanford Technologies Trade Group International. Dahinter versteckten sich die Iran-Contras, Verschwörer um Präsident Ronald Reagans nationalen Sicherheitsberater Admiral John Pointdexter und den Oberst des Marine-Corps Oliver North (vgl. auch Kapitel 7, Islamische Atome). Als »Rambo« Gritz Jahre später vor dem Kongreß über das Schicksal der in Vietnam verschollenen US-Soldaten aussagen mußte, fand er diese Verbindungen kaum erwähnenswert. Selbst wenn er gewußt hätte, wer hinter »Stanford Technologies« steckte, »hätte es … mich einen Scheißdreck interessiert«, so seine eigene Aussage.[11] Der Zweck heiligt schließlich die Mittel.

Auf ausdrücklichen Wunsch des saudischen Kronprinzen Abdallah war Osama bin Laden an der Seite des jordanischen Palästinensers Dr. Abdullah Azzam Anfang der achtziger Jahren in den Krieg gegen die sowjetische Rote Armee gezogen. Azzam war ein führendes Mitglied der radikalen Muslimbruderschaft. Bin Laden besaß den rechten religiösen Eifer, Charisma – und Geld. Als der heroische Kämpfer, als der er sich heute präsentiert, war er unter den afghanischen Mudjaheddin nicht bekannt. Bin Laden war in Azzams »Afghanistan-Büro« (MAK) vor allem mit der Anwerbung neuer Gotteskrieger, der

Administration der saudischen Truppe und der Verwaltung der aus Saudi-Arabien geschickten Gelder beschäftigt. Später kam es zwischen Azzam und dem Saudi zum Zerwürfnis, als der Palästinenser auf die Unterstützung des moderaten Mudjaheddinführers Ahmet Shah Massoud nicht verzichten wollte. Als Azzam bei einem nie geklärten »Unfall« ums Leben kam, übernahm bin Laden die Leitung der Organisation. Massoud, der als einziger der Kriegsherren aus dem Kampf gegen die Sowjets die Herrschaft der Taliban immer bekämpft hatte, wurde wenige Tage vor den Anschlägen vom 11. September 2001 von zwei als Fernsehteam auftretenden Terroristen ermordet. Viel spricht dafür, daß die Täter, die von Belgien aus in den Norden Afghanistans gereist waren, von Osama bin Laden geschickt worden waren.

Die Erben des verstorbenen Palästinensers Azzam haben zumindest die religiös-ideologischen Verbindungen zu Osama bin Laden nie abgebrochen. In ihrem von Großbritannien aus operierenden Medienunternehmen wurde eine Reihe von Büchern und Pamphleten veröffentlicht, die den von bin Laden erklärten Djihad gegen die »Kreuzfahrer und Juden« rechtfertigen. Noch Wochen nach den Attentaten vom 11. September 2001 waren die Internetseiten von Azzam das virtuelle Eintrittstor in die filigrane Welt des islamischen Terrorismus.

Es ist gesichert, daß Osama bin Laden in seiner Funktion mit der CIA in Berührung kam. Ob der Saudi aber, wie immer wieder behauptet worden ist, jemals direkt für den amerikanischen Geheimdienst arbeitete, ist nie endgültig bewiesen worden. Fest steht dafür, daß Osama bin Laden nach dem Ende des Afghanistan-Kriegs in die kleine Gruppe der Schützlinge des saudischen Geheimdienstchefs Prinz Turki al-Faisal aufgenommen wurde.

Angewidert vom Bruderkrieg der afghanischen Mudjaheddin nach dem Sieg über die Sowjets, war Osama bin Laden

1991 zunächst in seine Heimat zurückgekehrt, wo er sich wegen des amerikanischen Kriegs gegen den Irak und der Stationierung von US-Truppen auf dem für heilig gehaltenen Territorium Saudi-Arabiens aber bald mit der Regierung überwarf. 1994 wurde Osama bin Laden die saudische Staatsangehörigkeit entzogen. Seine eigene Familie, so zumindest die offizielle Version, verstieß den Extremisten.[12] Mit seinem auf rund 300 Millionen Dollar geschätzten Erbe zog bin Laden sich in den Sudan zurück, wo er bereits seit Jahren das Hauptquartier seiner Organisation eingerichtet hatte. Jetzt waren nicht mehr nur Israel und die Vereinigten Staaten seine Feinde. Er wolle, ließ er immer wieder verkünden, auch das gottlose Regime des Hauses Saud stürzen und den Heiligen Boden des Propheten von allen Ungläubigen befreien.

»In Afghanistan ist alles vorbei. Bereitet euch auf den nächsten Schritt vor«, hatte er seinen Getreuen nach dem Rückzug der Sowjets in einem seiner Lager in der Nähe von Kandahar befohlen.[13] Für die geplante Internationale des islamischen Terrors hatten sie sich auf den Namen »al-Qaida« oder »die Basis« geeinigt.

Daß mit dem Aufbau der Organisation sofort begonnen worden war, lernte das FBI, als 1999 dann Mohammed Saddiq Odeh im Zusammenhang mit den Attentaten auf die US-Botschaften in Kenia und Tansania verhört wurde. Obwohl er für den Djihad gegen die Sowjets zu spät gekommen war, fand der in Saudi-Arabien geborene Palästinenser Osama bin Ladens Ausbildungslager voller neuer Rekruten. Terroraspiranten aus aller Welt habe er in Afghanistan getroffen. »Woher einer kam, spielte keine Rolle.«[14] Schon während der Ausbildung seien sie für ihren späteren Einsatz in Zellen organisiert worden. »Gelobt sei Allah«, bestätigte der Tunesier Essid Sami Ben Khemais in einem im Januar 2000 in Mailand abgehörten Gespräch mit seinem libyschen Freund Lased Ben Heni die erfolgreiche Ausführung des ehrgeizigen Plans: »Von Europa bis auf die Philippinen – al-Qaida ist überall.«[15]

Bis zum 11. September mochten der breiten Öffentlichkeit all diese Details von Osama bin Ladens steiler Karriere an die Spitze des islamistischen Terrorismus unbekannt sein. Und die Politiker waren schlicht nicht interessiert. Doch andere wußten Bescheid. Die westlichen Geheimdienste hatten in der ersten Hälfte der neunziger Jahre die ersten Signale einer neuen Gefahr registriert, von der Europa sich bis dahin nicht bedroht gefühlt hatte: die Welt des islamischen Extremismus. Sie hatten Osama bin Ladens »balkanische Afghanen« in den Schützengräben von Bosnien-Herzegowina gesehen.

Und sie wußten auch, daß die Vordenker des extremen Fundamentalismus zum ersten Mal in der Terror-Geschichte wirklich global dachten. Für ihren Plan, ihren Djihad, suchten die selbsternannten Gotteskrieger auch Massenvernichtungswaffen. Doch wer immer dieses Thema in die öffentliche Debatte einbringen wollte, wurde im besten Fall als Kassandra verhöhnt. Die Berliner Mauer war gefallen. Die Sowjetunion lag auf dem Trümmerhaufen der Geschichte. Nach über vier Jahrzehnten kalten Kriegs wollten die europäischen Gesellschaften – mit den Deutschen an der Spitze – endlich die Früchte der lang versprochenen »Friedensdividende« genießen.

2 Im Schatten der Gleichgültigkeit: Der islamistische Terrorismus breitet sich aus

Die politische Entspannung, die dem friedlichen Scheitern des sowjetischen Kommunismus folgte, hatte auf Europa vor allem eine Wirkung: der ganze Kontinent vergaß die elementarsten Grundregeln der Wachsamkeit. Die schleichende Radikalisierung des islamischen Fundamentalismus fand vor aller Augen statt. Und dennoch tat die europäische Zivilgesellschaft alles, um sich das trügerische Gefühl einer längst nur noch fiktiven Sicherheit um jeden Preis zu bewahren. Die wachsende Nervosität der USA über die sich unter den Alliierten ausbreitende Lethargie provozierte in Europa im besten Fall verwundertes Kopfschütteln, in der Regel aber offene Kritik. Anstatt den so plötzlich ausgebrochenen Frieden zu genießen, hieß es, seien die Amerikaner – mal wieder – auf der Suche nach einem neuen Feind.

Auch von der Politik kamen in dieser Phase kaum Anstöße. Die Debatten über den neuen Gegner und die möglichen politischen und militärischen Antworten fanden, wenn überhaupt, hinter verschlossenen Türen statt. Und in einigen Fällen war die Illusion, den radikalen Islamismus für die eigenen außenpolitischen Ziele nutzen zu können, noch immer nicht verflogen.

Am 15. September 1999, fast auf den Tag genau zwei Jahre vor den Attentaten auf das World Trade Center und das Pentagon, warnte die Nationale Sicherheitskommission / 21. Jahrhundert in Washington zum ersten Mal unmißverständlich vor Terroranschlägen in den USA. »Amerika wird zunehmend durch feindliche Angriffe auf unser Land verwundbar werden. Unsere militärische Überlegenheit wird uns nicht gänzlich schützen können. Wir müssen davon ausgehen, daß eine große Zahl von Amerikanern in Amerika sterben wird.«[16] Die Kommission wiederholte damit nichts als die Warnung des früheren CIA-Direktors John M. Deutch von 1996, daß an die Stelle des während des kalten Kriegs regierenden Gleichgewichts des Schreckens zwischen den Blöcken ein mit traditionellen Mitteln nur schwer zu bekämpfender Gegner getreten sei. Der neue globale Terrorismus werde weniger Skrupel haben, Massenvernichtungswaffen einzusetzen. »Es handelt sich um eine lose Verbindung politisch entschlossener islamischer Kämpfer verschiedener Nationalität, die von Rachegefühlen, religiösem Eifer und allgemein von Haß auf den Westen motiviert sind.«[17] Keiner der arabischen Terroristen der siebziger und achtziger Jahre, schreibt der amerikanische Journalist Peter L. Bergen über Osama bin Laden, habe wie der globale Terror-Pate »eine so breit angelegte und kohärente Philosophie entwickelt, die weit über den Widerstand gegen Israel und die Gründung eines palästinensischen Staates hinausgeht«.[18]

Obwohl der islamistische Terror in den Vereinigten Staaten immerhin auf der politischen Ebene thematisiert wurde, führte die Debatte auch dort zu keinen praktischen Konsequenzen. Osama bin Laden wurde für eine immer länger werdende Liste von Attentaten verantwortlich gemacht. Und dennoch hielt es die Administration in Washington offenbar nicht für nötig, den Anführer der Terrororganisation al-Qaida zur internationalen Fahndung auszuschreiben. Der 11. September 2001 traf die USA daher nicht nur völlig unvorbereitet. Die Wochen nach den Attentaten waren auch eine Periode peinlicher Enthüllungen.

Das Verhalten der USA gegenüber Osama bin Laden und anderen bekannten islamistischen Terroristen war in den neunziger Jahren, gelinde gesagt, widersprüchlich. Das FBI hatte bin Laden als einen der Drahtzieher des Attentats auf das World Trade Center in New York von 1993 identifiziert. Nach mehreren Anschlägen auf amerikanische Militäreinrichtungen in Saudi-Arabien, die gut zwei Dutzend Soldaten und Zivilisten das Leben gekostet hatten, hatte das Außenministerium in Washington den Saudi schon 1996 als den »weltweit wichtigsten Geldgeber für islamistisch-extremistische Aktivitäten« bezeichnet. Am 28. Februar 1998 hatte der Saudi eine »Fatwa« verkündet, in der er die Muslime der Welt zum Krieg gegen die USA und den Westen aufrief. Und trotzdem war der Top-Terrorist von der amerikanischen Justiz nicht zur Fahndung ausgeschrieben worden. Die Begründung im nachhinein: die Beweise gegen den Saudi hätten für eine Verurteilung vor einem amerikanischen Gericht wahrscheinlich nicht gereicht.

Das, was die USA »versäumt« hatten, erledigten andere. Ausgerechnet das Innenministerium des von Washington zu den »Schurkenstaaten« gezählten libyschen Regimes hatte bereits am 15. April 1998 einen internationalen Haftbefehl gegen Osama bin Laden erwirkt.[19]

Am 10. März 1994 war in Libyen das deutsche Ehepaar Becker ermordet worden. Die beiden waren nicht, wie die deutschen Behörden anfangs behauptet hatten, normale Touristen gewesen. Die Beckers arbeiteten in der Schwarzafrika-Abteilung des Bundesamts für Verfassungsschutz in Köln.[20] Und im Auftrag ihrer Behörde waren sie in Libyen unterwegs gewesen, um Indizien für die mutmaßliche Beteiligung des Regimes von Oberst Muammar al-Ghaddafi an dem Attentat auf die Berliner Diskothek »La Belle« und der Explosion von PanAm-Flug 103 über dem schottischen Lockerbie zu sammeln.

Von Tripolis für den Doppelmord verantwortlich gemacht wurden die unter der Bezeichnung al-Djamaa al-Islamiyya al-Muqatila operierenden libyschen Veteranen des Afghanistan-Kriegs. Ein Konflikt unter Terror-Paten: die zu Osama bin Ladens al-Qaida gezählte Organisation bekämpfte den angeblich »un-islamischen« Ghaddafi, der seinerseits von der nordirischen IRA über die baskische ETA bis hin zu den radikalsten Palästinensern jeden unterstützte, der im Namen gleich welcher Revolution bomben und morden wollte.

Die gegen die al-Muqatila-Stiftung vorgelegten Indizien reichten der Interpol-Zentrale in Lyon, um den Haftbefehl gegen Osama bin Laden zu bestätigen. Weshalb diese Fährten damals nicht energischer verfolgt wurden, erklären Jean-Charles Brisard und Guillaume Dasquié in ihrem Buch »Die verbotene Wahrheit«:[21] Unterstützung hatten die Terroristen von al-Muqatila ausgerechnet vom britischen Auslandsgeheimdienst MI6 erhalten, der seit Ghaddafis Machtübernahme im Jahr 1976 immer wieder vergeblich versucht hatte, den exzentrischen Oberst zu beseitigen.

Besonders peinlich: Nach dem 11. September 2001 – Osama bin Laden war für die Anschläge auf die US-Botschaften in Kenia und Tansania von einem Gericht in New York inzwischen in Abwesenheit zu lebenslanger Haft verurteilt worden – setzte Washington auch die unfeinen Hilfstruppen der britischen Nordafrikapolitik auf die schwarze Liste des internationalen Terrorismus.[22] Die Gelegenheit, seine langjährigen Feinde in London düpieren zu können, war ein zu schönes Geschenk aus Washington, als daß Muammar al-Ghaddafi es hätte mißachten können. »Großzügig« schickte er seinen Geheimdienstchef nach London, um der Regierung Blair und dem Geheimdienst MI6 mit Namen und britischen Adressen ihrer früheren Freunde von al-Muqatila »auszuhelfen«.

In weiten Teilen Europas kam hinzu, daß die aufziehende Bedrohung des islamistischen Extremismus im wesentlichen als gegen die Vereinigten Staaten gerichtet verstanden wurde. Die öffentliche Meinung und mit ihr die Politik waren gespalten zwischen Gleichgültigkeit, einer mit klammheimlicher Schadenfreude durchsetzten Interpretation des islamistischen Fundamentalismus als einer rein »natürlichen« Reaktion auf den »amerikanischen Imperialismus« und der naiv revolutionsromantischen Schwärmerei, daß die islamistische Radikalisierung zwar ein bedauerlich brutaler, aber dennoch legitimer Versuch der Befreiung von korrupten und diktatorischen Regimen sei.

Es gab jedoch auch warnende Stimmen. So beschrieb etwa der deutsche Verfassungsschutz den islamistischen Fundamentalismus mehrfach als »die größte Gefahr für die deutsche demokratische Ordnung im 21. Jahrhundert«.[23] Ähnliche Warnungen kamen seit 1997 auch aus den Reihen der österreichischen Staatsschutzpolizei: »Wie verschiedene Vorfälle zeigten, richtet sich die Bedrohung (des islamischen Extremismus) nicht nur gegen Regierungen moslemischer Staaten, sondern auch gegen die westliche Welt.«[24] Und die italienische Antimafia-Behörde in Rom wies immer wieder auf die Kontakte zwischen dem organisierten Verbrechen und dem islamistischen Terrorismus hin, auf die sie seit den frühen neunziger Jahren mit steigender Frequenz gestoßen war.[25] Hören wollte solche Warnungen indes kaum einer. »Wir fragen uns häufig, welchen Sinn all diese aufwendigen und teuren Aufträge zur Beobachtung von Zielpersonen und Organisationen haben … wenn die von uns häufig auch unter gefährlichen Umständen zusammengetragenen Ergebnisse dann zu keinen konkreten Abwehraktionen führen«, protestierten die Mitarbeiter einer europäischen Undercover-Organisation in einem Bericht.[26] Auch ein deutscher Verfassungsschützer klagte im privaten Kreis nach dem Attentat auf das amerikanische Kriegsschiff »Cole« im jemenitischen Hafen von Aden: »Das einzige Thema, an dem vor allem die Presse und damit die Politik interessiert ist, ist das des Rechtsextremismus.«

Nur die wenigsten machten sich die Mühe weiterer Recherchen. Sonst hätten sie nämlich konstatieren müssen, daß der islamistische Fundamentalismus im Europa der liberalen Einreisegesetze und der schier endlosen kulturellen Toleranz längst tiefe Wurzeln geschlagen hatte. Weitgehend unbeachtet ist überall auf dem Kontinent ein dichtes Beziehungsgeflecht zwischen islamistischen Fanatikern und den politisch extremen Lagern herangewachsen.

Der Fall etwa des 1997 bei der Einreise nach Israel verhafteten Deutschen Steven Smyrek hätte Warnung genug sein müssen. Der islamistische Konvertit mit dem neuen Namen Abdul Karim hatte sich im Auftrag der von Teheran protegierten schiitischen Hisbollah an einer möglichst belebten Stelle in dem verhaßten Judenstaat selbst in die Luft sprengen sollen. Die Grundausbildung zum Selbstmordattentäter soll Smyrek in einem der Ausbildungslager von Osama bin Laden in Afghanistan erhalten haben.[27] Bald nach seiner Verurteilung zu einer zehnjährigen Haftstrafe in Israel begann sich der schwarzbraune Untergrund in Deutschland zu mobilisieren. Die zur Szene der Neonazis zählende Hilfsorganisation für nationale politische Gefangene und ihre Angehörigen (HNG) forderten alle Mitglieder zur Solidarität mit dem »in den Fängen der israelischen Terrorjustiz« gehaltenen deutschen Islamisten.[28]

Wenn es zu einer Kooperation zwischen neonazistischen und palästinensisch-islamistischen Gewalttätern kommen sollte, warnte zu Beginn des Jahres 2001 Paul Spiegel, »dann haben wir ein ganz großes Problem und Anlaß zu großer Sorge«.[29] Auch diese Warnung des Präsidenten des Zentralrats der deutschen Juden verhallte ungehört.

In den Tagen vor dem G8-Gipfel in Genua im Sommer 2001 wurden die italienischen Geheimdienste vor einem möglichen Attentat von al-Qaida gegen die Teilnehmer der Konferenz gewarnt. Wiederholt berichteten Informanten über die Absicht eines Kommandos, ein Linienflugzeug zu kapern und es mitsamt den Insassen direkt in das Konferenzzentrum zu fliegen. Die Regierung in Rom reagierte mit der Schließung des Luftraums über Genua und der für alle sichtbaren Dislozierung von Boden-Luft-Raketen.

Doch die größten Sorgen bereiteten die Kontakte islamistischer Extremisten in Italien einerseits zu Vertretern der in sogenannten Sozialzentren organisierten linken außerparlamentarischen Opposition und auf der anderen Seite zur rechtsextremen Szene. Beide Lager identifizieren sich teilweise mit der militanten No-Global-Bewegung. Beide sympathisieren, wenn auch auf der Basis unterschiedlicher ideologischer Ansätze, mit den Palästinensern und sehen in Israel beziehungsweise dem »Weltjudentum« traditionell einen Gegner. Die überzogen brutale Reaktion der italienischen Ordnungskräfte auf die Demonstrationen der No-Global-Bewegung in Genua war und bleibt inakzeptabel. Diktiert wurde sie aber auch durch die Angst, europäische Extremisten könnten sich als Handlanger islamistischer Terroristen mißbrauchen lassen.

Im Schatten der Gleichgültigkeit wächst die Gefahr

Die Versäumnisse der letzten Jahre wiegen jetzt schwer. Und zwar nicht nur, weil dieser neue Gegner einen Krieg erklärt hat, in dem die herkömmlichen strategischen und taktischen Instrumente der Militärs nur sehr begrenzt greifen. Die Herren des internationalen islamistischen Terrors handeln auch nicht nach dem Axiom des preußischen Generals Carl Philipp Gottlieb von Clausewitz, der den Krieg als Fortsetzung der Politik mit anderen Mitteln definierte. Diplomatische Finesse und politische Kompromisse sind in den Plänen von Osama bin Laden und seinen Anhängern nicht vorgesehen. Die von ihm angebotenen Optionen sind auf das denkbar kleinste Minimum reduziert: alles oder nichts!

Jeder Versuch, das Phänomen bin Laden mit Erfahrungen aus der Vergangenheit oder allein auf der Grundlage westlicher Rationalität zu erklären, muß daher schon im Ansatz scheitern. In der islamischen Welt überzeugt Osama bin Laden vor allem durch die Mischung seiner als Gegenpol zur vermeintlich westlichen Dekadenz verkündeten rigiden Interpretation des Islam und seiner Beherrschung der Spielregeln der modernen Welt. Wie ein Art-director, der aufgrund der vorbestimmten Zielgruppe die Symbole seiner Werbekampagne wählt, hatte bin Laden das World Trade Center in New York und das Pentagon in Washington als Ziele seiner bisher spektakulärsten Attentate ausgesucht. Die Botschaft: Der Traum eines alle Muslime der Welt vereinigenden Kalifats ist realisierbar. Es ist die bedingungslose Bereitschaft zur Selbstaufopferung für diesen Traum, die den Feind aller Muslime, repräsentiert durch die arrogant in den Himmel ragenden Türme der New Yorker Skyline, zum Einsturz bringen wird.

In den Monaten nach den Attacken auf Amerika zog Osama bin Laden mit perfider Luzidität alle Register der modernen Massenkommunikation. Die globale Informationsmaschine, immer weniger durch das geschriebene Wort als durch die bewegten Fernsehbilder bestimmt, wurde zum Resonanzboden seiner Propaganda. Nach der brutalen Demonstration der Entschlossenheit setzte al-Qaida auf die Verbreitung permanenter Angst und Unsicherheit, um die Widerstandskraft der »Feinde aller Muslime« zu zermürben. In der Kunst des Psychoterrors zumindest steht Osama bin Laden keinem nach. Dazu gehören auch die in immer schnellerer Abfolge erfolgten ominösen Andeutungen über die Arsenale des Terrornetzes.

Aber wenn Europa sich schon nicht dafür interessierte, was im mehr oder weniger nahen Ausland geschah, hätte es die Vorsicht gebieten müssen, sich wenigstens um die Entwicklungen innerhalb der eigenen Grenzen zu kümmern.

Am 14. März 2001 fand in Gallarate vor den Toren Mailands ein wichtiges Treffen statt. Ben Heni Lased war extra aus München angereist. Bouchoucha Mokhtar, Charaabi Tarek und Essid Sami Ben Khemais waren für die italienische Zelle von al-Qaida anwesend. Osama bin Ladens Terrornetz in Europa war in den vorangegangenen Wochen durch eine Reihe von Verhaftungen schwer angeschlagen worden. Es war an der Zeit, die Entschlossenheit der in Europa stationierten Gotteskrieger durch eine spektakuläre Aktion unter Beweis zu stellen.

Nichts ahnten die Terroristen davon, daß auch sie längst identifiziert worden waren. Jeder ihrer Schritte wurde von den italienischen Antiterroreinheiten beobachtet. In der schäbig eingerichteten Wohnung in der Via Dubini 3 in Gallarate waren Mikrofone versteckt worden. Live waren die polizeilichen Lauscher daher dabei, als die vier zu planen begannen.

Man brauche gute falsche Pässe und gefälschte Aufenthaltsbewilligungen, wurde der erste Tagesordnungspunkt angesprochen. Die operative Sicherheit der Gruppe sei von höchster Bedeutung, erklärte Khemais den anderen, die auf solche Feinheiten gern verzichten wollten. Er wolle doch einfach nur ein Selbstmordattentäter mit sofortigem Einzug ins Paradies sein, hörten die Lauscher einen der Anwesenden maulen. »Aber selbst wenn wir zum Opfer unseres Lebens bereit sind, will Scheich Abdullah immer das letzte Wort haben.«[30] Scheich Abdullah ist einer der Tarnnamen Osama bin Ladens.

Als Khemais die Disziplin in der Runde endlich wiederhergestellt hatte, ging es vor allem um die Lösung praktischer Probleme. Habib Waddani, wurde bestimmt, werde zusammen mit anderen die gefälschten Papiere besorgen. »Der ist gut«, verzeichnet das Protokoll. Und die heimlich zuhörenden Beamten nickten sich gegenseitig zu. Ihnen war Waddani seit dem 27. September 2000 bekannt, als der Tunesier aus freien Stücken eine Polizeistation in Mailand betreten und erklärt hatte, eine wichtige Aussage machen zu wollen.

Was Waddani an diesem Tag über einen groß aufgezogenen Waffenhandel zwischen Rußland, der Schweiz, Italien und Albanien zu Protokoll gab, war für die Ermittler einer der letzten Steine in einem die ganze Welt umspannenden islamistischen Puzzle, dem sie schon seit 1996 nachspürten. Waddani hatte am Ende seiner Aussage auch um Polizeischutz für sich und seine Familie gebeten.[31] Daß er im Oktober des darauffolgenden Jahres noch immer als Paßfälscher für die von ihm längst verratenen Mudjaheddin tätig war, läßt eigentlich nur einen Schluß zu: Die Fahnder hatten den Glücksfall, endlich einen Informanten unter die islamistischen Terroristen einschleusen zu können, am Schopf gepackt und den Tunesier als Spitzel zurück zu seinen Freunden geschickt.

Und was die Fahnder über die Mikrofone in der Wohnung in Gallarate an diesem Tag mithörten, rechtfertigte jede Gefahr, der sie ihren Informanten bis dahin ausgesetzt hatten. Denn Khemais ging nach den organisatorischen Fragen zum praktischen Teil des geplanten Attentats über:

- Khemais: »... Und dabei wird es nicht bleiben. Denn wir wollen auch den Behälter mit der Flüssigkeit einsetzen.«
- Lased: »Was? Ihr wollt das ausprobieren? Wo? In Frankreich?«

- Khemais: »Ja.«
- Lased: »Ist das Zeug diesmal besser als das andere ›Produit‹ von Mohammed?«
- Khemais: »Diese Flüssigkeit ist viel effizienter. Sobald der Behälter geöffnet wird, ersticken die Leute. … Das System ist so konstruiert, daß man die auf dem Boden des Behälters komprimierte Flüssigkeit austreten läßt.«
- Lased: »Habt ihr einen Namen dafür?«
- Khemais: »Sinsinan. Es ist schwierig zu handhaben. Aber man kann es zum Beispiel auch in Tomatendosen füllen. Es ist alles eine Frage des Drucks.«
- Mokhtar: »Also, so wie ich es sehe, laßt ihr die Waffen erst mal ruhen und konzentriert euch auf die Herstellung dieses Produkts.«
- Khemais: »Gelobt sei Gott.«[32]

Die italienischen Fahnder hörten zu und machten sich Notizen. Vieles erinnerte sie an die Gespräche anderer islamistischer Terroristen, die die Fahnder des Bundeskriminalamts in den Wochen vor der Jahrtausendwende in der Frankfurter Sigmund-Freud-Straße 55 abgehört hatten. Damals war ebenfalls von hausgemachten Bomben und einem Anschlag mit chemischen Substanzen die Rede gewesen. Bei der Durchsuchung der Frankfurter Wohnung waren entsprechende Handbücher und Bauanleitungen entdeckt worden. Eine Kopie dieser Texte würde später auch bei den Mitgliedern der Mailänder Al-Qaida-Zelle gefunden werden. Untereinander hatte die Terrorgruppe von einem Anschlag auf den Weihnachtsmarkt vor dem Straßburger Münster und die »Christenhunde« phantasiert.

Auch die Mudjaheddin in der Wohnung in Gallarate schienen kurz vor der Ausführung ihrer »Mission« zu sein. Einige Wochen lang wurden sie noch beschattet und abgehört. Dann befahl Staatsanwalt Stefano Dambruoso in Kooperation mit den Ermittlungsbehörden in München den Zugriff.

Endlich ein harter Schlag gegen den islamistischen Terror in Europa? Die Hoffnung war von kurzer Dauer. Ende Februar 2002 wurden vier Terroristen der Mailänder Al-Qaida-Zelle zu je vier Jahren Haft verurteilt. Das milde Urteil hatten sie erreicht, indem sie sich schuldig bekannten und ein verkürztes Strafverfahren akzeptierten. Um sie vor weiteren und möglicherweise härteren Strafen zu schützen, dürfen Khemais und seine Komplizen nach Ablauf ihrer Haft auf Anordnung des Mailänder Gerichts nicht an ihre Heimatländer ausgeliefert werden. Als freie Männer werden sie dann in Italien ihrem eigentlichen Handwerk, dem Gotteskrieg, wieder nachgehen können. Für Staatsanwalt Dambruoso, in dessen Büro im Mailänder Justizpalast die Ermittlungen gegen die Aktivitäten von al-Qaida in Italien zusammenlaufen, der endgültige Beweis dafür, daß die islamistische Gefahr noch immer nicht wirklich ernst genommen wird. Er kommentierte das Urteil ohne jedes Wort, nur mit einem Kopfschütteln.

3 Bosnien:
Der erste Djihad in Europa

Anfang 1995 hatten italienische Grenzbeamte in Triest bei einem illegal aus Slowenien eingereisten Marokkaner eine CD-ROM entdeckt.[33] Als sie den verschlüsselten Inhalt schließlich im Klartext lesen konnten, lösten die Ermittler Alarm aus. Über die Bildschirme ihrer Computer flimmerten detaillierte Pläne für Attentate mit chemischen Substanzen auf die Trinkwasseranlagen italienischer Städte.

Der Marokkaner wußte nichts über den Inhalt der CD-ROM. Er war nur ein einfacher Bote auf dem Weg zu Glaubensbrüdern in Mailand gewesen. Endstation seiner Reise hatte das islamische Kulturzentrum in der Viale Jenner sein sollen, wo sich das Rekrutierungszentrum für Djihad-Aspiranten aus Europa befand. Immerhin aber kannte er den Namen seines Auftraggebers. Und der Name Abu Abdel Aziz war den westlichen Geheimdiensten wiederum nicht unbekannt.

Nach dem Abzug der Roten Armee aus Afghanistan war der ägyptische Mudjaheddin 1992 aus Kabul zur Lageerkundung nach Bosnien geschickt worden. »Die Christen und Juden tun hier das, was sie seit Jahrhunderten am liebsten tun: sie schlachten alle Moslems ab«, meldete Aziz von dort und rief die Muslime der Welt zum Heiligen Krieg gegen die bosnischen Serben auf. Sein hennarot gefärbter Bart brachte dem Gotteskrieger, der als Kommandant der auf der Seite der Bosniaken kämpfenden 7. islamischen Brigade immer wieder durch besondere Grausamkeit auffiel, den Kampfnamen »Barbarossa« ein.

»Nach Afghanistan«, so brüstete er sich während einer von niemandem verhinderten Spendentour durch die USA, hätte eine Gruppe ebenso entschlossener wie devoter Muslime den Djihad »in Kaschmir, auf den Philippinen und in Bosnien fortgesetzt«. Westeuropa werde die nächste Etappe sein. »Und enden wird der Heilige Krieg erst, wenn wir unsere Brüder überall in Europa, und Europa insgesamt, von der Herrschaft der Ungläubigen befreit haben.«[34]

Wenige Wochen nach der Entdeckung der CD-ROM mit den Plänen für die Trinkwasservergiftung in Italien wurde Abu Abdel Aziz in Bosnien verhaftet und nach Saudi-Arabien deportiert. Sein marokkanischer Bote wurde über die italienische Grenze nach Slowenien abgeschoben, weil ihm konkrete Attentatspläne nicht bewiesen werden konnten. Die Ermittlungen gegen das islamische Kulturzentrum in Mailand verliefen – auf jeden Fall noch für einige Jahre – im Sand.

Abu Abdel Aziz hatte zum Heiligen Krieg in Bosnien aufgerufen. Wer aber organisierte und finanzierte den ersten Djihad in Europa?

Es sprach im besten Fall für grenzenlose Naivität, als die Vereinten Nationen im Jahr 1991, zu Beginn der Balkankriege, auf Drängen der Westeuropäer mit der Resolution 173 ein Waffenembargo gegen alle Staaten Ex-Jugoslawiens verhängten. Die Kontrolle über die jugoslawische Armee und ihre Waffenarsenale lag im wesentlichen bei der Republik Serbien. Wenn die »abtrünnigen« Republiken dem aggressiven Nationalismus des serbischen Regimes widerstehen wollten, mußten sie das Embargo unterlaufen.

Das katholische Kroatien fand Beistand nicht nur im Vatikan. Über komplizierte Dreiecksgeschäfte erhielt Zagreb auch deutsche und amerikanische Waffen. Die muslimischen

Bosniaken hingegen bekamen aus dem Westen zunächst nichts als verbale Solidarität und das Versprechen, den Frieden mit allen diplomatischen Mitteln durchsetzen zu wollen. Die von Belgrad zumindest mit Geld und Material, vermutlich aber auch militärisch direkt unterstützte Armee der bosnischen Serben dankte für so viel Zurückhaltung und marschierte vorwärts.

Es gibt eine Reihe erklärbarer Gründe für das außenpolitische Fiasko der westlichen Demokratien auf dem Balkan der frühen neunziger Jahre. Washington verspürte zumindest in der Anfangsphase nicht die geringste Neigung, in diesen Konflikt hineingezogen zu werden. Nach dem Ende des kalten Kriegs wurde europäischen Außenpolitikern ein ums andere Mal in der amerikanischen Hauptstadt beschieden, es sei nun die Aufgabe Europas, für Frieden und Stabilität im eigenen Hinterhof zu sorgen. Doch innerhalb der Europäischen Union war zu Beginn der neunziger Jahre eine gemeinsame Außenpolitik noch nicht einmal in Ansätzen angedacht. Nationale Interessen dominierten die politischen Entscheidungen.

Die schnelle Anerkennung der Unabhängigkeit zuerst Sloweniens und wenig später auch Kroatiens durch Bonn und den Vatikan hatte in Europa alte Vorurteile und Ängste geweckt. Großbritannien war entschlossen, auch weiterhin auf die Rolle Belgrads als Ordnungsmacht auf dem Balkan zu setzen. Paris empfand den Alleingang der Deutschen als Angriff auf die eigene Führungsrolle in Europa. Und Italien fürchtete jede politische Neuordnung im Südosten Europas als Gefahr für die eigene Rolle in der Region. »Uns ist weiterhin an einem starken Milosevic gelegen«, erklärte einer der einflußreichsten italienischen Außenpolitiker noch Anfang 1999, als im französischen Rambouillet ein letzter Anlauf zur friedlichen Beilegung des Kosovo-Konflikts versucht wurde. »Milosevic ist der einzige Garant gegen die neuen deutschen Hegemonie-Gelüste auf dem Balkan.«[35] Ohne es zu wissen, zitierte der Diplomat damit fast wörtlich den italienischen Außenminister Baron Sydney Sonnino, als dieser am 23. Mai 1915 vor dem römischen Parlament die Kriegserklärung gegen Österreich begründete.[36]

Mindestens genauso wichtig wie die gegenseitige außenpolitische Lähmung war das Entsetzen, das die nur noch an Frieden und Wohlstand gewöhnten Westeuropäer angesichts der ungezügelten Gewaltbereitschaft auf dem Balkan befallen hatte. Schon die von den Amerikanern geführte UN-Koalition gegen den Irak hatten sie als schweren Gewissenskonflikt empfunden. Der Krieg in unmittelbarer Nachbarschaft war ihnen vollends unerträglich. Das innerhalb Westeuropas nach dem Zweiten Weltkrieg entwickelte Instrumentarium für internationales Krisenmanagement sah den Rückgriff auf Gewalt als letztes Mittel nicht vor. Lichterketten, Gebetsrunden, von den Balkonen hängende Spruchbänder gegen den Krieg und natürlich endlose Verhandlungen – zu einem robusteren Einsatz für den Frieden waren die Europäer nicht bereit.

Während sich die europäischen Vermittler von einer ergebnislosen Friedenskonferenz zur nächsten schleppten, wußten Bosniens Präsident Alija Izetbegovic und sein Freund Hasan Cengic längst einen Ausweg für ihre schon in den Geburtswehen bedrohte Nation. Die beiden waren Anfang der achtziger Jahre von einem jugoslawischen Gericht verurteilt worden, weil sie die islamische Revolution des iranischen Ayatollah Khomeini nicht nur begeistert begrüßt, sondern ihre Fortsetzung auch in den muslimischen Gebieten Jugoslawiens gefordert hatten. Jetzt, in der Not, wußten Izetbegovic und Cengic, an wen sie sich um Hilfe wenden konnten.

Hasan Cengic kam mit einem konkreten Angebot aus Teheran zurück. Zusammen mit dem Geheimdienst Vevak würden iranische Revolutionswächter die Lieferung von Waffen vorbereiten. Zusätzlich aber würde die kleine bosnische

Armee die Unterstützung von kampfgestählten Mudjaheddin-Veteranen aus dem Krieg in Afghanistan erhalten.[37]

Teheran, die Kapitale der fundamentalistisch islamischen Schiiten, machte für Bosnien also gemeinsame Sache mit Osama bin Laden, dem Terrorprinzen des radikal sunnitischen Wahabismus: eine jeder westlichen Analyse des inner-islamischen Antagonismus scheinbar widersprechende Logik.

In Wien wurde die humanitäre Organisation »Third World Relief Agency« (TWRA) gegründet. Daß ausgerechnet der bettelarme und von einem grausamen Bürgerkrieg gequälte Sudan sich eine der reichsten islamischen Hilfsorganisationen leisten konnte, schien niemanden zu wundern. Ebenso wie kaum beachtet wurde, daß der offizielle Gründer der TWRA, der Sudanese Fatih al-Hassanein, der in Wien bis dahin nur als Osteuropa-Berater der in Khartoum regierenden radikal-islamischen »Nationalen Front« bekannt gewesen war, auf einmal zum Stellvertretenden Kulturattaché befördert wurde. Der mit der neuen Position verbundene Diplomatenpaß garantierte, daß Hassanein unkontrolliert alle Grenzen überqueren konnte.

Und niemandem schließlich fiel auf, daß neben Hassanein auch der Bosniake Cengic im Aufsichtsrat der TWRA saß und daß Alija Izetbegovic und der Sudanese langjährige Freunde waren. Zuerst intervenierte der bosnische Präsident und wenig später sein Außenminister Haris Silajdzic bei der GiroCredit Bank in Wien, damit Hassanein dort ein von der TWRA verwaltetes Bosnienkonto einrichten konnte.

Denn die Gelder flossen. Zwischen 1992 und 1995 gingen nicht weniger als 350 Millionen Dollar auf dem Wiener Bosnienkonto ein. Der größte Teil kam aus Saudi-Arabien, Malaysia, Kuwait und Brunei. Aber es gab auch Einzelspenden wie die zwei Überweisungen, die von einem gewissen, in Khartoum residierenden Osama bin Laden getätigt wurden.

Die Aktivitäten in der islamischen Welt zugunsten der Bosnier blieben den amerikanischen Geheimdiensten nicht lange verborgen. Immer wieder, erinnert sich Präsident Bill Clintons damaliger Chefunterhändler Richard Holbrooke in seinen Erinnerungen, habe er damals vergebens versucht, die Europäer von der Gefahr eines wachsenden Einflusses des islamischen Extremismus auf den Balkan zu überzeugen.[38] Bis Clinton sich am 27. April 1994 zu einem folgenschweren Alleingang entschloß: US-Botschafter Peter Galbraith in Zagreb wurde angewiesen, die von den Bosniaken und der TWRA durch Kroatien aufgebaute Nachschubroute für die islamischen Waffen nicht länger zu behindern. Einzige Bedingung Washingtons war das Recht, die Waffen vor ihrer Übergabe zu kontrollieren.[39] Darüber hinaus griffen die USA auf die bewährte Methode der Dreiecksgeschäfte zurück. Offiziell von den Vereinigten Staaten an Argentinien gelieferte Waffen wurden von Präsident Carlos Menem – ebenfalls über Kroatien – nach Bosnien weitergeleitet.

Mindestens die Hälfte der bei der TWRA eingegangenen Spenden wurde in Waffen investiert.[40] Auch Osama bin Laden half mit Kriegsgerät aus. Mit Hilfe der TWRA schickte der Saudi 1993 zwei Container mit gebrauchten sowjetischen und chinesischen Waffen nach Bosnien, die im letzten Moment aber an der slowenischen Grenze abgefangen wurden. In Sarajewo stellte die Einkaufsliste der bosnische Brigadegeneral Dzemal Merdan zusammen, in dessen Büro unter anderem die iranische Flagge und ein Bild von Ayatollah Khomeini hingen. Für den Transport und die Verteilung der Waffen war Hasan Cengics Vater Halid verantwortlich.

Unterdessen erreichten auch die ersten Mudjaheddin das bosnische Krisengebiet. Für al-Qaida hatte Osama bin Laden einen seiner engsten Vertrauten auf den Balkan entsandt. In der bulgarischen Hauptstadt Sofia eröffnete der ägyptische

Chirurg Ayman al-Zawahiri ein Koordinationsbüro. Wenige Jahre später wußte man, daß er, Mitbegründer der ägyptischen Terrororganisation al-Jihad und 1995 von einem Gericht in Kairo wegen seiner Beteiligung an mehreren Anschlägen in Abwesenheit zum Tode verurteilt wurde, bin Ladens religiös-politischer Mentor und Vordenker von al-Qaidas globaler Terrorstrategie war.

Insgesamt wird geschätzt, daß al-Qaida und der Iran zwischen 1992 und 1995 bis zu 7000 Mudjaheddin nach Bosnien einschleusten. Mindestens zweimal, glaubt Senad Becanin, Journalist und Herausgeber der Zeitschrift *Dani* in Sarajevo, war Osama bin Laden persönlich in Bosnien. Die *Spiegel*-Korrespondentin Renate Flottau kann zumindest eine dieser Reisen bestätigen. Im Vorzimmer von Izetbegovic traf sie 1993 auf einen hochgewachsenen Araber, der ihr seine Visitenkarte in die Hand drückte. »Osama bin Laden« las sie, konnte mit dem Namen des Mannes, der sie nicht sonderlich beeindruckte, nichts anfangen und warf die Karte in den nächsten Papierkorb.[41]

Probleme bei der Einreise hatte der Chef von al-Qaida keine. Anfang 1993 waren bin Laden und der Tunesier Adouni Mehrez beim Betreten der bosnischen Botschaft in Wien beobachtet worden. An diesem Tag, sagt Becanin nach langen Recherchen, habe die Regierung von Alija Izetbegovic dem saudischen Terrorpaten und seinem Begleiter einen bosnischen Paß ausstellen lassen.[42] Die Regierung von Sarajevo hat diese Information immer indigniert als böse serbische Propaganda zurückgewiesen. Aber als Adouni Mehrez 1998 wegen des Verdachts seiner Beteiligung an den Anschlägen auf die amerikanischen Botschaften in Kenia und Tansania in der Türkei verhaftet wurde, wurde bei ihm ein 1993 in der Wiener Botschaft ausgestellter bosnischer Paß gefunden.

Wie auch immer – als der Krieg in Bosnien mit den Dayton-Verträgen zu Ende ging, zog der größte Teil der »bosnischen

Afghanen« wieder ab. Doch Hunderte von ihnen blieben. Sie wurden in ihren Heimatländern als Terroristen oder auch nur als einfache Verbrecher gesucht. Innerhalb der kommenden Monate mußte Osama bin Laden seine Zelte im Sudan abbrechen. Außer Bosnien hatten diese Mudjaheddin somit keinen sicheren Ort mehr, an den sie sich hätten zurückziehen können. Und so akzeptierten sie erfreut die Dankbarkeit der bosnischen Regierung, die sie über Nacht als neue Staatsbürger des kriegsverwüsteten neuen Landes aufnahm.

Die Regierung in Teheran eröffnete ein iranisches Kulturzentrum in der Innenstadt von Sarajevo. Jordanien finanzierte noch vor dem Wiederaufbau auch des ersten kriegszerstörten Hauses die Konstruktion einer neuen Moschee. Und natürlich kam eine Vielzahl islamischer Organisationen ins Land, die Bosnien mit einem dichten Netz humanitärer, ausschließlich für Muslime bestimmter Hilfsprojekte überzogen: Die Muwafaq-Stiftung, die von den USA aus operierende »Benevolence International Foundation«, natürlich auch die schon erwähnte »Third World Relief Agency« des waffenhandelnden sudanesischen Diplomaten Hassanein und viele andere. In diesem rasch wachsenden islamischen Netzwerk machten sich die im Land verbliebenen Gotteskrieger nützlich. Die saudische Regierung hatte für die »islamische« Hilfe an Bosnien den halben Hafen des kroatischen Adriastädtchens Ploce gemietet. Doch über den kleinen Hafen gelangten nicht nur nach islamischen Regeln produzierte Nahrungsmittel und Medizin nach Bosnien-Herzegowina.

Mit der Fähre aus Italien kamen immer wieder auch Männer mit harten nahöstlichen Gesichtern und langen Bärten in Ploce an. Sie reisten in Autos mit holländischen Kennzeichen und hielten den Grenzbeamten ihre neuen bosnischen Pässe hin, mit denen sie ungehindert durch Europa reisen und Kontakte für die Zukunft knüpfen konnten. Früher oder später tauchten sie alle in der zentralbosnischen Stadt Zenica auf, wo die Mudjaheddin-Brigaden während des Kriegs vorwiegend operiert hatten und wo die neuen arabischen »Bürger« Bosniens auch nach dem Friedensvertrag von Dayton geblieben waren. Unter den Augen der internationalen Gemeinschaft war Zenica zum Hauptquartier der »bosnisch-afghanischen« Gotteskrieger ausgebaut worden.

Am Eingang des während des Kriegs von den Serben eroberten Dorfes Bocinja Donja stellten sie ein großes Schild mit der Aufschrift »Fürchtet Allah« auf und verweigerten selbst der internationalen Friedenstruppe SFOR den Zutritt. »Solange auch nur ein Muslim hier lebt, sollte kein Serbe sich herwagen«, ließen sie wissen und prügelten zum Beweis ihrer Entschlossenheit den ersten jungen Serben, der ihnen in die Hände fiel, krankenhausreif. Den stellvertretenden SFOR-Kommandanten Generalleutnant Michael Wilcox und seine Männer, die mit den fundamentalistischen Besatzern die Rückgabe von Bocinja Donja an die rechtmäßigen serbischen Besitzer aushandeln wollten, nahmen sie für einige Stunden gefangen. Allen Grund hatten sie, sich unantastbar zu fühlen. Denn alle Aufforderungen, die Dayton-Verträge zu erfüllen und die ausländischen Mitglieder der inzwischen aufgelösten islamischen Brigaden aus dem Land zu schaffen, lehnte Alija Izetbegovic mit dem Hinweis ab, er könne sich nach all dem, was diese Männer für Bosnien getan hätten, jetzt nicht undankbar erweisen und das Gesetz der Gastfreundschaft brechen.

Nicht viel anders würden wenige Jahre später dann auch die afghanischen Taliban argumentieren. Zuerst nach den Anschlägen auf die amerikanischen Botschaften in Kenia und Tansania und dann auch nach den Attentaten vom 11. September verweigerten sie die Auslieferung des Terrorpaten Osama bin Laden mit dem Hinweis auf ihre Pflichten als dankbare islamische Gastgeber.

Mit dem Unterschied, daß Bosnien für Osama bin Laden und al-Qaida nur den ersten europäischen Schachzug im Rahmen des globalen Djihad darstellte, während es nach den Attentaten vom 11. September 2001 in Afghanistan dann um die Verteidigung, um das Überleben des Terrornetzes ging.

4 Von Bosnien nach Albanien

Unbehindert streift der Blick von der Strandpromenade der südalbanischen Stadt Vlora über die weit geschwungene Bucht hinaus aufs Meer. Blau-weiße Fischerboote dümpeln träge auf dem glatten Wasser des natürlichen Hafens. Zu weit entfernt die rostigen Kräne und Silos, um die friedliche Trägheit zu stören.

Tagsüber spielen Kinder auf dem breiten Sandstrand, und magere Hunde balgen sich um stinkende Abfallreste. Aber das wirkliche Leben beginnt erst nach Einbruch der Dunkelheit. Dann wird die Bucht von Vlora zum Brückenkopf der albanischen Mafia und der skipetarischen Schmuggler auf dem Weg über die Adria nach Italien. Sobald die albanische Polizei sich in den Schutz ihrer Kasernen zurückgezogen hat und die gegen die Verbrecher aufgebotenen italienischen Marinesoldaten in ihrem stacheldrahtbewehrten Lager auf einer der Bucht vorgelagerten Insel verschwunden sind, werden die mattschwarzen Schlauchboote zu Wasser gelassen. Drogen und Zigaretten, Waffen, in Osteuropa in die Prostitution gezwungene Frauen und illegale Einwanderer aus aller Welt – mit allem läßt sich Geld machen. Und die Geschäfte der skipetarischen Schmuggler blühen.

Wenig mehr als eine Stunde brauchen die Boote mit ihren überdimensionierten Außenbordmotoren für die knapp 60 Kilometer nach Apulien. Mit Hilfe von gut versteckten Radaranlagen an der italienischen Küste werden die Banditen sicher an den Patrouillen der römischen Kriegsmarine vorbeigeschleust. Längst bevor die italienische Küstenwache alarmiert ist, rasen die Schmuggler in der Regel unbehelligt zurück in Richtung Albanien.

Ende 1996 gab es eine beunruhigende Unterbrechung dieser Routine. Ein amerikanischer Spionagesatellit hatte auf einem Schiff im zentralen Mittelmeer eine starke radioaktive Strahlenquelle registriert und automatisch Alarm ausgelöst. Eine erste Kontrolle ergab: Die Internationale Atomenergie-Organisation (IAEO) in Wien wußte nichts von einem regulären Transport in dieser Region. Die Reise des Frachters war daraufhin diskret bis in den Hafen der süditalienischen Stadt Bari verfolgt worden. Dort war das Spaltmaterial noch einmal, diesmal auf einem kleinen schnellen Boot in Richtung Vlora, geortet worden. Dann aber hatte sich die Spur verloren. Und in den großen westlichen Botschaften in Tirana war Alarm ausgelöst worden.

Wie viele andere vom realen Sozialismus heimgesuchte Hauptstädte sieht auch Tirana aus, als habe Grigori Alexandrowitsch Potemkin persönlich das städtische Planungsamt geleitet. Um vor Zarin Katharina II. das wahre Elend der russischen Bevölkerung zu verbergen, hatte der Prinz längs ihrer Reiserouten kunstvoll gezimmerte und bemalte Dorffassaden aufstellen lassen. Potemkinsche Dörfer eben! In Tirana hatte Enver Hodscha einen Teil der historischen Altstadt abreißen und eine fast 40 Meter breite Prachtstraße für die unvermeidlichen Militärparaden seines Regimes anlegen lassen. Wie es abseits der überdimensionierten Verkehrsachse aussah, hatte den kommunistischen Diktator nie interessiert.

Von dem ehemaligen Revolutionsmuseum an dem nach dem Nationalhelden Skanderbeg benannten Platz führt die Shetitorja Deshmoret Kombit leicht bergauf zu dem wie für die Ewigkeit hingeklotzten Amtssitz des albanischen Präsidenten.

Auf der rechten Seite, hinter Stacheldraht und bewachten Barrieren, befinden sich die mit allem westlichen Komfort eingerichteten Villen der längst von neuen Machthabern ersetzten Nomenklatura. Dahinter dann, immer im Karree um trostlose Innenhöfe angelegt, die unwirtlichen, vom Kohlenruß geschwärzten Siedlungen des gescheiterten albanischen Arbeiter- und Bauernparadieses.

Hinter dem Stahlbeton-Monster des Kulturzentrums, den Ministerien und den internationalen Hotels auf der linken Seite liegt in sicherer Distanz hinter einem scharf bewachten hohen Zaun die weitläufige Botschaft der Vereinigten Staaten von Amerika. Sie hatte sich zu Beginn der neunziger Jahre schnell zu einem der wichtigsten diplomatischen Zentren Washingtons in der Region entwickelt.

Nach dem Kollaps des von Enver Hodscha in fast totaler Isolation geführten Regimes hatte Washington in Albanien einen guten Start gehabt. Weil Rom die Koordination der vorwiegend europäischen Übergangshilfe in der ehemaligen italienischen Kolonie übernommen hatte, konnten die Amerikaner aus der zweiten Reihe heraus spielen. Wie die europäischen Christdemokraten hatten auch sie Hodschas ehemaligen Leibarzt Sali Berisha bei den ersten freien und für ein selbst in den Grundregeln der Demokratie unerfahrenes Land erstaunlich friedlichen Präsidentschaftswahlen favorisiert.[43]

Viele politische und Wirtschaftsberater aus Washington waren ins Land geschickt worden. Sie kamen mit den gleichen Rezepten einer im Elfenbeinturm der Universitäten ausgeklügelten neoliberalen Schocktherapie. Weniger sichtbar waren die vielen Mitarbeiter der amerikanischen Geheimdienste, die in Tirana nicht nur die Reform des albanischen Geheimdienstes Shik übernommen hatten. Von hier aus überwachten sie auch den vom serbischen Nationalismus in Brand gesetzten nördlichen Balkan.

Es war Mitte Juni 1997, und vor dem Hotel »Europa Park« an der Shetitorja Deshmoret Kombit bestieg ein hochgewachsener schlanker Amerikaner einen weißen BMW. Seine Visitenkarte wies ihn als Bill Holden[44] und als führenden Mitarbeiter einer großen internationalen Hilfsorganisation aus. Beides war falsch. In Wahrheit war Holden im Auftrag der CIA in Albanien.

Wenige Wochen zuvor hatte der »Demokrat« Sali Berisha zurücktreten müssen. Als die politische Krise in Tirana zum offenen Bürgerkrieg zu eskalieren drohte, war Holden mit einer von Eingeweihten als »äußerst bizarr« beschriebenen diplomatischen Mission beauftragt worden. Doch dann hatte er zusätzliche Direktiven erhalten: Was war mit dem auf dem Weg nach Vlora verschwundenen Nuklearmaterial geschehen? Und gab es Zusammenhänge zwischen diesem Ereignis und der in den vorangegangenen Jahren rapide angewachsenen Präsenz radikaler islamischer Organisationen und islamistischer Terroristen in Tirana?

Auf dem Weg aus der Stadt passierte der weiße BMW zuerst das Ausstellungsgelände der meist in Italien gestohlenen Luxuswagen und dann die von einer italienischen Unternehmerin gebaute Coca-Cola-Fabrik. Die wie schmutziggraue Pickel über das ganze Land verteilten Stahlbetonbunker, die der paranoide Enver Hodscha zur Verteidigung einer aus Italien befürchteten Invasion im ganzen Land hatte aufstellen lassen, nahm Holden schon gar nicht mehr wahr. Statt dessen war er zum Beispiel an dem weiß-grünen Bürogebäude interessiert, auf das sein Fahrer auf halbem Weg zum Flughafen deutete: der Hauptsitz der Arab-Albanian Bank mit Kapital aus dem Iran und aus Italien.[45] Später waren sie an den rostigen Anlagen einer chemischen Fabrik vorbeigekommen, die der ehemalige Geheimdienstchef Bashkim Gazidede im Rahmen des von Präsident Sali Berisha initiierten Privatisierungsprogramms zusammen mit einigen unbekannten Partnern aus dem Nahen

Osten gekauft hatte. Die Kunstdüngerproduktion, wiederholte der Fahrer die Gerüchte, seien nur eine Fassade. »Hier werden vor allem Substanzen für chemische Waffen hergestellt.«

Die Information paßte in das Bild, das schon der Journalist Nicoll Lesa von Berisha und seinem Geheimdienstchef gezeichnet hatte. Bashkim Gazidede, so der Herausgeber der Tageszeitung *Koha Jone*, sei auch Vorsitzender der Organisation der albanischen Muslime gewesen. In dieser Funktion habe er vor allem die Beziehungen zu radikalen islamischen Staaten geknüpft. »Die vorwiegend iranischen humanitären Organisationen, die in den letzten Jahren nach Albanien gekommen sind, sind Tarnorganisationen entweder für Teherans Geheimdienste, islamistische Terrorgruppen oder beides.«[46] »Gazidede hat im Auftrag des Präsidenten die Kontakte zu den Extremisten gepflegt«, wiederholte jetzt auch der Fahrer. Holden hatte zugehört, durch das halboffene Autofenster fotografiert und sich dann Notizen gemacht.

Am Stadtrand von Vlora wurde der BMW an einer Straßensperre angehalten. Sechs finster dreinschauende Männer mit dem Finger am Abzug ihrer entsicherten Kalaschnikows zerrten Holden und seinen Fahrer aus dem Wagen. Die Tarnung als »humanitärer Helfer« funktionierte. Angelockt von der Hoffnung auf Gelder aus dem Ausland wurde Holden nur Minuten später von dem Mafiaboß Myrteza Caushi persönlich abgeholt. Einen ganzen Tag führte der in ganz Albanien als »Zani« bekannte Gangster den Amerikaner durch die Stadt. Am Strand durfte Holden einen Schuß aus dem Lieblingsrevolver des Banditen in Richtung Meer abfeuern. Bei einem üppigen Mittagessen mit seinen Leutnants erklärte der Boß dann noch seine Vision einer von Tirana weitgehend unabhängigen Freihandelszone Vlora.

Mehr als an Zanis Zukunftsplänen war der Amerikaner daran interessiert, jeden Winkel der heruntergekommenen Stadt

»für die Logistik möglicher Hilfsprojekte in Zukunft« zu foto-
grafieren. Immer wieder fragte er aber auch nach Orten, an denen »zur Not« auch für eine gewisse Zeit »Waffen und andere
gefährliche Güter« gelagert werden könnten. Zani lächelte,
schwieg und tat im übrigen alles, damit sein Gast nicht unkontrolliert mit den Menschen auf der Straße in Kontakt kam.

Bei seiner Abfahrt wurde Holden dann ein persönlicher
Brief an US-Präsident Bill Clinton in die Hand gedrückt, in
dem Zani und sein lokales Volkskomitee ihre Hoffnung auf
gute bilaterale und vor allem profitable Beziehungen zwischen
der künftigen »Freihandelszone« Vlora und den Vereinigten
Staaten von Amerika ausdrückten. Der »humanitäre Helfer«
versprach, sein Bestes zu tun. Er wußte: der Brief würde nie im
Weißen Haus, sondern in der CIA-Zentrale in Langley im amerikanischen Bundesstaat Virginia landen.[47] Zusammen mit
einem detaillierten Bericht, in dem er bedauernd mitteilen
mußte, bei seinem ersten Besuch in Vlora nichts über das verschwundene Nuklearmaterial erfahren zu haben.

Die Amerikaner waren nicht die einzigen, die sich Sorgen
machten. Auch der italienische Militärgeheimdienst SISMI
hatte von illegalen Atom- und Giftmülltransporten nach Albanien erfahren. Unter dem Kommando eines nur als »G« identifizierten Fahnders schleuste der SISMI mehrere seiner Mitarbeiter in die Mission der EU-Beobachter ein, die wegen der
Farbe ihrer Overalls als »Weiße Männer« bekannt waren. Tagelang observierten »G.« und seine Männer an den Hängen des
Arthiti-Bergmassivs einen stark bewachten Höhlenkomplex.
Mehrmals in dieser Zeit hatten Lastwagen schwere Behälter in
das Innere des Berges gebracht. »Was da drin war, wissen wir
nicht«, sagte G. nach seiner Rückkehr nach Tirana. »Nur eines
ist klar: Das Zeug ist gefährlich.«[48]

G. und seine Männer waren der beste Beweis für diese Einschätzung. Bereits am Berg hatten sie begonnen, über unerklär-

liche Brustschmerzen zu klagen. Noch Tage nach seiner Rückkehr in die albanische Hauptstadt litt der bis dahin kerngesunde G. an schweren Asthmaanfällen; ein italienischer Militärarzt empfahl ihm eine toxikologische Untersuchung. Als sich sein Zustand besserte, verzichtete G. auf den sofortigen Rücktransport nach Italien. Der von ihm und seiner Einheit beobachtete Höhlenkomplex wurde für die italienischen Militärs allerdings zur Sperrzone erklärt. »Erstens«, erklärte G., »gibt es in ganz Albanien zur Zeit keine Einheit zur Entdeckung von chemischen, biologischen oder nuklearen Kampfstoffen. Und außerdem haben wir momentan ganz andere Sorgen.«

Im Frühling 1997 hatte sich das albanische Wirtschaftswunder als betrügerische Seifenblase entpuppt. Ein Großteil der nach der kommunistischen Diktatur in Geldgeschäften völlig unerfahrenen Bevölkerung hatte wirklich geglaubt, mit einer Minimaleinlage und monatlichen Zinsen von über 20 Prozent von nun an ein sorgenfreies Leben im Wohlstand ohne Arbeit führen zu können. Solange die Einlagen größer waren als die Auszahlungen, funktionierte das von Staatspräsident Sali Berisha und seinen Freunden als Aufbruch in den Kapitalismus gefeierte Schneeballsystem der Pyramiden-Banken. Aber als der Geldnachschub kleiner wurde, brach das finanzielle Kartenhaus zusammen. Die Verantwortlichen, die ihren ergaunerten Reichtum bis dahin mit protzigem Kitsch zur Schau gestellt hatten, tauchten unter. Die geprellten Anleger hatten über Nacht die kläglichen Ersparnisse ihres Lebens verloren.[49]

Innerhalb weniger Tage kam es im ganzen Land zu blutigen Aufständen. Berishas Versuche, die Proteste mit Hilfe der Armee zu unterdrücken, kosteten ihn die Unterstützung des Westens. In den europäischen Hauptstädten und in Washington wuchs die Befürchtung, ein albanischer Bürgerkrieg könnte die nach dem Krieg in Bosnien-Herzegowina erreichte prekäre Stabilität auf dem Balkan zerstören. Albaniens erster demokratisch gewählter Präsident mußte seinen Hut nehmen. In den turbulenten letzten Stunden der Berisha-Ära wurde der Sozialist Fatos Nano, den der Präsident unter dem Verdacht der Korruption hatte verhaften lassen, von seinen Anhängern aus dem Gefängnis befreit. Vom Westen unterstützt, bildete Nano eine Interimsregierung.

Außerhalb der Haupstadt hatte sich der albanische Staat so gut wie aufgelöst.»Volkskomitees« rissen die Macht an sich. Ihre Zusammensetzung orientierte sich nicht nur an den traditionellen Familienclans der albanischen Gesellschaft. In vielen Fällen waren, wie in Vlora, die unter Berisha zu Geld gekommenen albanischen Mafiabosse die eigentlichen Wortführer. Ihre Macht stützte sich auf gut 600 000 Waffen und über 10 000 Blankopässe, die während der Unruhen aus den Arsenalen der Armee und den Tresoren des Staates verschwunden waren. Doch daß die meisten von ihnen die Signale aus Tirana richtig verstanden und sich rechtzeitig von Berisha abgewandt hatten, bedeutete noch lange nicht, daß sie nun auf der Seite der sozialistischen Regierung unter Fatos Nano standen.

In den westlichen Hauptstädten wurde die Entwicklung in Albanien mit zunehmender Sorge beobachtet. Vieles deutete darauf hin, daß die verfeindeten Anhänger des aus dem Amt vertriebenen Sali Berisha und des Interimspräsidenten Fatos Nano den Kampf um die Macht mit Waffengewalt austragen würden. Auf der Suche nach einer dritten und vor allem neutralen Institution, um die herum das künftige Albanien konstruiert werden könnte, war man auf die skurrile Idee verfallen, es mit der Wiedereinführung der Monarchie zu versuchen. Und so war Holdens eigentliche und in der Tat »äußerst bizarre« Mission ausgeheckt worden.

In Absprache zwischen Washington und Bonn kontaktierten die Amerikaner den legalen Anwärter auf den albanischen

Thron in seinem südafrikanischen Exil. Leka Zogu, der sich als internationaler Waffenhändler einen denkbar schlechten Ruf erworben hatte, war von dem unerwarteten Angebot begeistert. In einer Nacht-und-Nebel-Aktion flog ihn die CIA gemeinsam mit seinem »Hofstaat« nach Tirana. Zusammen mit einem jungen Mitarbeiter des deutschen Bundesnachrichtendienstes BND sollte Holden in Albanien die Chancen von »Two-Oh-Seven«, wie der Möchtegern-König bei den Diensten wegen seiner imposanten Größe von zwei Metern und sieben Zentimetern genannt wurde, sondieren.

Als »Project Manager Two-Oh-Seven« verteilte Bill Holden diesmal Visitenkarten, die ihn als »Sonderberater Seiner Majestät Leka Zogu« auswiesen. In dieser Funktion koordinierte er den steten Fluß der Besucher in der hinter einer hohen Mauer verborgenen Villa am Stadtrand von Tirana, die sich der Potentat in spe zur Interimsresidenz ausgesucht hatte. Demokraten, Sozialisten und Ewig-Kommunisten, Militärs, einfache Bürger und Gangster: alle machten Leka Zogu ihre Aufwartung, um sich – im Fall der Fälle – einen sonnigen Platz in der künftigen albanischen Monarchie zu sichern. Vor allem Ex-Präsident Sali Berisha und seine Demokratische Partei versprachen dem Thronanwärter Unterstützung. Über ihn erhofften sie sich die Rückkehr an die Macht. Für Ende Juni 1997 wurde eine Volksbefragung über die Rückkehr zur Monarchie angesetzt.

Die ersten Wochen ging alles gut. Die wenigen Monarchisten, die die kommunistische Diktatur von Enver Hodscha überlebt hatten, begannen sich zu organisieren. Auch innerhalb der Parteien wuchs die Zahl deren, die sich den König als neutrale Instanz über der tumultuarischen albanischen Tagespolitik vorstellen konnten. Doch als am 29. Juni die Ergebnisse der Volksabstimmung ausgezählt wurden, hatten fast zwei Drittel der Wähler gegen die Wiedereinführung der Monarchie entschieden. Von einem Wahlbetrug der Sozialisten überzeugt, versuchten Leka Zogu und seine Anhänger, sich den Weg ins Hauptquartier der Wahlkommission zu erzwingen und die Wahlzettel zu vernichten. Fünf Personen wurden verletzt.[50] Als es dann in Tirana zu Protesten kam und Leka Zogus Leibwächter ihrem Schützling den Weg zu seinem gepanzerten Fahrzeug freischossen, mußte, zusammen mit einem toten jungen Demonstranten, auch jede Hoffnung auf die Rückkehr Albaniens zur Monarchie begraben werden.

Anders als die amerikanischen Diplomaten in Tirana war Bill Holden über diese Entwicklung nicht unglücklich. Er hatte dem Projekt von Anfang an nur geringe Chancen auf Erfolg eingeräumt. Die Wochen, in denen er sich um »Two-Oh-Seven« gekümmert hatte, hatten ihm aber auch geholfen, viele wertvolle Kontakte in der sozialistischen Interimsregierung zu knüpfen. Und diese sollten ihm jetzt bei seinen Nachforschungen über das verschwundene nukleare Material und seinen Ermittlungen gegen die islamistischen Extremisten in Albanien helfen.

Daß Holden, zumindest was die Islamisten anging, im Sommer 1997 auf der rechten Spur war, bewies sich ein Jahr später, als der albanische Geheimdienst Shik mit zweifelhaften Methoden und unter der Anleitung eines CIA-Teams fünf Araber in Tirana verhaftete und formlos an die ägyptische Militärjustiz in Kairo auslieferte.[51] Die jungen Männer waren alle in Abwesenheit bereits in Ägypten als Mitglieder einer Terrororganisation verurteilt worden. In Tirana hatten sie bei von Saudi-Arabien finanzierten Hilfsorganisationen oder den islamischen Banken gearbeitet. Alle sagten sie zuerst im Verhör mit der CIA und später in Kairo aus, daß sie unter dem Kommando von Ahmed Ibrahim al-Najjar und im Auftrag von Osama bin Laden unter anderem ein Attentat auf die amerikanische Botschaft in Tirana geplant hatten.[52]

Beschwerden ihrer Anwälte, daß die Geständnisse ihrer Mandanten durch Folter abgepreßt worden seien, wurden von den ägyptischen Behörden beiseite gewischt. Was in anderen Staaten zur sofortigen Suspension der Urteile geführt hätte, fand der Sprecher des ägyptischen Präsidenten Hosni Mubarak nicht weiter der Rede wert. »Vergessen Sie die Menschenrechte einzelner«, erklärte Nabil Osman gegenüber der Presse. »Hier geht es um die Sicherheit der Mehrheit.«[53] Achtzehn Monate nach ihrer Auslieferung an Ägypten wurden al-Najjar und seine Freunde in einem Militärgefängnis in der Nähe von Kairo gehenkt.

Auf die Aktivitäten islamistischer Terroristen in Albanien waren die Fahnder aus reinem Zufall gestoßen. Zu Beginn des Jahres 1997 war in einem Apartment in Tirana die Leiche eines jungen Albaners gefunden worden. Als mutmaßlichen Täter hatte die Polizei den Franko-Algerier Claude Kader verhaftet, der den jungen Mann als Dolmetscher beschäftigt hatte. Schon nach dem ersten Verhör schien der Fall gelöst. Kader gestand die Tat, ohne zu zögern. Ein Motiv für den Mord konnte oder wollte der 27jährige nicht angeben.

Doch dann gab sich Kader als in Afghanistan trainierter Mudjaheddin einer den albanischen Kriminalpolizisten unbekannten Organisation namens al-Qaida zu erkennen.[54] Unter Berufung auf angebliche Zusagen von Präsident Berisha verlangte er seine sofortige Freilassung. Hier zeigt sich Berishas Doppelspiel: Einerseits hatte er sich vom Westen als überzeugter Demokrat feiern und finanzieren lassen, andererseits hatte er zur gleichen Zeit Kontakte zur radikalen islamischen Welt geknüpft. Wäre Albanien nach dem Zusammenbruch der Pyramiden-Banken nicht im Strudel der Gewalt versunken, wäre Claude Kader wahrscheinlich ohne größere Formalitäten aus der Haft entlassen worden.

Der Sozialist Fatos Nano hatte die Annäherung Albaniens an die islamische Welt von Anfang an mit Mißtrauen beobachtet. Als erstes wechselte er die Spitzen der Armee und der

Sicherheitsbehörden aus. Neuer Direktor des Shik wurde Fatos Klosi. Und im Gegensatz zu den Beamten der Mordkommission von Tirana wußte Klosi mit dem Begriff al-Qaida durchaus etwas anzufangen. Wenige Wochen genügten ihm, damit er seinen amerikanischen Freunden eine lange Namensliste vorlegen konnte: »Die von uns in Albanien und für den Einsatz im Kosovo identifizierten Mudjaheddin kamen aus Ägypten, Saudi-Arabien, Algerien, Tunesien, dem Sudan und Kuwait.«[55] Klosis Ermittlungen wurden auch durch die Erkenntnisse von Untersuchungsrichter Cattaldo Motta im süditalienischen Brindisi bestätigt, der die Pyramiden-Banken nicht nur als gigantischen Betrug, sondern auch als eine von der internationalen organisierten Kriminalität betriebene und von Berisha zumindest geduldete Geldwaschanlage bezeichnet hatte.[56]

Die sizilianische Mafia, die Camorra aus Neapel, die in Kalabrien beheimatete N'Drangheta und die apulische Sacra Corona Unita hatten sich der albanischen Pyramiden ebenso bedient wie die albanischen Verbrecherclans, die türkische Mafia und selbst die südamerikanischen Drogenkartelle. In den sichergestellten Unterlagen fanden sich aber immer wieder auch Spuren radikal-islamischer Gruppen. Und unter ihnen auch eine, die zu dem tschetschenischen Islamisten Shamil Basayev führte.

Tschetschenischer Schulterschluß und strahlende Aussichten

Der russische Kaukasus hatte die Tagesordnung einer Konferenz islamistischer Extremisten bestimmt, die im Sommer 1996 unter Leitung von Osama bin Laden und Vertretern der von Teheran unterstützten und finanzierten Hisbollah in der somalischen Hauptstadt Mogadishu stattgefunden hatte. Es hatte wenig gebraucht, um die Teilnehmer von der geostrategischen Bedeutung Tschetscheniens nicht nur für den Djihad, sondern auch für die Geschäfte von al-Qaida in Richtung Europa zu überzeugen. Am Ende des Treffens wurde beschlossen, die bis dahin nur sporadische militärische und logistische Unterstützung von Basayev und seiner tschetschenischen Guerilla fest in das »Arbeitsprogramm« des rasch wachsenden Terrornetzes zu integrieren. Zur Tarnung sollte unter anderem die saudi-arabische humanitäre Hilfsorganisation al-Haramayne vom Territorium der benachbarten Republik Georgien aus ein neues Hilfsprojekt für die Kriegsopfer im Kaukasus beginnen.[57]

Die albanischen Ermittlungen bestätigten zumindest teilweise die Anklagen des russischen Geheimdienstes gegen die kaukasischen Rebellen: Demnach finanzierte sich die Guerilla zu erheblichen Teilen über den Verkauf von Frauen in die Prostitution, mit den Profiten des von bin Laden patronisierten Handels mit afghanischem Heroin – und mit dem Schmuggel von radioaktivem Material.[58] In der Regel bediente sich die Guerilla in den Nuklearanlagen in Tschetschenien selbst. Ein Kinderspiel, wie eine russische Untersuchungskommission im März 1996 feststellen mußte: 21 dieser Anlagen waren seit dem Zusammenbruch der UdSSR gänzlich unbewacht geblieben.[59] Die Moskauer Experten bestätigten auch, daß aus der Fabrik Radon in der Nähe des Dorfes Tolstay-Yurt 1994 nicht weniger als 900 Kubikmeter Atommüll verschwunden waren, von denen Cäsium 137 und Strontium 90 nur die harmloseren Substanzen gewesen waren. Weit über dem Durchschnitt liegende Strahlenwerte wurden von den Wissenschaftlern in einigen Vierteln der tschetschenischen Hauptstadt Groszny gemessen. Teile des entwendeten Materials, vermutete die Kommission, seien hier zwischengelagert worden.[60] Doch offenbar hatten sich die Kontakte Basayevs nicht auf Tschetschenien beschränkt. Eine der von den russischen Ermittlern entdeckten und aus den Unterlagen der albanischen Pyramiden-Banken bestätigten Spuren des Tschetschenen führte direkt nach Tirana.

In die gleiche Richtung wiesen auch Teile des Geständnisses von Claude Kader. Der in Tirana verhaftete Franko-Algerier hatte mit drei flüchtigen Freunden neue Gotteskämpfer für einen geplanten Djihad, einen Heiligen Krieg, im Kosovo geworben. Auch eine »Befreiungsarmee für den Kosovo«, die »von unseren Männern ausgebildet wird«, hatte er erwähnt und in diesem Zusammenhang die Namen der Al-Qaida-Mitglieder und ihre Adressen in Tirana preisgegeben. Er hatte über die Rolle der islamischen humanitären Organisationen bei dem von Osama bin Laden befohlenen Djihad gesprochen und den ersten Hinweis auf den geplanten Anschlag auf die US-Botschaft in Albanien geliefert. Und Kader hatte auch über die Bemühungen von al-Qaida ausgesagt, die Arsenale des Terrornetzes mit Massenvernichtungswaffen aufzurüsten.

Jetzt, keine zwei Jahre später, zeigten die von dem albanischen Geheimdienst gesammelten Indizien, kombiniert mit den Erkenntnissen aus anderen Ländern, eine beunruhigende Entwicklung. Das auf dem Weg nach Vlora verschwundene nukleare Material und die von dem Italiener »G.« und seinem Team beobachteten Transporte in die Höhle des albanischen Arthiti-Massivs galten jetzt auf einmal als Indiz für den drohenden Quantensprung des internationalen Terrorismus vom klassischen Sprengstoffattentat hin zum Angriff mit Massenvernichtungswaffen. Auf einmal zeichneten sich die islamischen Regionen Südosteuropas als wichtige Etappe auf dem Weg zur Globalisierung des islamistischen Terrors ab.

Soweit bekannt, haben die Geheimdienste das in Albanien verschwundene radioaktive Material nie gefunden. Und als die Sicherheitslage schließlich eine Inspektion erlaubte, waren die Höhlen des Arthit bis auf einige leere Fässer ausgeräumt.

Andere illegale Giftmülldepots sind wohl bis heute nicht entdeckt worden. Und ob die tschetschenischen Islamisten ihrem saudischen Terrormäzen wirklich Nuklearstoffe besorgten, ist ebenfalls nie wirklich geklärt worden. Viele, die auf dem Höhepunkt der Pyramiden-Krise zu offenen Gesprächen bereit waren, haben seitdem Karriere gemacht und wollen über diese Monate der albanischen Vergangenheit heute nicht mehr reden. »Wir sind auf dem schwierigen Weg, ein normaler europäischer Staat zu werden«, sagt ein Journalist, der im Sommer 1997 maßgeblich an der Enthüllung des Pyramiden-Skandals und seiner Folgen beteiligt gewesen war. »Was für einen Sinn hätte es, alte Gespenster noch einmal zum Leben zu erwecken?«[61]

Die Gefahr ist, daß diese Gespenster in Form von Waffen an anderer Stelle wieder auftauchen könnten. »Was immer da rumlag«, erinnerte sich »G.« bei der letzten Begegnung an der Hotelbar in Tirana an die bewiesenen Kontakte zwischen dem islamischen Fundamentalismus und der organisierten Kriminalität, »wenn das Zeug den falschen Leuten in die Hände gefallen ist, dann gnade uns Gott.« Bill Holden war der gleichen Meinung: »Wir werden von den Fehlern und Versäumnissen unserer eigenen Vergangenheit eingeholt werden.«

5 Kosovo:
Gangster und Gotteskrieger

Daß der radikale Islam und Osama bin Laden nach den Friedensverträgen von Dayton auf dem Balkan weiter Fuß gefaßt hatten, entdeckte die Öffentlichkeit im Sommer 1998.

Die ein Jahr zuvor ausgebrochene Albanienkrise war gerade noch einmal bewältigt worden. Und schon stand der Balkan erneut am Abgrund eines blutigen Konflikts. Nach Slowenien, Kroatien und Bosnien hatte Slobodan Milosevic seine Aufmerksamkeit wieder der Region zugewandt, in der er mit seinen nationalistischen Hetzreden die Jugoslawienkrise zehn Jahre zuvor auf den Weg gebracht hatte: den Kosovo.

Zuerst hatte die Regierung in Belgrad der mehrheitlich von Albanern bewohnten Provinz die Autonomie genommen. Dann wurden die Albaner aus der öffentlichen Verwaltung entfernt. Ihre Schulen, ihre Zeitungen, ihre Fernseh- und Radiostationen wurden geschlossen. Jetzt gaben die Serben im Kosovo, das sie seit ihrer Niederlage gegen die Türken vor 500 Jahren auf dem Amselfeld als die Wiege der Nation und ihrer Kultur betrachten, einen eisigen Ton an.

Anfänglich war der Widerstand friedlich. Der Schriftsteller Ibrahim Rugova schuf gegen das Diktat aus Belgrad einen Parallelstaat – und erregte damit Aufsehen weit über die Grenzen des Kosovo hinaus. Schulklassen wurden in Privathäusern eingerichtet. Die albanischen Studenten zogen sich an den Stadtrand von Tirana zurück, in das Viertel oberhalb der Müllkippe, wo die nach Westeuropa emigrierten Gastarbeiter ihre Ersparnisse in zum Teil höchst ansehnliche Villen investiert hatten. Viele dieser oft nur halbfertigen Häuser wurden in Hörsäle umgewandelt. Es gab ein Parallelparlament, das aus freien, von Serbien aber für illegal erklärten Wahlen hervorgegangen war. Rugova war der Präsident dieses virtuellen Staates. Seine von keinem Land der Welt anerkannte Exilregierung fand Aufnahme in Bonn.

Es hätte in den ersten Jahren immer wieder Gelegenheit für Belgrad gegeben, sich mit Ibrahim Rugova und seinem gewaltfreien Protest zu einigen. Kaum ein Albaner sprach zu dieser Zeit von Unabhängigkeit. Rugova forderte nicht mehr als die Rückkehr zu dem alten Autonomiestatus des Kosovo. Immer wieder wurden über die Jahre auch von außen, etwa von der in Rom ansässigen und in der internationalen Friedensdiplomatie stark engagierten katholischen Glaubensgemeinschaft »Sant' Egidio«, neue Vermittlungsangebote gemacht. Milosevic, trotz drei verlorenen Kriegen auf dem Höhepunkt seiner Popularität, sah keinen Nutzen in einem Kompromiß. Er setzte auf Gewalt als Mittel zur Machterhaltung. Und Gewalt bekam er.

1992 entwarf eine Gruppe von Exil-Kosovaren in der Schweiz den Plan für eine bewaffnete Untergrundbewegung, die dem Kosovo die volle Souveränität eines unabhängigen Staates erkämpfen sollte. Doch ohne Geld ist die beste Idee nichts wert. Die Exil-Kosovaren zahlten zwar eine »freiwillige« Steuer in die Kassen des »Die-Heimat-ruft«-Fonds. Doch diese Mittel wurden von Rugova und seiner Exilregierung kontrolliert.

Es war die Konvergenz gleicher Interessen für sehr verschiedene Ziele, die in dieser Situation die Väter der kosovarischen Befreiungsarmee (UCK) und die kosovarische Mafia zusammenbrachte. Beide wollten ein von Serbien unabhängiges Kosovo. Doch während die in Genf lebenden UCK-Gründer zumindest anfänglich allein in klassischen politischen

Kategorien an die Geburt einer demokratischen Nation dachte, träumten die kosovarischen Drogenbosse von der Kontrolle über eine balkanische Narkokratie nach lateinamerikanischem Vorbild. »Natürlich waren wir uns des Risikos einer solchen Allianz bewußt«, versuchte Hamza M. die Kontakte mit dem organisierten Verbrechen zu rechtfertigen. Jahre zuvor hatte er in der Schweiz politisches Asyl erhalten. Im Sommer 1998 aber half er von Tirana aus, die militärische Logistik der UCK zu organisieren. Hamza M. hoffte noch immer, für ein demokratisches Kosovo zu kämpfen. »Aber in jedem Befreiungskampf gibt es Situationen, in denen der Pakt mit dem Teufel unvermeidbar ist.«[62]

Die folgenden Monate und Jahre würden beweisen, daß der von M. ins Spiel gebrachte Leibhaftige dem Freiheitskampf der Kosovaren die politische Seele geraubt und durch kriminelle Energie ersetzt hatte.

Die kosovarische Mafia war zu Beginn der neunziger Jahre in der Welt des organisierten Verbrechens bereits bestens etabliert. Noch nie habe er eine so ruchlos brutale Organisation wie die der Albaner bekämpft, hatte schon Oberstaatsanwalt Rudolf Giuliani während eines zehn Jahre zuvor geführten Prozesses in New York erklärt.[63] Zum ersten Mal in seiner Karriere mußten der spätere Bürgermeister von New York und seine Mitarbeiter ernsthaft um ihr Leben fürchten. Seit damals war es stetig aufwärtsgegangen. Das Ende des Kommunismus in Albanien hatte alte Familienbünde wiederbelebt. Als die Genfer Exil-Kosovaren um Unterstützung für ihre Befreiungsarmee baten, bot die kosovarische Mafia alle nötigen Kontakte. Die türkische Mafia lieferte das Heroin, das von den Taliban und Osama bin Laden aus Afghanistan über Tschetschenien kam. In Kooperation mit den kosovarischen Brüdern brachte die albanische Mafia das Rauschgift über die Adria, wo es von Italiens Cosa Nostra in Empfang genommen wurde.

Den Strategen des nächsten balkanischen Djihad kam der Schulterschluß ihrer kosovarischen Rauschgiftpartner mit der Führung der UCK gelegen. Während Europa die albanischen Probleme wegen der akuten Krise in Bosnien auf die lange Bank schoben, waren 1993 wiederum Iraner zur Stelle, um das politische und wirtschaftliche Vakuum nach der kommunistischen Diktatur zu füllen. Der völlig verarmten Bevölkerung brachten sie, neben Essen und Kleidern, vor allem Kopien des Koran. Das Regime dagegen erhielt in Tirana eine erste islamische Bank und in der Kleinstadt Skoder einen »Ayatollah-Khomeini-Verein«.

Ein Jahr später entdeckte auch Osama bin Laden das Land der Skipetaren. In Tirana präsentierte er sich als wenig glaubhafter Vertreter einer humanitären Organisation aus Saudi-Arabien. Warum sich der Saudi nicht nur für Albanien, sondern auch für die benachbarte serbische Provinz Kosovo interessierte, wurde – zumindest offiziell – nicht gefragt. Präsident Sali Berisha genügte es wohl, einen unverhofften Alliierten für seine eigenen Pläne gefunden zu haben.

Der aus dem Norden des Landes stammende Sali Berisha wollte die traditionelle politische Vormacht der Südalbaner brechen. Da kamen ihm der Belgrader Kriegshetzer Milosevic und die gärende Krise im Kosovo gerade recht. Wie Milosevic von Groß-Serbien, träumte Berisha von einem Groß-Albanien unter seiner Führung. »Überall hier leben Albaner«, führte Berisha den Besucher vor eine an der Bürowand hängende Karte des Balkan und umriß mit einem roten Stift seinen Traum. Albanien erweiterte er zuerst um die südwestliche Ecke Montenegros, dann schluckte er das Kosovo und das Presevo-Tal im südlichen Serbien, verleibte sich die Hälfte Mazedoniens ein und verschob schließlich auch noch die griechisch-albanische Grenze um Dutzende von Kilometern nach Osten. »Die Geschichte hat uns Albaner schlecht behandelt. Jetzt ist die Zeit gekommen, dieses Unrecht wieder auszugleichen.«[64]

Da traf es sich gut, daß der zu dieser Zeit noch im Sudan residierende Chef von al-Qaida Ideen und Geld hatte. Auch die Iraner ließen sich nicht lumpen. Und Sali Berisha tanzte auf zwei Hochzeiten gleichzeitig. Während er sich im Westen als der Mann demokratischer Reformen in Albanien feiern ließ, stellte er den Feinden der Demokratie den Landbesitz seiner Familie in der Nähe der nordalbanischen Kleinstadt Tropoija zur Verfügung. In dieses erste Trainingslager der UCK unmittelbar an der Grenze zum Kosovo begannen die in Westeuropa und Nordamerika rekrutierten Guerilla-Aspiranten Anfang 1996 einzurücken. Ein Großteil des Offizierscorps der UCK war auf dem Weg zur Ausbildung in den Iran. 120 Mudjaheddin meldeten sich aus Bosnien, Mazedonien und Saudi-Arabien für den nächsten Einsatz gegen den serbischen Unterdrücker. Zum Befehlshaber der an der Seite der UCK kämpfenden frommen Fanatiker wurde der Ägypter Abu Ismail ernannt, der sich schon in der islamischen Brigade in Bosnien ausgezeichnet hatte. Im gleichen Jahr gab Osama bin Laden seinen albanischen Statthaltern auch den Befehl, mit der Planung für ein Attentat auf die amerikanische Botschaft in Tirana zu beginnen.

Lange vor Beginn des Kosovokriegs waren, wie schon in Afghanistan, Bosnien und Tschetschenien, die üblichen islamischen Hilfsorganisationen in Albanien aufgetaucht. Unter dem Namen »Kosovo Relief Fund« hatte die Stiftung Al-Haramayne ein Büro in Tirana eingerichtet. Nicht weit von den Saudis arbeiteten die »Freiwilligen« der Muwafaq-Stiftung. Und dann war da noch ein mysteriöser »Islamischer Wiederaufstehungsfonds« aus Kuwait, der der unmittelbaren Umgebung von bin Ladens ägyptischem Stellvertreter Ayman al-Zawahiri zugerechnet wird und der folgerichtig schon seit Jahren die Terroristen des ägyptischen Djihad und al-Qaida finanziert. Al-Zawahiri hatte bin Ladens Rekrutierungsbüro in Sofia geleitet. Die Ziele, aber auch die Strategie von Osama bin Ladens

Gotteskrieg gegen die »Juden und Kreuzfahrer« sollen im wesentlichen von al-Zawahiri entwickelt worden sein. Mohammed Hassan Mahmud, der noch zu Beginn des Jahres 2000 das Büro des kuwaitischen Fonds in Tirana leitete, gilt als enger Freund des Spitzenterroristen.

Es war einer der letzten Julitage im Jahr 1998. An der Grenze zwischen Albanien und dem Kosovo wurde schon geschossen. Tage zuvor hatte die serbische Armee ein Kommando über die Berge geschickt, das einige Mitglieder der UCK ermordet und vor dem Rückzug noch ein paar Minen und Sprengfallen hinterlassen hatte. Dennoch erklärte der Bekannte in der »Berlusconi«-Bar in Tirana nach einigen Telefonaten unbekümmert, die Reise nach Tropoije sei »völlig ungefährlich«.

– Ich habe mit dem Minister gesprochen. Und der hat unseren Mann in Tropoije angerufen. Der wird dich an der Fähre abholen und beschützen.
– Was heißt »euer« Mann, und wer ist das?
– Wie er heißt, muß dich nicht interessieren. Und es genügt, daß du weißt, daß wir ihm vertrauen.
– Und was macht dieser geheimnisvolle Beschützer?
– Er ist der Boß der lokalen Mafia. Eigentlich handelt er mit Drogen und Waffen. Aber weil sein Clan mit dem der Berishas seit langer Zeit in Fehde liegt, hat er sich entschlossen, mit der sozialistischen Regierung zu arbeiten.
– Und wie werde ich dieses Musterexemplar eines guten Bürgers erkennen?
– Er fährt einen schwarzen Toyota Landcruiser ohne Kennzeichen. Ich glaube, den hat er sich in der Schweiz stehlen lassen. Und er tut keinen Schritt ohne seine Uzi, seine Maschinenpistole.

Das alles beschrieb der Bekannte in einem so alltäglichen Tonfall, wie andere vom Besuch in einem Blumenladen reden.

Schier endlos war die Autoschlange, die sich am nächsten Morgen bei Fierze vor der Fähre über den von Hodscha angelegten künstlichen Stausee versammelt hatte. Klapprige Überlandbusse, bis auf den letzten Platz gefüllt mit jungen Männern in ausgemusterten Tarnanzügen der deutschen Bundeswehr, deren Ärmel noch die schwarz-rot-goldene Flagge trugen. Mit Hilfsgütern aus dem UN-Welternährungsprogramm beladene Lastwagen. Von den albanischen Schlaglöchern ramponierte Mercedes-Limousinen, in denen der älteste Sohn vorn neben dem Vater saß, während die verschleierte Mutter auf dem Rücksitz Ordnung in die Schar der kleineren Geschwister zu bringen versuchte. Ein noch mit dem Symbol der Deutschen Post geschmückter Kleintransporter, der sein albanisches Nummernschild wohl kaum zu Recht besaß. Ein aus der Schweiz kommender Kastenwagen einer Hilfsorganisation, die zwar unter dem Namen »Mutter Teresa« operierte, doch weder humanitär noch christlich war. (Diese Organisation wird im 16. Kapitel erneut auftauchen). Und zwei teure Geländewagen mit Schweizer Kennzeichen, bis unters Dach mit Rucksäcken, Campinggerät und langen schmalen Kästen beladen, wie Scharfschützen sie zur Aufbewahrung ihrer wertvollen Waffen verwenden.

Fliegende improvisierte Waffenhändler boten den Reisenden an die Front ihre Waren an, die meisten waren aus albanischen Arsenalen gestohlen. Meistens nur ein oder zwei alte Gewehre, die kreuzweise über den Rücken gehängt waren. Eine Schachtel Munition, eine Plastiktüte voller Handgranaten oder auch nur eine Replik der russischen Makarov-Pistole. Aber da war auch ein kleiner Junge, der mit seinen ebenso fleißigen Geschwistern Schnellfeuergewehre aus einem vollbeladenen Lieferwagen holte. Und ein altes Ehepaar, das voller Stolz ein Mini-Flugabwehrgeschütz aus dem Zweiten Weltkrieg präsentierte.[65]

Ein gut ausgerüstetes Lumpenheer auf dem Weg nach Tropoije, der zur Garnison der UCK ausgebauten letzten albanischen Kleinstadt vor der Grenze zum Kosovo. Sie alle mußten die beschwerliche Reise über den Fierze-See machen, weil die einzige Landverbindung von Tirana nach Tropoije von albanischen Banditen heimgesucht wurde und außerdem im Schußbereich der serbischen Artillerie lag.

Als sich die rostige Fähre Stunden später, spürbar überladen und mit bedenklicher Schräglage, schließlich auf ihre halbtägige Reise machte, befand sich eine bunt zusammengewürfelte Schar von Passagieren an Bord. Da waren die jungen Männer, die in der echten Überzeugung, die Heimat retten zu müssen, an die kosovarische Front eilten. Und die Spitzel und Aufpasser der UCK, die darauf achteten, daß die Rekruten in spe nicht allzuviel plauderten. »Wer hier zu neugierig ist, lebt nicht lange«, drückte einer von ihnen den Frager zur Seite, der mit einer Gruppe junger Kosovaren ins Gespräch gekommen war. Diese hatten ihren sicheren Arbeitsplatz bei Mercedes-Benz in Sindelfingen aufgegeben, um »in die historische Schlacht zur Befreiung unserer Nation« zu ziehen. »Das geht dich alles gar nichts an«, wiederholte der Aufpasser, als seine erste Warnung ungehört blieb, und zog die schwarze Lederjacke beiläufig so weit zur Seite, daß der 45er Colt im Gürtel sichtbar wurde. Ein mehr als überzeugendes Argument.

Auf der Fähre waren auch Profiteure und Abenteurer, angebliche Krisenhelfer westlicher Organisationen, denen das Wort »Geheimdienst« wie mit einem Stempel auf die Stirn gedrückt stand, und Reisende mit langen Bärten und in arabischen Gewändern, die für islamische »humanitäre« Zwecke unterwegs waren.

Tatsächlich stand der Beschützer samt Uzi an der verrotteten Mole von Tropoije. Doch interessanter noch waren in diesem Moment sechs schwere amerikanische Geländewagen, die wenige Meter weiter von muskulösen jungen Männern beladen wurden. Verstärkte Karosserie, mattschwarz, lange Antennen und eine militärische Kommunikationsanlage im Inneren. »Get lost« – hau ab – bellte einer von ihnen einen Neugierigen in bestem amerikanischen Drillton an. Kein Bild, warnte er, die Nikon würde leiden. Nein, es gebe hier weder etwas zu sehen noch zu bereden. Minuten später sprang das Kommando in die Wagen und bahnte sich rücksichtslos den Weg durch die Menge. Auf der anderen Hafenseite tauchte die kleine Kolonne noch einmal auf der Straße auf, die in die Berge Richtung Serbien führte. Dann waren sie verschwunden. »American Special Forces«, sagt der Beschützer bewundernd. »Mit denen würde selbst ich mich nicht anlegen wollen.«

Der kleine Elitetrupp der US Army so dicht an der Grenze war das erste sichtbare Zeichen im Juli 1998 für einen radikalen Kurswechsel in der amerikanischen Kosovo-Politik.

Das immer schnellere Abdriften der politischen Krise im Kosovo in einen offenen Konflikt zwischen Belgrad und der UCK wurde auch als Ergebnis eines wachsenden Einflusses der Islamisten auf die Strategie der albanischen Rebellen im Kosovo interpretiert. Anders aber als in Bosnien, hatte Washington entschieden, würde den Mudjaheddin diesmal keine Chance gegeben werden, sich in den militärischen und damit den künftigen politischen Prozeß im Kosovo einzuklinken.

Jahrelang hatte Washington von der Befreiungsarmee der Kosovaren nichts wissen wollen. Die UCK wurde von der amerikanischen Administration wahlweise als Gangster, Drogenhändler und Terroristen beschrieben. Dann reagierte die serbische Armee auf die sich häufenden Attacken der kosovarischen Rebellen. Als überall in der Provinz die Dörfer brannten und die ersten Flüchtlingsströme über die Grenzen nach Albanien und Mazedonien kamen, hatte die kosovarische Guerilla ihr Ziel erreicht. Am 24. Juni 1998 war Präsident Clintons Balkan-

Beauftragter Richard Holbrooke in geheimer Mission abermals auf dem Balkan. In dieser Nacht erreichte er einen Befehlsbunker in der Nähe der kosovarischen Stadt Djakovica, wo er bis zu den Morgenstunden mit der politischen und militärischen Führung der UCK verhandelte.

Am nächsten Morgen hatten die Amerikaner einen neuen Verbündeten für ihren Plan gewonnen, den Serben Milosevic ein für allemal von der Macht zu verjagen, und die kosovarischen Terroristen hatten sich im offiziellen Sprachgebrauch Washingtons zu Freiheitskämpfern gemausert. Mit der politischen Aufwertung verbunden war von amerikanischer Seite allerdings eine klare Bedingung: Die UCK mußte jeden Kontakt zu den radikalen islamistischen Unterstützern abbrechen. In den folgenden Wochen gelang es den Amerikanern, einige Al-Qaida-Kämpfer im Grenzgebiet zwischen Albanien und dem Kosovo zu verhaften und diskret in ihre Heimatländer abzuschieben.

Auch wenn die Rolle der fanatischen Gotteskrieger im Kosovokonflikt nachweislich weit geringer als in Bosnien war – ihre ebenso bewiesene Präsenz bei den Kämpfen in der serbischen Provinz zeigt, daß die UCK sich nicht an die Abmachung mit Richard Holbrooke hielt oder vielleicht auch nicht halten konnte. Daß die Teilnehmer der jährlichen internationalen islamischen Konferenz im Oktober 1998 in Pakistan den albanischen Separatismus im Kosovo zum Djihad erklärte, zeigte das anhaltende Interesse der radikalen Muslime an der Balkankrise.[66] Selbst wenn die politische Führung der kosovarischen Befreiungsarmee sich aus der Umklammerung der Verbrecherclans befreien wollte, hatte der Gangster-Beschützer schon im Sommer 1998 bei der Verabschiedung in Tropoije prophezeit: »Die sind in der ursprünglich nur als strategische Allianz gedachten Verbindung zum organisierten Verbrechen gefangen. Drogen, Waffen und islamistischer Terrorismus – die finanziellen und politischen Interessen, auf die sich die Genfer Gruppe eingelassen hat, sind längst viel zu groß für sie.«

Vielleicht verfügte der Mann mit der Uzi über seherische Fähigkeiten. Wahrscheinlicher ist, daß er einfach nur ein vom Leben auf dem Balkan geprägter Realist war. Daß das amerikanische Junktim an die UCK die islamischen Extremisten wenig beeindruckte, zeigte sich ein knappes Jahr später, als die Kosovaren zu Hunderttausenden aus der serbischen Provinz flohen. In diesen konfusen Monaten der Gewalt ließen die »humanitären« islamischen Helfer in Tirana die Maske endgültig fallen. Überall in der islamischen Welt verbreitete Warnungen vor angeblich sinistren Absichten der nicht-islamischen Hilfswerke warben offen für den von bin Laden erklärten Djihad gegen die »Ungläubigen«. Mit eigenen Augen habe er gesehen, wie »Christen und Juden« die kosovarischen Flüchtlinge zu bekehren versucht hätten, meldete Saleh Muhammad Al-Daheeshi zum Beispiel am 8. April 1999 an sein Hauptquartier Riadh. Nur wer auch den letzten Rest seines Glaubens an Allah aufgebe, erhalte Hilfe von den Ungläubigen, wurden von dort die Lügen des Direktors der al-Haramayne-Stiftung in Tirana weiter verbreitet. Zusammen mit seinem verzweifelten Appell: »Ich bitte um Allahs Beistand bei unserer Aufgabe, den leidenden Muslims auf dem Balkan zu helfen und ihre Feinde, wo immer sie sind, zu vernichten.«

Fest steht, daß die NATO sehr genau wußte, mit wem sie sich da eingelassen hatte. Während im französischen Rambouillet ein letzter diplomatischer Versuch für eine friedliche Beilegung der Kosovo-Krise versucht wurde, bereitete das belgische Hauptquartier des atlantischen Verteidigungsbündnisses eine geheime Analyse der Lage im Kosovo für die neuen Nato-Mitglieder Polen und Ungarn vor. Die UCK, hieß es in diesem Dokument mit bemerkenswerter Offenheit, finanziere sich weiterhin vor allem über den illegalen Handel mit Rauschgift und Waffen.[67] Auch die Ermittler von Europol konnten keine guten Seiten an den neuen Verbündeten entdecken. Die UCK, so ein spanischer Terrorismusexperte am Sitz der europäischen Polizeibehörde in Den Haag, sei in den Wochen vor dem Krieg, als US-Außenministerin Madeleine Albright dem Kosovaren Hashim Thaçi immer wieder vor den Fernsehkameras die Hand schüttelte, »bis ins Mark von internationalen Drogenbanden infiltriert worden«.[68] Daß die unfeine Provenienz der kosovarischen Stellvertreterkrieger gegen Milosevic durchaus auch in Washington bekannt war, beweist das in der amerikanischen Diplomatie ausgebrochene sprachliche Chaos der letzten Wochen vor den Nato-Angriffen. Während Madeleine Albright strahlend nur noch von »Freiheitskämpfern« redete, brachte es der US-Beauftragte für Bosnien, Botschafter Robert Gebhard, nicht übers Herz, von der UCK anders als von islamistisch beeinflußten Terroristen zu sprechen.[69]

II
Die neuen Waffen
der Terroristen

6 Chemische Waffen: Eine Geschichte

Zyanid: dieses Wort stand in einer Alarmnote, die die CIA wenige Wochen nach dem 11. September 2001 nach Italien geschickt hatte. Das internationale Terrornetz al-Qaida plane eine neue Attacke, so die in Afghanistan gefangenen Mudjaheddin des Terrorpaten Osama bin Laden Anfang Dezember 2001. Das nächste Ziel sei Rom, das Herz des Christentums.

Tor Bella Monaca gehört zu den Gegenden Roms, in die sich normalerweise kaum je ein Tourist verirrt. Das Viertel an der nördlichen Peripherie der Ewigen Stadt ist ein Paradebeispiel für die urbanen Sünden der letzten Jahrzehnte. Hier quellen die wenigen Mülleimer auf der Straße über, Schaufenster sind beschädigt oder verbrettert. Einen der wenigen städtischen Busse in den Abendstunden durch die Straßen um den »Turm der schönen Nonne« steuern zu müssen gilt als Strafdienst. In den häßlichen Mietskasernen, von denen der billige Anstrich schon lange abgeblättert ist, leben die Menschen, die das geliebte Bild der römischen »dolce vita« stören: Arbeitslose, Gelegenheitsdiebe, Fixer, Dealer, Vorstadt-Rocker – und Ausländer, die es irgendwie geschafft haben, auch ohne behördliche Anmeldung eine Wohnung zu finden.

In den ersten Morgenstunden des 16. Februar 2002 wurde einer der Siedlungsblöcke in Tor Bella Monaca von einer

Sondereinheit der Polizei umstellt. Mit entsicherten Waffen drangen die Beamten über verwahrloste Treppen und Korridore bis zu einer Wohnung in einem der oberen Geschosse vor. Auf Kommando traten sie die Tür ein. Wie drei ihrer Landsleute schon wenige Tage zuvor in einem benachbarten Mietshaus, hatten auch die vier Marokkaner keine Chance. Innerhalb weniger Sekunden wurden sie von ihren Matratzen hochgerissen und mit Handschellen und Kapuzen über dem Kopf abtransportiert. In den darauffolgenden Tagen kam es zu weiteren Verhaftungen.

Die Polizei kam aus Tor Bella Monaca mit reicher Beute zurück. Falsche Pässe und Visastempel. Notizen, die Kontakte der vier mit dem Tunesier Essid Sami Ben Khemais bewiesen, der in den gleichen Tagen in Mailand wegen des Verdachts auf Zugehörigkeit zu al-Qaida vor Gericht stand. Videokassetten, auf denen die Taten und Anweisungen von Osama bin Laden glorifiziert wurden. Und in mehreren kleinen Säcken vier Kilo Zyanid. Dazu handschriftliche Notizen zum Gebrauch des Giftes, eine Stadtkarte von Rom, auf der die amerikanische und die britische Botschaft rot eingekreist waren, und schließlich eine aus den Büros der städtischen Wasserwerke stammende Karte mit allen technischen und geologischen Details der römischen Trinkwasserversorgung.[70]

Die neun Nordafrikaner, die für die Ausführung ihres Anschlags nur noch auf die Ankunft weiterer Mitglieder der islamistischen Terrorgruppe »Salafiten für das Gebet und den bewaffneten Kampf« warteten, hatten gute Vorarbeit geleistet. Sie waren in den römischen Untergrund vorgedrungen. Sie hatten Durchgänge in eine Reihe von Mauern geschlagen, die in der Kanalisation zum Schutz nicht nur der US-Botschaft, sondern auch einer Reihe italienischer Regierungsgebäude errichtet worden waren. Von dem Durchbruch wären es nur wenige Schritte bis zu dem Wasserrohr gewesen, das die Botschaft und das umliegende Viertel versorgt. Das Gift hätte Tausende umbringen können.

Andererseits erreicht man über die Kanalisation auch die Schächte der U-Bahn. Hatten die Attentäter an eine chemische Bombe in einer Haltestelle der »Metropolitana« oder in einem der großen römischen Kaufhäuser gedacht? Das hieße genau das, was die Terrorfahnder seit dem 11. September 2001 am meisten fürchten: ein großer, demonstrativer Anschlag wie in New York und Washington mit möglichst vielen Opfern. »Wer angesichts der ersten militärischen Erfolge in Afghanistan glaubt, al-Qaida sei erledigt, der irrt«, sagte ein amerikanischer Militär drei Tage nach den Verhaftungen in Rom. »Al-Qaida ist immer noch gefährlich.«[71]

Die Experten der italienischen Antiterrorpolizei gaben ihren Kollegen in den USA recht. Denn sie hatten schon zu Beginn des Jahres 2001 über ein verstecktes Mikrofon zugehört, wie der Tunesier Essid Sami Ben Khemais kurz vor seiner Verhaftung über den Einsatz von Giftgas geschwärmt hatte: »Da möchte ich wirklich dabeisein und zuschauen, wie das ist, wenn die Leute das Zeug einatmen und dann langsam ersticken.«[72]

Bis zum 11. September hatten viele solche Sätze als das aufschneiderische Delirium junger Fanatiker abgetan. Doch danach und nach den Verhaftungen im römischen Stadtviertel Tor Bella Monaca war die Gefahr eines Terrorangriffs mit Massenvernichtungswaffen auch in Europa auf einmal sehr real geworden. Die Militäraktionen in Afghanistan würden die Pläne des saudischen Terrorpaten wohl nur kurzfristig stören, warnte das Pentagon. Wenn es um den Überraschungseffekt geht, hat al-Qaida »kein Problem damit, sechs Monate oder auch ein ganzes Jahr zu warten«.[73] Viele hätten »dieses Gerede, daß Osama bin Laden chemisches, biologisches und nukleares Material für seine Arsenale suche, immer für typisch amerikanische Übertreibungen gehalten«, gab ein Offizier der italienischen Antiterrorpolizei im vertraulichen Gespräch zu. »Aber jetzt fürchte ich, daß wir das seit Jahren immer wieder an der Wand auftauchende Menetekel nicht ernst genug genommen haben.«[74]

Es ist seit Menschengedenken
nie anders gewesen

Man schrieb das Jahr 429 v. Chr. Im Peloponnesischen Krieg gingen die Spartaner mit giftigen Pech- und Schwefeldämpfen auf ihre Gegner los. Seit diesem ersten nachweisbaren »Sündenfall« sind alle Bemühungen, chemische, biologische und im 20. Jahrhundert schließlich auch Atomwaffen zu ächten, eine einzige Kette von Fehlschlägen, Wortbrüchen und kühl kalkuliertem politischen Zynismus gewesen.[75] Die Geschichte des Menschen zeigt, daß seine Phantasie immer dann zu ihrer Höchstform aufläuft, wenn es darum geht, seine Artgenossen in möglichst großer Zahl aus dem Weg zu räumen. Im Jahr 1346 etwa schleuderten die Mongolen mit ihren Katapulten Pestleichen über die Mauern der belagerten Krim-Stadt Kaffa und zwangen so die Genuesen zur Flucht.

Kurz und gut: Würde wirklich nur der den ersten Stein werfen, der ohne Tadel ist – das sprichwörtliche Glashaus bliebe unversehrt stehen. Wenn es um die verantwortungslose Verbreitung von Wissen, Technologie und Komponenten zum Bau von Massenvernichtungswaffen geht, gibt es keine Unschuldigen.

1675 einigten sich Deutschland und Frankreich auf ein Verbot von vergifteten Gewehrkugeln. Die Brüsseler Konvention von 1874 verbot den Einsatz von Giftgas und anderen, »sinnloses Leiden« verursachenden Kriegsmitteln. Auch die Signatarstaaten der Haager Konvention von 1899 einigten sich auf die Ächtung chemischer Waffen.

Hehre Absichten, mehr nicht. Nach eher harmlosen Geplänkeln mit Tränengas an der deutsch-französischen Front brach als erster der Kombattanten im Ersten Weltkrieg das Deutsche Reich den Chemiewaffen-Bann. Am 22. April 1915 starben nach einem deutschen Chloringas-Angriff über 10 000 britische Soldaten in den Schützengräben von Ypern. Bis zum Ende des Ersten Weltkriegs verschossen alle Konfliktparteien, einschließlich der USA, zusammen insgesamt 124 200 Tonnen Giftmunition. Die Zahl der in knapp drei Jahren durch Giftgas getöteten Soldaten wird auf über 90 000 geschätzt.

Diese Greuel hinterließen einen so nachhaltigen Eindruck, daß in der Genfer Konvention von 1925 ein neuer Anlauf zum Verbot chemischer Waffen unternommen wurde. Zumindest für den Teil der Welt, der sich selbst zum Hüter der Zivilisation deklariert hatte. Wenn es um die Bewohner anderer Regionen ging, war man weniger zimperlich.

Winston Churchill, damals Staatssekretär im britischen Kriegsministerium, autorisierte den Einsatz chemischer Waffen gegen die Rebellen im Irak. Er habe kein Verständnis für all das Gejammer über diese Waffen, bemerkte Churchill in dem Augenblick, in dem er den Befehl unterschrieb: »Ich befürworte ihre Verwendung ausdrücklich im Kampf gegen unzivilisierte Stämme.«

Letztlich zeigten auch die Verhandlungen in Genf, daß die Höllenpforte zu den Massenvernichtungswaffen, die der Giftgaseinsatz im Ersten Weltkrieg geöffnet hatte, nicht mehr zu schließen war. Das Abkommen ließ eine Reihe von Hintertüren offen. Untersagt wurde allein die Verwendung chemischer Kampfstoffe. Unbehindert blieben ihre Erforschung, die Produktion und die Lagerung. Und so verzichtete das nationalsozialistische Deutschland zwar auf den Schlachtfeldern des Zweiten Weltkriegs auf Giftwaffen, setzte die in der Zwischenzeit neu entwickelten chemischen Mordsubstanzen dafür aber in den Gaskammern der Konzentrationslager ein. Italien kämpfte im Abessinien-Krieg mit chemischen Waffen. Japan ging mit chemischen und biologischen Waffen auf China los. Mindestens 10 000 chinesische Kriegsgefangene starben im mandschurischen Lager von Harbin bei den Experimenten mit Biowaffen der berüchtigten japanischen Einheit 731. Tokio scheute auch davor nicht zurück, russisches Trinkwasser zu verseuchen und Reis, dem mit Pest infizierte Flöhe beigemischt waren, über China und der Mandschurei abzuwerfen.

Chemische und mit dem »Fortschritt« der Wissenschaft zunehmend auch biologische Waffen wurden auch nach 1945 weiterentwickelt. Als diese immer raffinierteren Massenvernichtungsmittel 1968 endlich in den Verhandlungskatalog der Genfer Abrüstungskonferenz aufgenommen wurden, lagerten in den USA und der UdSSR mehrere hunderttausend Tonnen allein an chemischen und biologischen Waffen. Ihre schließlich vereinbarte schrittweise Vernichtung würde Jahrzehnte dauern und Milliarden von Dollar kosten.

Zur gefährlichen Proliferation einsatzbereiter chemischer und biologischer Waffensysteme haben seit dem Zweiten Weltkrieg ironischerweise die relativen Erfolge bei der Begrenzung der atomaren Aufrüstung beigetragen. Von Israel über Südafrika und Indien bis zuletzt nach Pakistan hat es schwere Rückschläge gegeben. Aber seit dem Abwurf der amerikanischen A-Bomben auf Hiroshima und Nagasaki im Sommer 1945 und dem ersten erfolgreichen Atomtest der Sowjetunion wurden bis zur Jahrtausendwende nur sieben weitere Staaten in den exklusiven Atomwaffenclub aufgenommen.

Außerdem waren die Supermächte selbst kaum ein Vorbild, wenn es um die Einhaltung der von ihnen selbst verlangten Abrüstungsabkommen ging. Moskau etwa beschloß nach dem Beitritt zur internationalen Biowaffen-Konvention im Jahr 1972 nicht etwa, die geächteten Programme einzustellen.

Sie wurden nur besser getarnt, um die Forschung weiter intensivieren zu können.[76] Die Vereinigten Staaten nahmen zwar ihre chemischen und biologischen Waffensysteme aus den Arsenalen, aber die Forschung ging weiter. Nicht nur die der Militärs, selbst die CIA hatte ihr eigenes geheimes Forschungsprogramm. Offensive und Defensive seien nichts als die zwei Seiten einer Münze, lautete die heuchlerische und zugleich doch nur schwer zu widerlegende Rechtfertigung für solch eklatanten Vertragsbruch: Nur wer das Massenvernichtungspotential des Gegners analysiert habe, könne sich erfolgreich auf die Verteidigung vorbereiten.

Und was den Supermächten recht war, war anderen billig. Mindestens 27 Staaten besitzen heute chemische und 19 Länder biologische Waffen. Zu denen, die über solche zynisch »Atombomben der Armen« genannten Waffen verfügen, gehören all die Regime, die auf der amerikanischen Liste der sogenannten »Schurkenstaaten« stehen.

Im Nahen Osten sind chemische Waffen in den letzten Jahrzehnten regelmäßig eingesetzt worden. Im Krieg gegen den Jemen benutzte Ägypten Mitte der sechziger Jahre Phosgene und Senfgasmunition. Die chemischen Grundstoffe für das Senfgas, mit dem Mitte der sechziger Jahre das kurdische Dorf Bijjini im Norden Iraks angegriffen wurde, waren von deutschen und Schweizer Unternehmen geliefert worden. 1984 griff der Irak im Krieg gegen den Iran den Gegner zum ersten Mal mit dem Nervengas Tabun an, das von den Nationalsozialisten entwickelt worden war. Bis zum Ende des Konflikts im Jahr 1989 setzte Bagdad wiederholt auch Senfgas ein. Insgesamt soll das Regime von Saddam Hussein während des Kriegs mehrere hundert Scud-Raketen sowjetischer Herkunft auf den Iran abgefeuert haben, von denen eine unbestimmte Zahl mit Senfgas oder Tabun bestückt gewesen sein soll. Diesmal waren es neben deutschen auch italienische Unternehmen gewesen, die

die notwendige Technologie geliefert hatten. »Dual use«, doppelte Verwendung, ist der allein der staatlichen Heuchelei dienende Begriff für Güter, die ganz legal für den zivilen Einsatz exportiert werden dürfen, obwohl jeder Fachmann von ihrer wahren Anwendungsbestimmung im militärischen Bereich weiß. Im Fall des Iraks handelte es sich um Ausfuhren für eine angebliche Pestizidfabrik, die mit dem nötigen – und ebenfalls vermittelten – Fachwissen mit wenigen Handgriffen in eine Produktionsanlage für chemische und biologische Waffen umgewandelt werden konnte. »Der Fermentationsprozeß bei der Entwicklung biologischer Schädlingsbekämpfungsmittel ist identisch mit dem bei der Kultivierung von Anthraxerregern«, so die Meinung von Experten.[77]

Am 16. März 1988 war die Reihe an den Bewohnern der Stadt Halabja im Nordirak. »Das waren die Versuchskaninchen«, beschreibt die amerikanische Genetik-Expertin Cristine Gosden den Angriff.[78] Und nach den Maßstäben des irakischen Präsidenten war der Test ein voller Erfolg. Bei dem von Saddam Hussein befohlenen Senfgaseinsatz starben 5000 Kurden. Mindestens 7000 weitere trugen zum Teil lebenslang nachwirkende Schäden davon. Wissenschaftler aus der Schweiz und aus Schweden, die während des Kriegs zwischen Bagdad und Teheran im Auftrag der Vereinten Nationen Beweise für den irakischen Einsatz von Massenvernichtungswaffen suchten, identifizierten anhand entdeckter Polysulfat- und Schwefelspuren die Sowjetunion als wahrscheinlichstes Herkunftsland des Kampfstoffs. Insgesamt schätzt der britische Nahostexperte Prof. David Mc Donwall die zwischen September 1987 und November 1988 im Rahmen der Giftgasoffensive »Anfal« getöteten Menschen auf 150 000.

Hinter den Kulissen waren in Washington wohl nur die wenigsten überrascht. Mittlerweile freigegebene Dokumente des State Department beweisen, daß die USA schon 1983 nicht nur wußten, daß Bagdad chemische Massenvernichtungswaffen besaß, sondern auch darüber informiert waren, daß sie bereits eingesetzt worden waren. Auch die Hilfe europäischer Unternehmen beim Bau der neuen Fabrik waren bekannt. Niemand in Washington hielt diese Informationen jedoch für einen ausreichenden Grund, die Wirtschafts- und Finanzhilfe an den Irak zu stoppen.[79] Zwei Jahre nach dem »erfolgreichen« Chemiewaffenversuch von Halabja marschierte Saddam Hussein in Kuwait ein. Präsident George Bush ließ vom ersten Tag an keinen Zweifel daran, daß er den Raub eines für die Ölversorgung des Westens wichtigen Staates nicht kampflos hinnehmen würde. Aber auf einmal waren die Massenvernichtungswaffen, die Saddam Hussein unter den Augen der USA und ihrer Verbündeten entwickelt hatte, nicht nur für die Kurden und andere irakische Minderheiten, sondern auch für die amerikanischen Soldaten eine Gefahr. Unmißverständlich erinnerte das Weiße Haus Bagdad an die langjährige Doktrin, einen Angriff mit Massenvernichtungswaffen mit gleicher Münze heimzuzahlen. Mindestens drei Mal während des kurzen Golfkriegs standen amerikanische und israelische Kampfflugzeuge mit scharfen Atomwaffen unter den Tragflächen mit laufenden Motoren zum Start bereit.

In den Jahren nach dem Golfkrieg entwickelten Tausende von Soldaten der anti-irakischen Koalitionsarmee die Symptome einer geheimnisvollen Krankheit. In den leichtesten Fällen litten sie an Appetitlosigkeit und Schlafstörungen. Bei vielen wurden Tumore und genetische Schäden diagnostiziert. Nach dem Krieg geborene Kinder von Golfkriegsveteranen kamen mit schweren Schäden zur Welt. Eine signifikante Steigerung von Krebserkrankungen und genetischen Fehlern bei Neugeborenen haben private Hilfsorganisationen und Mediziner der Vereinten Nationen auch bei der Zivilbevölkerung im Süden des Irak festgestellt.

Als eine der möglichen Ursachen für das sogenannte »Golfkriegssyndrom« wird die massive Verwendung sogenannter »Depleted-Uranium«- (DU) Munition durch die USA und ihre Verbündeten genannt. Abgereichertes Uran ist hart genug, um die meisten bekannten Panzerungen zu durchschlagen. Extrem feiner Uranstaub bleibt übrig. Zehn Jahre intensiver Forschung haben kein eindeutiges wissenschaftliches Ergebnis gebracht. Dennoch hält sich, vor allem unter den Veteranen, hartnäckig der Verdacht, daß eingeatmete oder über Wasser und Nahrung aufgenommene DU-Partikel der Ursprung ihrer Krankheit sind.

Ein anderer Verdacht, dem die Experten inzwischen immer größere Bedeutung zumessen, hat in der Öffentlichkeit weit weniger Beachtung gefunden. Danach könnten die Golfkriegsveteranen zwar Opfer irakischer Massenvernichtungswaffen geworden sein, denen sie aber nicht während der Kampfhandlungen, sondern erst nach dem Krieg ausgesetzt wurden. Am 10. Mai 1991 wurde in einer extra ausgehobenen Senke bei Khamisiyah im Südirak eine große Menge chemischer Kampfstoffe aus den Arsenalen Saddam Husseins vernichtet. Langsam erst stellt sich die verantwortungslose Leichtfertigkeit heraus, mit der die amerikanischen Militärexperten diesen Befehl ausführten. Über 140 000 Soldaten befanden sich am Tag dieser Aktion innerhalb oder in unmittelbarer Nähe der in Computermodellen errechneten Gefahrenzone. Neueste Berechnungen des Pentagon haben ergeben, daß 101 752 alliierte Soldaten »mit geringen Dosen chemischer Kampfstoffe in Kontakt geraten sein könnten«.[80]

Ein dramatischerer Beweis für die Notwendigkeit, nicht nur die Proliferation chemischer und biologischer Waffensysteme in den Händen skrupelloser Regierungen zu stoppen, sondern auch zu verhindern, daß solche Kampfstoffe in die Hände internationaler Terroristen fallen, ist wohl kaum denkbar.

Das irakische Streben nach Massenvernichtungswaffen war kein Einzelfall. Bagdads Scud-Angriffe hatten auch die Absicht Teherans verstärkt, so schnell und so intensiv wie möglich mit ABC-Waffen aufzurüsten. Etwa 300 Kilometer östlich von Teheran entfernt befindet sich in Damghan eines der wichtigsten iranischen Labors für die Erforschung von Biowaffen. Angeblich sollen hier Erreger von Marburgfieber, Pest, Pocken und Tularämie aufbewahrt sein, die für ihren Einsatz an der Biowaffen-Front gezüchtet wurden.

In Damghan befindet sich auch eine der iranischen Fabriken für chemische Kampfstoffe. Auch hier handelt es sich um eines dieser Unternehmen, die sich mit wenigen Handgriffen von einer Düngemittelfabrik in eine Chemiewaffenfabrik verwandeln lassen. Der jährliche Ausstoß in Damghan wird auf etwa 1000 Tonnen Phosgen, Senf- und Nervengas geschätzt.[81] Phosphorpentalsufit, das für landwirtschaftliche Pestizide ebenso wie für das Nervengas Tabun benötigt wird, produziert das Unternehmen »Melli Agrochemicals« in Qazvim 125 Kilometer westlich von Teheran.[82] Andere verdächtige Chemiebetriebe finden sich in Al Razi und Bashwir.

Seit die Mullahs im Jahr 1993 das internationale Abkommen zum Verbot von Chemiewaffen unterschrieben haben, behauptet Teheran stets, die früheren Entwicklungsprogramme für Massenvernichtungswaffen eingestellt zu haben.[83] Unverständlich bleibt dabei allerdings, warum der Iran nicht auch sein Programm zur Entwicklung von Mittelstreckenraketen beendet hat. Die Zielgenauigkeit solcher Waffensysteme ist ebenso begrenzt wie die Sprengkraft der auf die Raketen montierten konventionellen Gefechtsköpfe. Nur die Ausrüstung mit einer Massenvernichtungswaffe garantiert die erwünschte Zerstörung im Ziel. Amerikanische und europäische Abrüstungsexperten gehen daher davon aus, daß das ABC-Waffenprogramm des Iran heimlich fortgesetzt wird.[84]

Aber auch in anderen Teilen der Welt kamen chemische und biologische Kampfstoffe zum Einsatz. Traurige Berühmtheit erlangte das dioxinhaltige Herbizid »Agent Orange«, mit dem die amerikanische Luftwaffe die dichte Dschungelvegetation Südvietnams besprühte, um auf den abgestorbenen Flächen bessere Jagd auf den Vietcong und seine nordvietnamesischen Helfer machen zu können. Bis heute werden in Südvietnams Spitälern Menschen wegen der Folgen des amerikanischen Gifteinsatzes behandelt. Wobei ehrlicherweise hinzugefügt werden muß, daß es das kommunistische Regime war, das nach dem Krieg Dissidenten, Christen und ethnische Minderheiten bewußt in die dioxinverseuchten Gebiete umsiedelte.

Unterstützt vom sowjetischen KGB und der vietnamesischen Luftwaffe ging das laotische Regime bis zum Ende der achtziger Jahre mit Chemiewaffen gegen die wegen ihres Antikommunismus verfolgte Bevölkerung der Hmong vor. Bemüht, den eigenen Indochinakrieg zu vergessen, schämten sich die USA nicht, den Massenmord an ihren früheren Verbündeten mit den absurdesten Erklärungen zu leugnen.[85] Die Krone der Heuchelei gebührt dem amerikanischen Universitätsprofessor und Experten für chemische und biologische Kampfstoffe Dr. Matthew Meselson, der 1986 die in Form eines feinen gelben Regens fallenden Tröpfchen als im Flug ausgeschiedene Exkremente satter Bienenschwärme erkannte.[87] »Einen solchen Blödsinn habe ich in meinem ganzen Berufsleben noch nicht gehört«, kommentierte der Bienenexperte der Welternährungsorganisation (FAO) in Rom, Dr. Rainer Krill, die Erklärung für den Gifttod der Hmong durch die Begegnung mit laotischen »KGBienen«.[87]

Dabei hätten die amerikanischen Geheimdienste nur in die eigenen Archive schauen müssen, um sogar den Ort zu finden, wo die Laoten ihre chemischen Waffen produzieren.

Weitab von jedem größeren Ort und nur zehn Kilometer von der Grenze nach Vietnam entfernt, liegt im Hochland von Zentral-Laos die kleine Stadt Lak Sao. Ausgerechnet hier wollte das permanent in Geldnöten steckende kommunistische Regime eine Retortenstadt und ein künstliches Ferienparadies aus dem Boden stampfen. Die australische Regierung zumindest überzeugte der Plan. Sie stellte Entwicklungshilfe für den Ausbau des lokalen Flughafens zur Verfügung. Von dem Geld wurden die Piste verlängert und an beiden Enden des Asphaltstreifens je vier bombensichere offene Hangars gebaut, in denen von nun an MIG 21 der vietnamesischen Luftwaffe parkten. Den Terminal für die künftigen Touristen vergaß man.

Das Entwicklungsprojekt Lak Sao wurde zumindest bis zum Ende der neunziger Jahre von einer gewissen »Mountainous Aera Development Import-Export Company« (MADC) verwaltet. Generaldirektor des Unternehmens war General Cheng.

Cheng ist in Washington seit dem Vietnamkrieg bestens bekannt. Je nach »Opportunität« hatte der Neutralist abwechselnd auf allen Seiten des Konflikts gekämpft. Anfang der neunziger Jahre begann Cheng eine neue Karriere. Der hohe Offizier wurde Leiter eines von der amerikanischen »Drug Enforcement Agency« (DEA) mit mehreren Millionen Dollar im Jahr unterstützten Programms, mit dem die bisher zum Opiumanbau verwendeten Agrarflächen in landwirtschaftlich nutzbare Felder umgewandelt werden sollten. Nichts wäre daran auszusetzen – wäre General Cheng nicht zugleich auch zum größten laotischen Drogenbaron aufgestiegen. Und die größte seiner Heroinküchen befand sich – am Ortsrand von Lak Sao.[88]

Zehntausende Hmong leben seit dem Ende des Vietnamkriegs in Flüchtlingslagern in Thailand. Nicht alle haben sich mit ihrem Schicksal abgefunden. Noch immer gibt es eine Guerillaarmee, die gegen das Regime in Vientiane kämpft, wenn auch meist nur mit geringem Erfolg. Im Herbst 1994 kam ein Spähtrupp der Guerilla in das Basislager ihrer Einheit zurück. Tagelang hatten die Männer auf einem kleinen Hügel im Dschungel über Lak Sao gelegen. Jetzt saßen sie spätnachts mit ihren Vorgesetzten am Fuß der gigantischen Buddhastatue eines Tempels und zeichneten eine rohe Skizze auf eine Stück Pappe:»In dieser Baracke machen sie Heroin. Das ist das Lager für das Rohopium. Aber hier, in diesen beiden gemauerten Gebäuden, werden chemische Waffen hergestellt.« Vietnamesische Wachen rund um das Lager, chinesische Chemiker in den Labors, Transportmaschinen der birmanischen Luftwaffe, die mit Rohopium aus Rangun landeten und mit feinstem Heroin beladen wieder starteten. Der geplante Angriff auf General Chengs Heroinlabor müsse abgeblasen werden. Offen gestanden hörte sich der nächtliche Bericht für den Besucher wie ein extra gestricktes Dschungelmärchen an.[89]

Wäre da nicht im April 1995 ein Fax aus Washington eingegangen, in dem unter der Überschrift »Re: Intelligence Laos/Vietnam« das neueste Wissen der amerikanischen Geheimdienste über Lak Sao in knapp 20 Zeilen zusammengefaßt war. »Lak Sao MIG 21 VN« stand da. Und weiter: »Protection 968 Special Division VN.« Und als krönender Abschluß: »Die Produktion von chemischen Waffen in den chemischen und biologischen Labors von Lak Sao ist kürzlich erhöht worden.«[90]

Im laotischen Dschungel starben die Hmong am »Gelben Regen«, ein amerikanischer Wissenschaftler tat das Ganze als Resultat von Exkrementen eines Bienenschwarms ab und Washingtons Geheimdienste meldeten eine Steigerung der Chemiewaffenproduktion in Lak Sao ... Wer hatte da was zu verschweigen?

Zwei Jahre nach seinem Bienenfund machte Professor Meselson mit einer erneuten Entlastungskampagne von sich reden. Diesmal sprang er für die Biowaffenforscher der Roten Armee in die Bresche. Gestützt auf Erkenntnisse der CIA hatte die amerikanische Regierung die Sowjetunion beschuldigt, allen Zusagen zum Trotz die Entwicklung biologischer Waffen vorangetrieben zu haben. Als Beweis nannte Washington einen am 2. April 1979 registrierten Unfall in dem geheimen Militärkomplex Nr. 19 am Stadtrand von Swerdlowsk (heute Jekaterinburg), bei dem waffenfähiges Anthrax eine unbekannte Zahl von Einwohnern der Stadt getötet hatte. Meselson, 1988 von Moskau zu einer direkten Inspektion eingeladen, kehrte beruhigt aus der UdSSR zurück. Von wegen verbotene Biowaffen: Die Menschen von Swerdlowsk seien an verdorbenem Fleisch gestorben.[91] Im politischen Washington waren nicht wenige froh, das unbequeme Thema endlich begraben zu können.

Diese in der Propagandaküche des KGB entstandene »Wahrheit« überlebte die Sowjetunion allerdings nicht.[92] In einem Interview mit der *Komsomolskaya Pravda* erklärte Präsident Boris Jelzin Jahre später, daß »der KGB zugegeben hat, daß unsere Militäranlagen [für den Austritt der Anthraxsporen] verantwortlich waren«.[93] Und Ken Alimek, bis zu seiner Flucht in den Westen einer der Verantwortlichen für das geheime Biowaffenprogramm der UdSSR, bestätigte endlich auch in der Öffentlichkeit, was er seinen amerikanischen Befragern schon seit Jahren gesagt hatte: Swerdlowsk war ein Anthrax-Unfall.

Die Zahl der Experten wächst, die davor warnen, sich allein um die Kontrolle der chemischen und biologischen Waffenarsenale der sogenannten »Schurkenstaaten« zu sorgen. Noch Wochen nach den Anschlägen vom 11. September 2001 waren Forschungsberichte der Amerikaner zu chemischen und biologischen Waffen aus den fünfziger und sechziger Jahren frei für jedermann erhältlich. Für 15 Dollar kaufte der Biowaffenexperte Raymond A. Zilinskas vom amerikanischen »Monterey Institute of International Studies« einen 52 Seiten dicken Forschungsbericht aus dem Jahr 1952 über eine Pilotanlage für biologische Kampfstoffe.[94] In anderen frei zugänglichen Dokumenten wurde »Die Entwicklung von Anthraxsporen zu offensiven Waffensystemen« oder »Die Stabilität von Botulinum-Toxinen in Getränken« diskutiert. Botulinum gehört zu den gefährlichsten Erregern überhaupt.

Erschwerend aber kommt hinzu, daß internationale Terrororganisationen wie al-Qaida, weithin als die gefährlichsten Feinde zu Beginn des dritten Jahrtausends anerkannt, auf solche Waffensysteme im klassischen Sinn nicht wirklich angewiesen sind. »Bhopal« ist das Stichwort der am Henry L. Stimson Institute in Washington beschäftigten Forscherin Amy Smithson.[95] Die 1984 nach einem Unfall in einer Fabrik der Union Carbide in der indischen Kleinstadt freigesetzte Gaswolke tötete etwa 3000 Menschen im Schlaf und ließ mehr als doppelt so viele mit zum Teil lebenslänglichen Folgeschäden zurück.

Allein in den USA, sagt Smithson, gibt es rund 850 000 chemische Anlagen, die lohnende Ziele für den internationalen Terrorismus sein könnten. In Europa sind es ähnlich viele. Die meisten dieser Anlagen befinden sich in unmittelbarer Nähe dichtbesiedelter Wohngebiete.

Empta

Wenn die illegale Beschaffung von Nuklearmaterial für den Bau von Waffen möglich ist, so gilt dies auch und erst recht für die Ingredienzien, die für die Entwicklung chemischer Waffen erforderlich sind. Den entsprechenden Beweis glaubte die amerikanische CIA Anfang 1998 im Sudan zum ersten Mal überzeugend führen zu können.

Im April 1998 hatte der saudische Geschäftsmann Saleh Idris die Mehrheit an dem pharmazeutischen Unternehmen al-Shifa am Stadtrand von Khartoum erworben.[96] Saleh Idris ist über das Unternehmen al-Majd General Services Ltd. in Khartoum mit der saudi-sudanesischen Tadamon Bank verbunden, die ihrerseits wiederum Aktionär der al-Shamal Bank ist. Jener Bank also, an der zu 19 Prozent auch die zum saudischen Trust Dar al-Mal al-Islami SA (DMI) in Genf gehörende sudanesische Faisal Islamic Bank beteiligt ist und in die nach Überzeugung der amerikanischen Regierung Osama bin Laden Anfang der neunziger Jahre mit einem Kapital von 50 Millionen Dollar einstieg.[97] Saleh Idris ist aber auch Direktor der Saudi Sudanese Bank in Khartoum, deren Präsident der dubiose saudische Milliardär Khalid bin Mahfouz ist.[98] US-Ermittler glauben, daß al-Shifa zumindest bis zum Frühling 1998 über einige Strohmänner im Besitz von Osama bin Laden war.[99] Drei Monate später, nach der Übernahme durch Saleh Idris, lag die Fabrik in Schutt und Asche. Dies war die amerikanische Antwort auf die Anschläge auf die US-Botschaften in Kenia und Tansania.

Es war nach dem Golfkrieg zur Befreiung Kuwaits Anfang 1991 das erste Mal, daß Massenvernichtungswaffen von den USA wieder als Argument für einen Militärschlag angeführt wurden. Denn Washington behauptete, daß die CIA im Juni 1998 in Bodenproben von dem Gelände des Pharmaunternehmens al-Shifa am Stadtrand von Khartoum Spuren von »Empta« entdeckt hätte. Das sudanesische Pharmaunternehmen mußte diese wesentliche Komponente für das Nervengift VX entweder selbst produziert haben oder die Substanz auf dem Weg zu einem unbekannten Käufer zwischengelagert haben.

Die von englischen und amerikanischen Forschern patentierte chemische Verbindung »Empta« ist ohne kommerzielle

Bedeutung. Nach allem, was man weiß, erfüllt »Empta« nur einen Zweck: die Substanz ist einer der Grundstoffe für VX, das tödlichste aller von Menschen gemischten Nervengifte. Es wird wohl eines der unzähligen ungelösten Rätsel bleiben, warum die anderweitig unwichtige Formel dennoch nie zur militärischen Geheimsache erklärt wurde. Im Gegenteil: Das Rezept für »Empta« und andere, ähnlich gefährliche Substanzen war jahrelang über die Archive des amerikanischen Patentamts für jedermann frei zugänglich gewesen.[100]

Daß der Sudan sich mit der Entwicklung chemischer Waffen beschäftigte, war für die USA nichts Neues. Schon am 17. März 1992 hatte das State Department in Washington in einer Notiz auf »vor kurzem eingegangene« Informationen verwiesen, nach denen das fundamentalistische Regime in Khartoum über den Einsatz chemischer Waffen im Krieg gegen die christlichen Rebellen im Südsudan nachdachte.[101] Eine Information, die der Gotteskrieger Jamal Ahmed al-Fahdl am 7. Januar 2001 in einem Gerichtssaal in New York bestätigen würde. Der Sudanese, der in Afghanistan eines der Gründungsmitglieder von al-Qaida gewesen war, hatte sich nach eigener Aussage an den Geschäften der Organisation mit über 100 000 Dollar bereichert. Zum Schutz vor der Rache bin Ladens hatte er sich nach seiner Flucht aus Khartoum als Kronzeuge gegen den saudischen Terroristen in die Arme der amerikanischen Justiz gestürzt. »Wir sprachen auch über den Südsudan und die Armee«, erinnerte sich al-Fahdl in New York an ein Treffen mit Amin Abdel Marouf von der in Khartoum herrschenden Nationalen Islamischen Front. »Und dabei sprachen wir auch über chemische Waffen, die sie (die Regierung) bauen wollten, um den Krieg im Süden zu gewinnen.«[102]

In den Folgejahren, so die CIA, war das sudanesische Giftwaffenprogramm internationalisiert worden. Mehrfach waren irakische Besucher bei al-Shifa aufgetaucht, die später als wichtige Personen im Chemiewaffenprogramm von Saddam Hussein identifiziert wurden.[103] Das machte insofern Sinn, als die westlichen Geheimdienste von Saddams Befehl erfahren hatten, das von den Waffeninspektoren der Vereinten Nationen nach dem Golfkrieg unterbrochene VX-Programm wieder aufzunehmen. Auch daß al-Shifa von den Vereinten Nationen die Ausfuhrgenehmigung für Arzneimittel in den Irak erhalten hatte, wurde von der CIA als wichtiges Indiz gewertet: eine bessere Tarnung, als »Empta«-Lieferungen in Containern voller Medizin zu verstecken, war kaum denkbar. Die amerikanischen Spionagesatelliten hatten auch einen regen Telefonverkehr zwischen dem Unternehmen und einer Nummer in Bagdad registriert, die dem irakischen Militär zugeschrieben wurde.

War dies die oft vermutete und nie bewiesene Allianz zwischen den »Schurkenstaaten« und dem islamistischen Terrorismus? Konnte Osama bin Laden auf die Unterstützung von Regierungen zählen, um die Arsenale seines Djihad gegen »die Kreuzfahrer und Juden« mit chemischen, biologischen und vielleicht gar nuklearen Materialien zu füllen?

Wie viele andere rund um die Welt gesammelte Informationen wären vermutlich auch die Erkenntnisse über die sudanesische Pharmafabrik al-Shifa in einem der vielen elektronischen Archive Washingtons abgespeichert worden, hätte al-Qaida nicht am 17. August 1998 die amerikanischen Botschaften in Nairobi und Daressalam angegriffen. 224 Menschen, die meisten von ihnen Kenianer und Tansanier, starben.

Böse Zungen behaupten bis heute, daß Bill Clinton nichts Besseres hätte passieren können. Hinter den von den Explosionen in Afrika verursachten Staubwolken konnte sich der von seinen sexuellen Eskapaden mit Monica Lewinsky in die Enge getriebene Präsident bestens verstecken, zumindest für einige Wochen.

Drei Tage nach den Anschlägen auf die Botschaften kam die Antwort der USA. 17 Cruise Missiles zerstörten die Pharmafabrik al-Shifa. Über drei Dutzend Marschflugkörper schlugen in Osama bin Ladens Trainingslagern in Afghanistan ein. Empört lud die sudanesische Regierung die Vereinten Nationen und die internationale Presse zu einer Besichtigung der Fabriktrümmer ein, in denen nichts als Medikamente für die vom amerikanischen Embargo in die Vernichtung getriebene irakische Bevölkerung produziert worden seien. Michael Barletta vom »Center for Nonproliferation Studies« im kalifornischen Monterey hat in einer detaillierten Studie die Hintergründe des amerikanischen Angriffs analysiert. Das für die Regierung Clinton wenig schmeichelhafte Ergebnis des Rüstungsexperten: Die Beweiskette für ein Chemiewaffenprogramm bei al-Shifa sei zu brüchig gewesen, um einen militärischen Angriff zu rechtfertigen.

Auch Daniel Pearl, Reporter des *Wall-Street-Journal*, der im Frühjahr 2002 von einer islamistischen Gruppe in Pakistan entführt und wenige Tage später aus Rache für die amerikanischen Angriffe auf Afghanistan enthauptet wurde, konnte bei seinen aufwendigen Recherchen keinen definitiven Beweis für die offizielle Version Washingtons entdecken, dafür aber eine Reihe von Ungereimtheiten. »Von wegen geheime Anlagen«, behauptete der Mailänder Unternehmer Dino Romanatti, dessen Firma die Basisprodukte für die Pharmaproduktion von al-Shifa geliefert hatte. »Wenn wir bis in die Nacht arbeiten mußten, gaben uns die Sudanesen den Fabrikschlüssel und gingen nach Hause.«[104] Einer der Informanten der CIA war der sudanesische Oppositionelle Mubarak Fadl al-Mahdi, dessen Glaubwürdigkeit durch die Tatsache geschmälert wurde, daß er eine jahrelange Privatfehde gegen Saleh Idris geführt hatte.[105]Und auch eine von der großen New Yorker Anwaltskanzlei Akin, Gump, Strauss, Hauer and Feld in Auftrag gegebene Untersuchung vor Ort durch das amerikanische Ermittlungsunternehmen Kroll fand keinen Hinweis auf »Empta«. Ein zwar publikumswirksames, aber wissenschaftlich irrelevantes Ergebnis: die Explosionshitze der Cruise Missiles hätte jeden »Empta«-Rest unweigerlich vernichtet.

Vielleicht seien bei al-Shifa »auch Arzneimittel hergestellt worden«, wies State Department Sprecher James Foley die internationale Kritik an dem Raketenangriff zurück: »Aber das ändert nichts an der Tatsache, daß diese Fabrik auch Basissubstanzen (für VX) herstellte.«[106]

Was tatsächlich auf dem Gelände von al-Shifa vor sich ging, wurde nie endgültig aufgeklärt. Die CIA habe keinen Hinweis darauf, »daß der Irak in den letzten zehn Jahren in terroristische Aktivitäten gegen die Vereinigten Staaten verwickelt war«, erklärte ein Mitglied der amerikanischen Regierung Anfang Februar 2002. Mehr noch, es gebe keinen Hinweis darauf, daß der irakische Diktator Saddam Hussein das Terrornetz von al-Qaida mit chemischen oder biologischen Waffen versorgt habe.[107] Mit anderen Worten: Clintons Angriffsbefehl war ungerechtfertigt.

Andererseits kann Washingtons Indizienkette gegen al-Shifa so ohne weiteres nicht ignoriert werden. Die Telefongespräche zwischen al-Shifa und irakischen Militärstellen sind ebensowenig zu leugnen wie die geschäftlichen Kontakte von Saleh Idris zum Umfeld des islamistischen Terrornetzes von Osama bin Laden. Als Mitglied der Opposition zu dem fundamentalistischen Regime in Khartoum, als das er sich gerne beschreibt, ist Saleh Idris wenig überzeugend. Der ehemalige CIA-Mitarbeiter Vincenzo Cannistraro beharrt darauf, daß die von den amerikanischen Geheimagenten auf dem Gelände der Fabrik gesammelten Bodenproben »Empta«-Spuren enthielten. In der Natur kommt das Kunstprodukt der Waffenforscher nicht vor. »Entscheidend ist letztlich nicht, ob ›Empta‹

bei al-Shifa produziert wurde, sondern daß es Menschen gewesen sind, die mit diesem Vorprodukt des Nervengases VX auf dem Gelände des Unternehmens hantierten.«

7 Islamische Atome: Pakistan und die Bombe

1965 wurde im pakistanischen Institut für Wissenschaft und Forschung der erste von den USA gelieferte Versuchsreaktor eingeschaltet. »Atom für den Frieden« war dieses für die sogenannte »freie Welt« erdachte Programm getauft worden, mit dem die westlichen Nuklearmächte, mit den USA an der Spitze, den Vorwurf der dritten Welt entkräften wollten, die südliche Hemisphäre von den zivilen Segnungen dieser modernen Massenvernichtungstechnologie ausschließen zu wollen. Es waren die Jahre des Wirtschaftswunders nach dem Zweiten Weltkrieg, die Endphase des Kolonialismus und die Zeit der naiven Hoffnung auf eine von den hehren Prinzipien der Völkerfreundschaft und Solidarität getragenen antikommunistischen Staatengemeinschaft.

Der pakistanische Staatspräsident Zulfikar Ali Bhutto sprach als erster offen aus, was in vielen anderen Hauptstädten nur hinter verschlossenen Türen geplant wurde. Es gebe keine Garantie dafür, erklärte Bhutto, daß die pakistanischen Atome auf Dauer friedlich bleiben würden. »Sollten die Inder eine Atombombe bauen, werden wir auch eine haben! Und wenn wir Gras fressen oder hungern müßten!«

Bhuttos Gelübde wurde von seinen wechselnden Nachfolgern fast wörtlich genommen. Statt in Schulen, Infrastrukturprojekte und Arbeitsplätze investierten sie Milliardenbeträge in ihr liebstes militärisches Geheimprojekt. Bis 33 Jahre später die

Ergebnisse jahrzehntelanger Forschung so gleißend hell strahlten, daß es aus der Felsentiefe der westlichen Chagai-Hügel bis an die Oberfläche glühte. Fünf Atombomben – die Seismographen rund um die Welt bewiesen es – hatten Pakistans Militärs an diesem Morgen des 28. Mai 1998 gezündet. Von wegen Provokation, rechtfertigte Präsident Nawaz Sharif vor der Weltpresse den Eintritt seines Landes in den exklusiven Club der Atommächte. Pakistan habe lediglich auf die ständige indische Bedrohung geantwortet. Die Reaktion der Menschen auf den pakistanischen Straßen war wohl ehrlicher. »Muslime in aller Welt«, jubelte ein Mullah in Karachi, »erhebt euer Haupt. Denn die Zeit der Unterdrückung ist vorbei. Gott sei gelobt für die Atombombe des Islam.« Und im Internet drohten religiöse Fanatiker, auch andere islamische Staaten mit pakistanischen Bomben auszurüsten, sollte der Westen der neuen Nuklearmacht mit Sanktionen drohen.[108]

Was zwischen 1965 und dem Winter des Jahres 2001 geschah, ist ein Paradebeispiel für den blinden Zynismus westlicher Realpolitik und, als dessen direkte Folge, für die politische Ohnmacht, den nuklearen Geist wieder in die Flasche zurück zu zwingen.[109]

Nach bestmöglichem Wissen behaupten nicht nur die westlichen Geheimdienste, sondern auch die Internationale Atomenergie-Organisation (IAEO) bis heute, daß die internationalen Kontrollmechanismen in der Vergangenheit immer ausreichten, um die Weitergabe einsatzfähiger Nuklearwaffen an Drittstaaten zu verhindern. Und genau an dieser Hürde hatten auch die pakistanischen Pläne zu scheitern gedroht. Geld war genug vorhanden. Eine Reihe anderer islamischer Staaten hatte signalisiert, daß sie sich am Projekt der ersten Atombombe der muslimischen Welt beteiligen würden. Es war der Metallurge Abdul Qadeer Khan, der Ende der sechziger Jahre den praktischen Ausweg fand. Wenn es schon unmöglich sei, eine fertige

Atombombe zu kaufen, versprach der Wissenschaftler seinem Präsidenten, werde er eben die nötige Technologie zum Bau der Bombe in Pakistan besorgen.

Sein Versprechen konnte Khan nur halten, indem immer wieder Gesetze gebrochen wurden. Entweder direkt wie zu Beginn der siebziger Jahre, als dem deutsch-holländischen Nuklearkonsortium »Urenco Ltd«[110] die Blaupausen von nicht zum Export zugelassenen deutschen Gaszentrifugen »von einem pakistanischen Staatsbürger« entwendet wurden.[111] Es ist schwer, an einen Zufall zu glauben, wenn man bedenkt, daß Qadeer Khan genau zu diesem Zeitpunkt als Übersetzer bei Urenco Ltd. arbeitete. Auf jeden Fall wäre ohne die Präzisionsmaschinen die Anreicherung von Plutonium nicht möglich gewesen. Die ersten in Pakistan gebauten Zentrifugen wurden dann 1976 in dem heimlich eingerichteten Engineering Research Institut (ERL) in der Nähe von Islamabad in Betrieb genommen. »Irgendwo in Pakistan«, meldeten die holländischen Geheimdienste, »drehen sich unsere Zentrifugen.«[112] Wenige Jahre später arbeiteten bereits mehrere tausend dieser Maschinen in dem inzwischen in »A. Q. Khan Research Laboratories« umgetauften Institut in Kahuta. Wie die verbesserten Zentrifugentypen der zweiten Generation den Weg von Deutschland nach Pakistan fanden, ist nie geklärt worden. Legal jedenfalls ist es auch dabei sicher nicht zugegangen.

Der sowjetische Einmarsch in Afghanistan kam den pakistanischen Bombenbauern zugute. Washington war für die Ausbildung und die Ausrüstung der Mudjaheddin auf die Hilfe Pakistans angewiesen. Jedes offizielle Eingeständnis des pakistanischen A-Waffenprogramms hätte automatisch zu Sanktionen geführt. Jahr um Jahr belogen die amerikanischen Präsidenten daher wissentlich den Kongreß, wenn sie versicherten, nichts Konkretes über die Nuklearpläne Islamabads zu wissen. Auch als Qadeer Khan sich an das kommunistische China wandte, um an Uranium-Hexafluorid zu kommen, drückten die USA beide Augen zu. Vermutlich, sagen die Experten des State Department, hat Peking im Gegenzug die Baupläne für die deutschen Urenco-Zentrifugen erhalten. Alles in offener Verletzung der strengen Regeln der von den USA selbst erzwungenen Proliferationsverbote. Aber stillschweigend geduldet, weil politisch in diesem Augenblick opportun.

Genauso wie auch die Hilfe deutscher Unternehmer nicht wirklich behindert wurde, obwohl auch sie illegal war. Der Ingenieur Rudolph Ortlieb wurde Anfang der neunziger Jahre, als das pakistanische Bombenprogramm längst alleine laufen konnte, wegen des Verstoßes gegen das Exportgesetz verurteilt. Deutsche Großunternehmen wie Linde und Siemens kamen da besser weg. Sie konnten sich hinter ihrer angeblichen Ahnungslosigkeit verbergen. »Dual use«, mal wieder. Die gelieferte Technologie konnte zwar, mußte aber nicht für militärische Nuklearziele eingesetzt werden. Es kam zu Ermittlungen in Deutschland, aber nur in den seltensten Fällen auch zu Verurteilungen. »Die Maschen im Gesetz«, sagt der damals in Hanau ermittelnde und inzwischen pensionierte Oberstaatsanwalt Albert Farwick, »waren einfach zu groß.«[113]

1986 erfuhr Henry Kissinger zwar von der CIA, daß Pakistan inzwischen angereichertes Uran für mehrere Bomben im Jahr besaß.[114] Aber da die Sowjets in Afghanistan die wirkliche Gefahr waren, leugnete das Weiße Haus einmal mehr, etwas von pakistanischen Bombenplänen zu wissen.

Und Washington wußte auch, daß Pakistan sich bei einer Reihe islamischer Staaten für die finanzielle Hilfe bedankte, indem Forschungsergebnisse und Technologie weitergegeben wurden. Politische Allianzen spielten dabei keine Rolle. Als die USA nach dem Sturz des persischen Schah die nukleare Kooperation mit dem Regime in Teheran unterbrachen, sprang Islamabad in die Bresche. Und selbst dem von Washington und

London bekämpften Oberst Muammar al-Ghaddafi waren die pakistanischen Wissenschaftler zu Diensten, nachdem in der ersten Hälfte der achtziger Jahre ein abenteuerlicher Versuch des Libyers, an waffenfähiges Spaltmaterial zu kommen, in letzter Sekunde noch vereitelt worden war.

Strahlendes Spielzeug für einen Terrormäzen

1983 entdeckte der italienische Untersuchungsrichter Carlo Palermo in den beschlagnahmten Unterlagen des in Mailand verhafteten syrischen Waffenhändlers Henry Arsan erste Hinweise auf drei Container, die aus den französischen Besitzungen in Polynesien nach Le Havre und von dort auf das Freizollgelände der Spedition Danzas auf dem Genfer Flughafen Cointrin gebracht worden waren. Von »Spielzeug« war in den Schriftwechseln immer wieder die Rede, wenn es um den Inhalt der Container ging. Andere sprachen von Elektronikschrott im Wert von über 100 Millionen Dollar, der da rund um die Welt transportiert wurde. Natürlich war es nur ein Zufall, daß sich auf dem polynesischen Atoll von Mururoa auch das französische Atomtestgelände befindet. Als Endempfänger wiesen die Frachtpapiere die »Biso Electronics Corporation« auf den Seychellen aus. Doch die bei Arsan entdeckten Kopien seiner Telex-Schreiben an den saudischen Milliardär Gabriel Tannoury ließen keinen Zweifel daran, daß der Elektronikschrott beziehungsweise die drei »Spielzeuge« an Libyen verkauft werden sollten. Als Garantie für den Deal hatte Tannonry ein Paket von 430 000 Aktien der Versicherungsgesellschaft Generali bei der Notarin Alida Andreoli in Lugano deponiert. Die Wertpapiere, rekonstruierten die Ermittler, waren ein Schmiergeld des italienischen Energiekonzerns ENI an den Libyer Mohammed al-Higgayi gewesen, der bis Ende des Jahres 2001 über die Holding Lafico die lukrativen Auslandsinvestitionen des Ghaddafi-Regimes kontrollierte. ENI hatte allen Grund, dem Libyer dankbar zu sein. Dank seiner Vermittlung hatte Italien Erdöl zu Sonderkonzessionen einkaufen können.

Richter Palermo war davon überzeugt, daß er zufällig einem inoffiziellen Nukleardeal auf die Spur gekommen war, an dem nicht nur arabische Vermittler und nordafrikanische Regierungen, sondern auch Geheimdienste und Politiker aus einigen westlichen Ländern beteiligt waren. Die Jahre später von den USA verbreitete Version, daß es einer nicht näher identifizierten antifranzösischen Terrororganisation aus Polynesien gelungen war, auf dem Atomtestgelände von Mururoa waffenfähiges Spaltmaterial zu stehlen und dieses Ghaddafi zum Verkauf anzubieten, ließ mehr Fragen offen, als beantwortet wurden. Nicht nur war der Frachter, auf dem die drei Container nach Europa gebracht wurden, auf seinem Weg von Nordamerika nach Tahiti für drei Tage verschwunden gewesen, ohne daß die Besitzer oder die zuständigen Behörden jemals Alarm ausgelöst hätten. Das Schiff gehörte außerdem zur Flotte einer staatlichen französischen Reederei. Terroristen stehlen nukleares Material für drei A-Bomben und verschicken es dann regulär auf einem Schiff ausgerechnet des Staates, den sie bestohlen haben?

Auf jeden Fall war es einer der ersten Hinweise auf ein eng geflochtenes Personen- und Interessennetz in der islamischen Welt, das abseits von Fernsehkameras und Scheinwerfern an undurchsichtigen Geschäften wirkte. Zu diesem Netzwerk gehörte zum Beispiel auch der saudische Geschäftsmann Mazed Pharaon, dessen Name zusammen mit dem seines Bruders Gaith dann – in Verbindung mit denen von Tannoury und dem saudischen Milliardär Khalid bin Mahfouz – Anfang der neunziger Jahre auch beim Skandal um die Bank of Credit and Commerce (BCCI) wieder auftauchen sollte.

Wochenlang blieben die »Spielzeug«-Container in Genf, bis sie eines Nachts auf drei Tiefladern nach Antwerpen gebracht wurden. Bis nach Holland konnte ihre Spur anhand der Unterlagen der Spediteure nachverfolgt werden. In Antwerpen lösten sie sich scheinbar in Luft auf. Es war, als hätte die seltsame Fracht nie existiert. Der italienische Journalist Luigi Grimaldi behauptet, die drei Container seien kurz vor ihrem endgültigen Transport nach Libyen im Hafen von Genua entdeckt worden. Ihr Inhalt sei im Rahmen einer verdeckten Operation der italienischen und amerikanischen Geheimdienste sichergestellt und an Frankreich zurückgegeben worden.[115] Richter Palermo ist bis heute davon überzeugt, daß das Regime von Oberst Muammar al-Ghaddafi damals das nukleare Material zumindest bezahlte.[116] Insgesamt 1,2 Milliarden Dollar sollen über einen weiteren saudischen Vermittler, Awany al-Faisal, geflossen sein. Zufällig die gleiche Summe, die ohne jeden erkennbaren Grund dann auf dem Konto des Gabriel Tannoury gehörenden Unternehmens Rexine S. A. auftauchte. Henry Arsan, der nicht nur mit Waffen handelte, sondern auch enge Kontakte zur türkischen Mafia hatte und nebenbei auch noch in den Listen der amerikanischen Drug Enforcement Agency (DEA) als langjähriger Informant geführt wurde, nahm die meisten seiner Geheimnisse mit ins Grab. Er starb in Haft – offiziell an Herzversagen. Und Muammar al-Ghaddafi änderte seine Strategie. Auch er fand jetzt Gefallen an einer intensiven islamischen Kooperation zum Erwerb der für den Bombenbau notwendigen Technologie. Von nun an flossen auch libysche Gelder in das pakistanische Atomwaffenprogramm.

Realpolitik und ihre Folgen

Mit dem Abzug der Roten Armee aus Afghanistan im Jahr 1989 änderten sich auch die realpolitischen Sorgen der USA. Auf einmal »entdeckte« Washington das über Jahre hinweg geleugnete Nuklearwaffenprogramm der Pakistani. Den Vorgaben der bestehenden Gesetze folgend verfügte Präsident George Bush die Unterbrechung der amerikanischen Rüstungs- und Entwicklungsprogramme für Pakistan. So rigoros folgte die amerikanische Politik auf einmal ihren eigenen Regeln, daß sogar die Auslieferung eines von Islamabad bereits bezahlten Geschwaders moderner F-16-Kampfflugzeuge verweigert wurde.

Verantwortungslos nannte der ehemalige Pakistan-Experte der CIA, Milton Beard, diese amerikanische Politik. Dieses späte Embargo gegen Islamabad, nach jahrelangem Wegschauen, habe nicht nur dazu geführt, daß »der chinesische Einfluß in der westasiatischen Krisenregion wuchs. Washington verlor dadurch jede Kontrolle über die Verbreitung von Atomwaffen in der islamischen Welt.«[117] Eine Kritik, die die amerikanischen Militäranalytiker noch deutlicher in der Zeitung der chinesischen Streitkräfte hätten lesen können. Damit unterlegene Kräfte über stärkere Verbände siegen können, schrieb der Dozent Hong Shan von der Nationalen Verteidigungs-Universität, »ist es nötig, daß sie eisern ein einziges Prinzip befolgen: Du kämpfst auf deine Weise, ich auf die meine. Und damit behalte ich die Initiative.«[118] Islamabads Initiative auf die verspäteten westlichen Versuche, die islamische Atombombe im letzten Moment doch noch zu verhindern, bestand in einer politischen Öffnung nach Peking. Es bedurfte keiner großen Überzeugung, damit aus den Werkstätten der chinesischen Volksarmee etwa die komplizierte Technologie der elektronischen Tritiumzünder kam, die für den Anstoß der nuklearen Kettenreaktion gebraucht werden. Wenn das kommunistische China dem islamischen Pakistan immer wieder auf die atomaren Sprünge half, dann vor allem, weil Pakistan etwas besaß, worauf die chinesischen Militärs schon seit langem ein Auge geworfen hatten.

Zu Beginn der neunziger Jahre hatte sich Peking über die Waffenhilfe an die birmanische Militärdiktatur die Nutzungsrechte für einen Marinestützpunkt auf den Coco-Inseln und damit eine strategisch wichtige Kontrollposition am Eingang zur Andamanischen See gesichert. Für die Atomhilfe an Pakistan bekam die chinesische Kriegsmarine den lange erträumten Zugang zum Indischen Ozean. Die Volksrepublik ist somit nicht nur in der Lage, den Erzfeind Indien in die Zange zu nehmen. In der langfristigen Strategie der chinesischen Militärs bedeutet der Zugang zum Indischen Ozean auch die Möglichkeit, das politische und militärische Gewicht der Volksrepublik auf die wichtigsten Energieversorgungsrouten der westlichen Industrieländer zu projizieren. Ein weiterer Schritt auf dem Weg zur globalen Supermacht.

Den endgültigen Beweis dafür, daß das amerikanische Embargo auch die letzten pakistanischen Skrupel vor der Weitergabe von militärischer Atomtechnologie an andere und gegen den Westen operierende islamische Staaten beseitigt hatte, entdeckten die Waffeninspektoren der Vereinten Nationen nach dem Golfkrieg in den Unterlagen des irakischen Geheimdienstes. In den Monaten zwischen dem Überfall auf Kuwait und dem Angriff der multinationalen Streitmacht unter dem Kommando der Vereinigten Staaten hatte der pakistanische Bombenbauer Abdul Qadeer Khan dem Iraker Saddam Hussein mehrfach seine Hilfe bei der Entwicklung einer einsatzfähigen Atomwaffe gegen die »Aggression der Ungläubigen« angeboten. Und auf der Rückreise von einem seiner klandestinen Besuche bei den nordkoreanischen Bombenbauern ist der pakistanische »Vater« der islamischen Atombombe mindestens einmal auch auf Inspektionstour durch die geheimen Nuklearlabors der Mullahs gewesen. »Der kommt ganz schön durch die Welt«, ist das Urteil eines amerikanischen Geheimdienstlers über Abdul Qadeer Khan. »Und er taucht immer zum falschen Zeitpunkt am falschen Ort auf.«[119]

Doch jede westliche Empörung über diese pakistanische Entwicklungshilfe wäre fehl am Platz, denn Iran, Irak, Libyen, Pakistan und viele andere – keines dieser Regime hätte ohne die Hilfe der Industriestaaten die Arsenale mit Massenvernichtungswaffen füllen können. Aber auch wenn diese Hilfe in der Regel über inoffizielle Kanäle und im offenen Verstoß gegen alle Prinzipien der Vernunft erfolgte – letztlich herrschte in den westlichen Hauptstädten immer ein trügerisches Gefühl der Sicherheit, einen »Amoklauf« der Schurkenstaaten in letzter Sekunde verhindern zu können. Kriminell oder nicht, so die verquere Logik: Mit einem ausreichenden Quantum an Druck, der von außen kommt, handelt jeder Staat letztlich rational.

Die Zeit für solchen Selbstbetrug ging mit dem Aufprall des ersten Flugzeugs auf das World Trade Center am 11. September 2001 ein für allemal zu Ende. Seitdem hat sich die Überzeugung durchgesetzt, daß die Ratio des internationalen Terrorismus auf anderen, allen bisher bekannten Denkstrukturen fremden und daher nur schwer zu prognostizierenden Bahnen verläuft. Auf einmal erscheint selbst das Ungeheuerlichste möglich. Und langsam macht sich die Erkenntnis breit, daß es vor allem deshalb kaum reelle Chancen gibt, sich gegen die geifernden Mordpläne der religiösen Fanatiker zu schützen, weil es die kurzsichtige Realpolitik der Industrieländer und skrupellose Allianzen profitgieriger Unternehmer mit dem internationalen Verbrechen waren, die Organisationen wie al-Qaida den Zugang zu Massenvernichtungswaffen erst ermöglichten. Die mit dem 11. September angebrochene neue Zeit erfordert ein radikales Umdenken in zumindest zwei Punkten: Zum einen müssen die Waffen der islamistischen Terroristen nicht unbedingt fertige Sprengsätze aus den ABC-Arsenalen der Großmächte sein. Zum anderen muß sich die Einsicht durchsetzen, daß eine überzeugende Quantifizierung des tatsächlichen Gefahrenpotentials des internationalen Terrorismus durch eine Flut nur selten verifizierbarer Behauptungen und Informationen in gefährlicher Weise erschwert wird.

Nukleare Dichtung und Wahrheit

In diese Kategorie gehören auch die immer wieder auftauchenden Berichte über angeblich aus den Arsenalen der ehemaligen UdSSR verschwundene gefechtsbereite Atombomben und ihren Ankauf entweder durch radikal-islamische Staaten im Nahen Osten oder durch das Terrornetz von al-Qaida. Im Oktober 1992 boten polnische Vermittler einem verdeckten Ermittler des Bundeskriminalamts (BKA) einen einsatzbereiten nuklearen Gefechtskopf aus Sowjetbeständen an. Einen Monat später meldete auch der polnische Geheimdienst Verhandlungen über drei sowjetische Atombomben zwischen russischen Gangstern und »einem potentiellen Käufer aus dem Nahen Osten«. Und Anfang 1993 hieß es in einem Bericht der amerikanischen Geheimdienste, »die Mafia habe nahöstlichen Staaten kürzlich neun Atombomben angeboten«.[120] Alles Meldungen, von denen nie klar wurde, ob sie auf ernst zu nehmenden Informationen beruhten oder ob es sich um gezielt gestreute »Enten« der Geheimdienste handelte, um die Politik aus ihrem Tiefschlaf zu reißen.

Am konkretesten war noch die Behauptung des russischen Generals Alexander Lebed, daß bis zu 100 sogenannte Koffer-Atombomben aus den Arsenalen der ehemaligen Sowjetunion verschwunden seien.[121] Die »Ein-Kilotonnen-Bomben«, so der

Ende April 2002 bei einem Hubschrauberabsturz ums Leben gekommene ehemalige Chef des Nationalen Sicherheitsrats von Präsident Boris Jelzin, seien »ideal für nuklearen Terrorismus«. Zwei Wochen später legte Jelzins Umweltschutz-Berater Alexander Jablokov mit neuen Details nach. »Weil der KGB ihre Produktion befohlen hatte, tauchten die Kofferbomben nie in den offiziellen Listen der sowjetischen Nuklearsprengsätze auf.«[122]

»Wir halten solche Behauptungen für wenig glaubwürdig«, erklärte der Sprecher des amerikanischen Außenministeriums, James Rubin, nur Stunden nach der Aussage von Alexander Jaboklov. Auch die CIA und die militärischen Geheimdienste der USA haben bisher noch immer ausgeschlossen, daß seit dem Zusammenbruch der UdSSR gefechtsbereite Nuklearsprengsätze aus den russischen Arsenalen verschwunden sind. Genau das Gegenteil glaubt der republikanische Rüstungsexperte Yossef Bodansky. Der Vorsitzende der »Taskforce on Terrorism & Unconventional Warfare« des amerikanischen Kongresses hält es – ohne allerdings überzeugende Beweise geliefert zu haben – »für bewiesen, daß bin Laden bei seiner Suche nach nuklearen Kofferbomben schlußendlich erfolgreich gewesen ist«.[123] Laut Bodansky soll der saudische Terrorist die Sprengsätze von tschetschenischen Terroristen für 30 Millionen Dollar in bar und zwei Tonnen afghanischen Heroins erworben haben.

Wenige Wochen nach den Attentaten auf das World Trade Center und das Pentagon wurde aus diesen akademischen Szenarien urplötzlich tödlicher Ernst. Von einem unter dem Decknamen »Dragonfire« (Drachenfeuer) geführten Informanten erfuhr die CIA im Oktober 2001 von dem angeblichen Plan einer zu al-Qaida gerechneten Terrorzelle, im Zentrum von New York City einen aus den russischen Arsenalen gestohlenen Zehnkilotonnen-Sprengkopf zünden zu wollen.[124] Die Information wurde um so ernster genommen, als nur Tage zuvor ein russischer General von eben einer solchen angeblich verschwundenen Bombe gesprochen hatte. Im Computermodell wurden die Konsequenzen eines solchen Attentats mit etwa 100 000 Toten und bis zu 700 000 Strahlenopfern beziffert. Im Umkreis von zwei Kilometern würde die Detonation keinen Stein auf dem anderen lassen.

George W. Bush hatte die Wahl zwischen sicherer und unkontrollierbarer Panik, die in der Bevölkerung durch die Veröffentlichung der neuen Bedrohung ausgelöst worden wäre, und dem Gebet, daß die Geheimhaltung der Information nicht das Todesurteil für Hunderttausende sein würde. Der Präsident pokerte mit höchstem Einsatz und entschied sich für das Gebet. »Für einige Wochen im Herbst 2001«, sagte Monate später einer der wenigen, die in die geheimen Ermittlungen eingeweiht worden waren, »lebten wir in einem Alptraum der totalen Hilflosigkeit. Hätte die Information von ›Drachenfeuer‹ gestimmt, hätten wir keine Chance gehabt, einen solchen Anschlag zu verhindern.«[125]

Manhattan blieb im Herbst 2001 unzerstört. Doch die Feststellung, daß »Dragonfire« eine falsche Information weitergegeben hatte, war kein Grund zur Entspannung. Dreieinhalb Jahre nach dem demonstrativen Test der »islamischen« Bombe in Pakistan steht fest, daß der islamistische Terrorismus Zugang zumindest zum theoretischen Wissen über nukleare und andere Massenvernichtungswaffen besitzt.

An einem frühen Novembermorgen des Jahres 2001 umstellte die pakistanische Polizei mehrere Häuser in Islamabad. Der Nuklearwissenschaftler Bashiruddin Mahmoud und zwei seiner Kollegen wurden zu einem Tage dauernden Verhör abgeführt. Jahrelang war Bashiruddin vor allem das Ziel des Spottes der internationalen Nuklearwissenschaftler gewesen. Allen Ernstes hatte der Pakistani über die Möglichkeit geforscht, die unerschöpfliche Energie der »Djinnih«, der guten Geister, anzuzapfen. Jetzt, nach den Anschlägen vom 11. September 2001, wurde Bashiruddin plötzlich als Anhänger des fundamentalistischen Islam identifiziert. Und auf einmal verlangten nicht nur der pakistanische Präsident Pervez Musharraf, sondern vor allem die amerikanischen Terroristenjäger eine überzeugende Erklärung dafür, warum die offen mit Osama bin Laden und al-Qaida sympathisierenden Forscher um Bashiruddin in den letzten Jahren immer wieder über die afghanische Grenze nach Jalalabad und Kandahar gereist waren. Es gebe, so die mehrheitliche Meinung in Washington, doch erhebliche Zweifel an der Darstellung vor allem Bashruddin Mahmouds, daß er aus Mitleid mit den unter dem internationalen Embargo darbenden afghanischen Brüdern mehrere Getreidemühlen und Bäckereien in den Hochburgen der Taliban eingerichtet habe. Inzwischen heißt es aus gut informierten Kreisen in Islamabad, Bashruddin Mahmoud und seine Kollegen hätten Osama bin Laden zwar nicht, wie ursprünglich befürchtet, eine der pakistanischen A-Waffen über die Grenze nach Afghanistan mitgebracht. Aber die eifrig gefüllten Schulhefte, die in den Ausbildungslagern der Terroristen gefunden wurden, gelten als Beweis dafür, daß die pakistanischen Wissenschaftler den Mordstudenten von al-Qaida zumindest die Grundlagen ihres strahlenden Wissens beigebracht hatten.

Zwischen 1993 und 1999 wurden der Internationalen Atomenergie-Organisation in Wien (IAEO) rund 2000 Fälle illegalen Nuklearhandels gemeldet. Daß die Fahnder in nur 159 Fällen tatsächlich radioaktives Material sicherstellten, gibt wenig Grund zur Beruhigung. Zum einen geben die Experten selber zu, daß sie kaum mehr als die Spitze des Eisbergs unter Kontrolle haben. Die am »Institute for International Studies« der Stanford Universität arbeitende russische Expertin Lyudmila Zaitseva weiß von mindestens 4,4 Kilo waffenfähigen Urans, die aus den Lagern der ehemaligen Sowjetunion spurlos verschwunden sind.[126] Ab sechs Kilo, so die übereinstimmende Meinung der Fachleute, ist der Bau einer Atombombe in greifbarer Nähe. George Bunn, ein Kollege Lyudmila Zaitsevas, der in Verhandlungen über Rüstungskontrolle Erfahrung hat und an der Stanford Universität eine eigens für die Erfassung des illegalen Nuklearhandels eingerichtete Datenbank betreut, hält den Mangel an zuverlässigen Informationen schlicht für »lebensgefährlich«.[127]

Andererseits wies der Generaldirektor der IAEO, Mohammed Elbaradei, in einem Vortrag im Mai 2001 darauf hin, daß es nicht immer Atombomben oder auf Waffenstärke angereichertes Spaltmaterial sein muß und daß nicht nur zivile Atomreaktoren potentielle Ziele für fanatische Attentäter sind. Es gibt, warnte El-Baradei, »große Mengen von atomarem Material, das nicht unter das Proliferationsverbot von Nuklearwaffen fällt und das doch zu gefährlichen Verstrahlungen führen kann«.[128]

Fazit: Wer die Verfügbarkeit nuklearer Terrorwaffen weiterhin allein in herkömmlichen Rüstungsarsenalen sucht, wird ein böses Erwachen erleben.

8 Sarin in Tokio:
Illusion eines Einzelfalls

Was an der chinesischen Militärakademie als »grenzenloser Krieg des 21. Jahrhunderts« bezeichnet wird, läuft in der westlichen Strategiedebatte unter dem Stichwort »asymmetrischer Konflikt«. Daß sich die Experten mit großer Dringlichkeit dieser neuen Fragestellung annehmen mußten, haben sie vor allem sich selbst zu verdanken. Ironischerweise war es ausgerechnet der größte Erfolg der amerikanischen Militärdoktrin seit dem Zweiten Weltkrieg, der die Suche nach neuen Strategien erforderlich gemacht hatte. Die auf dem Technologievorsprung westlicher Waffensysteme beruhende Leichtigkeit, mit der sich die von den USA geführte Koalition im Golfkrieg gegen die irakische Armee durchsetzte, hatte allen potentiellen Opponenten die Option auf den klassischen Krieg, also eine direkte Konfrontation großer Militärverbände, auf nicht absehbare Zeit genommen. Doch schon der nächste amerikanische Einsatz, diesmal in Somalia und erneut im Rahmen einer UN-Mission, bewies die schnelle Lernfähigkeit der Gegner der westlichen Demokratien. Im Straßenkampf in Mogadishu brachte 1993 die schlecht ausgerüstete Lumpenarmee des somalischen Warlords Aideed den Elitetruppen der US-Army eine peinliche Niederlage bei. An einem einzigen Tag kamen 19 amerikanische Ranger ums Leben, als sie versuchten, Aideed und seinen Generalstab zu verhaften. Den Feinschliff ihrer Ausbildung hatten die zu der somalischen Islamistengruppe al-Ittihad al-Islami zählenden Kämpfer Aideeds in Osama bin Ladens Ausbildungslagern im Sudan und im Norden Somalias erhalten. Die Rekruten von al-Qaida studieren die Schlacht von Mogadishu seitdem als Modell für den Sieg über den »Großen Satan« Amerika.

Es konnte nicht ausbleiben, daß die Strategen von al-Qaida sich auch mit anderen und gefährlicheren Waffensystemen auseinandersetzen würden. Hinweise darauf gab der Terror-Pate bin Laden immer wieder selbst. 1998 bezeichnete Osama bin Laden den Erwerb von Massenvernichtungswaffen als seine »religiöse Pflicht«.[129] Ein Jahr später beanspruchte er in einem Interview mit *Time* das Recht seines Terrornetzes auf Massenvernichtungswaffen.[130] Es gebe keinen Beweis dafür, daß al-Qaida über solche Waffen verfüge, wiegelten die westlichen Geheimdienste zwar auch nach dem 11. September 2001 immer wieder ab.[131] Aber die in den afghanischen Ausbildungslagern der Gotteskrieger gefundenen Dokumente beweisen, daß bin Ladens Terroristen zumindest in der Theorie des nuklearen, chemischen und biologischen Kriegs unterrichtet wurden.[132] Immer wieder hat der Saudi – »Sollte ich solche Waffen besitzen, dann sei Gott dafür gedankt, daß er mir diese Instrumente gab!« – mit dieser Ungewißheit gespielt. »Die Amerikaner sollten vorsichtig sein!«[133]

Daß die Auslöschung einer großen Zahl von Menschen die ultimative Terrorwaffe sein kann, lernte Osama bin Laden im Mai 1995 von einer bis dahin kaum bekannten japanischen Gruppe religiöser Fanatiker. Als die Weltuntergangssekte Aum Shinrikio auf Befehl ihres Führers Shoko Asahara das U-Bahn-System von Tokio mit dem Giftgas Sarin angriff, war es mit der Überzeugung der Militärs vorbei, daß der Einsatz von Massenvernichtungswaffen auch in Zukunft nur eine von Staaten ausgehende Bedrohung sein würde. Und die Terrorismusexperten mußten eingestehen, daß ihre einzige

Sicherheit auf einmal nicht mehr galt, daß nämlich »Terroristen eine große Zahl von Zuschauern und nicht von Opfern wollen«.[134]

Am Morgen des 20. Mai 1995 erlebte die japanische Hauptstadt Szenen, wie sie bis dahin nur in den Katastrophenfilmen aus Hollywood zu sehen gewesen waren. Aus den U-Bahn-Stationen im Zentrum von Tokio stürzten die Menschen ins Freie. In unkontrollierbarer Panik trampelten sie über Ältere, Schwächere, Frauen und Kinder, die vor ihnen auf den Treppen gestürzt waren. Alle rangen um Atem. Viele hatten die Hände gegen den Hals gepresst, als könnten sie so das Gefühl des Erstickens loswerden.

Diejenigen, die es in diesen Minuten bis an die Oberfläche schafften, überlebten das Attentat nicht zuletzt dank des schnellen Einsatzes der Rettungsmannschaften. Tausende wurden in den Krankenhäusern der japanischen Hauptstadt behandelt. Mehrere hundert von ihnen leiden bis heute unter den Spätfolgen des Anschlags. Unten aber, in den Zügen der U-Bahn und auf den Bahnsteigen, lagen zwölf Menschen, die keine Chance gehabt hatten. Sie standen neben den mit Saringas gefüllten Plastikbehältern, die die Terroristen Sekunden vor ihrer Flucht mit spitzen Regenschirmen durchlöchert hatten.

Aum Shinrikio hatte eine geradezu perfekte Langzeitstrategie bewiesen, die bei terroristischen Gruppierungen bis dahin nie beobachtet worden war. Und die Fahnder begriffen erst Tage nach dem 20. Mai: Der Anschlag von Tokio war für Shoko Asahara nicht der Anfang, sondern ein bereits Jahre zuvor ins Auge gefaßtes Ziel gewesen. Das letzte Tabu war in Wahrheit schon im Winter 1993 gefallen, als der Sektenführer mit seinen engsten Vertrauten beschloß, in der Scheune eines der Organisation gehörenden Bauernhofs in dem Dorf Kamikuishikimuira in der Präfektur Yamanashi eine Giftwaffenfabrik einzurichten. Und die Generalprobe für den Terrorismus mit Massenvernichtungswaffen fand anderthalb Jahre später in Matsumoto rund 100 Kilometer westlich der japanischen Hauptstadt statt.

Laut Polizeiakten ging der erste Hilferuf bei der Notrufzentrale von Matsumoto am 27. Juni 1994 um 23:09 Uhr ein.[135] Bis zum Mittag des folgenden Tages wurden mehr als 200 Bewohner des Stadtviertels Kaichi in die Krankenhäuser eingeliefert. Alle Patienten klagten über die gleichen Symptome: Übelkeit, Atembeschwerden, Seh- und Gleichgewichtsstörungen. Bis auf sieben Opfer der zunächst mysteriösen Krankheit, die schon in den ersten Stunden starben, konnten die meisten innerhalb weniger Tage wieder entlassen werden.

Als Polizeichef Yoko Midorikawa die Befunde las, wußte er, daß er ein riesiges Problem hatte. Die im Labor bei allen Patienten entdeckte Deaktivierung des lebenswichtigen Enzyms Acetylcholinesterase konnte nach Ansicht der Ärzte nur durch ein Organophosphat ausgelöst worden sein. Damit war die zunächst angenommene Lebensmittelvergiftung ausgeschlossen. Noch in der Nacht befahl Midorikawa dem Rettungs- und Pflegepersonal das Tragen von Schutzkleidung. Daß die Erkrankten auf die Behandlung mit Atropin ansprachen, war nur ein weiterer Beweis für den Verdacht: Zwölf Stunden nach der Einlieferung des ersten Patienten sprach der Polizeichef im kleinen Kreis zum ersten Mal das Wort aus, das die Autopsien erst eine Woche später offiziell bestätigen würden. Unbekannte hatten in Matsumoto einen Anschlag mit dem Nervengas Sarin verübt.[136] Sarin gehört zu den giftigsten vom Menschen gemischten Substanzen. In 50 Prozent aller Fälle führen 0,1 Milligramm pro Kilo Körpergewicht zum Tod. Entwickelt wurde es von Forschern im nationalsozialistischen Deutschland.

Um eine Panik in der Öffentlichkeit zu vermeiden, einigte man sich in der Präfektur von Matsumoto auf die offizielle

Sprachregelung eines im Detail nicht näher beschriebenen »Unfalls«. Die Beschwichtigungsstrategie funktionierte. Nach einigen Wochen hatte die japanische Öffentlichkeit den »Unfall« schon wieder so gut wie vergessen.

Doch die Ermittlungen, die hinter den Kulissen fortgesetzt wurden, brachten ein beunruhigendes Szenario ans Licht. Der oder die Täter hatten im Stadtviertel Kaichi 12 Liter Sarin auf einem Lastwagen deponiert und es durch ein auf dem LKW montiertes Gebläse in die Luft verstreut. Der Angriff von Matsumoto, hieß es in einem im Herbst 1994 verfaßten Geheimbericht an die Regierung, sei nichts als »ein Experiment gewesen, mit dem die Sarin-Hersteller ihre Technologie, ihre Taktik und die tödliche Effizienz ihrer Waffe erproben wollten«. Der »Unfall«, warnten die Autoren, müsse »als potentielle Vorbereitung für die nächste Phase des Terrors« ernst genommen werden.[137]

Am 20. Mai 1995 war es dann soweit. Daß der Anschlag auf die U-Bahn von Tokio nicht noch weit schwerere Konsequenzen hatte, war im wesentlichen auf drei glückliche Umstände zurückzuführen. Zum einen waren die Terroristen nicht bereit gewesen, ihr eigenes Leben einzusetzen. Zum anderen war ihr Kampfstoff von geringer Qualität.[138] Und schließlich konnten die Rettungsarbeiten sofort beginnen, weil die direkt betroffenen Züge noch standen, als das tödliche Gas auszuströmen begann.[139] Es gab ernste Pannen, wie sich hinterher herausstellen würde. Anfänglich waren nur die Sarin-Züge stehengeblieben. Der Luftdruck und der Fahrtwind, die durch die noch fahrenden Züge entstanden, verteilten das Giftgas – wenn auch nur noch in geringen Konzentrationen – weiter durch das Tunnelsystem. Die Krankenhäuser waren in der Anfangsphase der Notlage unfähig, die Symptome der eingelieferten Patienten richtig zu diagnostizieren. Viele der Sarin-Opfer saßen noch nach Stunden in ihren verseuchten Kleidern und warteten auf ihre Behandlung. Aber insgesamt erlebte der Katastrophenschutz von Tokio nicht, wie einige Kritiker hinterher schreiben würden, einen »schwarzen Tag«. Das System hatte allein dem japanischen Idealbild der Perfektion nicht entsprochen. Keine andere Millionenstadt auf der Welt hätte wohl zu Recht behaupten können, besser als Tokio auf einen Chemiewaffenangriff vorbereitet zu sein.

Der Katastrophenschutz hätte vermutlich besser funktioniert und das Attentat von Tokio hätte vielleicht sogar ganz verhindert werden können, wären die Toten von Matsumoto von der Politik nicht als »Unfall« heruntergespielt worden. Wäre zum Beispiel den Beschwerden der Einwohner von Kamikuishikimuira früher nachgegangen worden, wäre die Gasküche in der Scheune von Aum Shinrikio rechtzeitig entdeckt worden. So aber wurden Sektenchef Shoko Asahara und die führenden Mitglieder des Kults erst nach dem Anschlag von Tokio verhaftet. Und die japanische Regierung mußte lernen, wie dicht sie an einer noch größeren Katastrophe vorbeigeschrammt war. Die Mitglieder von »Aum Shinrikio« hatten auch mit Botulinum experimentiert. Insgesamt zwölf Mal hatten die Terroristen versucht, Tokio mit dem tödlichen Erreger zu attackieren.

In den Stunden unmittelbar nach dem Anschlag auf die U-Bahn von Tokio war auf den amerikanischen Stützpunkten in Japan ABC-Alarm ausgelöst worden. Für Tage hatte die höchste Alarmstufe »Delta« gegolten. Dann aber hatten die Militärs sich wieder beruhigt. »Gott sei Dank«, sagte ein amerikanischer ABC-Experte nach einem Gang durch die Mordfabrik von Shoko Asahara, »fehlte den Terroristen für den Bau einer wirklich funktionsfähigen Massenvernichtungswaffe noch das entscheidende militär-technologische Know-how.«[140]

Dieses beruhigende Urteil schlug sich dann auch in den Analysen des Pentagon nieder. Die Gefahr eines Terroranschlags mit Massenvernichtungswaffen in näherer Zukunft sei gering, so die amerikanischen Militärexperten. Der Besitz potentiell tödlicher Substanzen allein genüge nicht. Die nötige Technologie zur Herstellung einsatzfähiger Massenvernichtungswaffen sei nur in wenigen Staaten verfügbar. »Ein Hinterhoflabor wie das von Aum Shinrikio hätte erst nach 20 Jahren genug Sarin produziert, um damit 10 000 Menschen zu töten.«[141] Die Welt lehnte sich beruhigt zurück – und erlaubte sich den Luxus, den Chemiewaffen-Alptraum von Tokio wieder zu vergessen.

9 Die neue Gefahr: Schmutzige Bomben

Der Schock über das Attentat von Tokio war von kurzer Dauer gewesen. In Europa und Nordamerika waren Shoko Asahara und seine Sarinopfer zweidimensionale Fernsehbilder geblieben. Für das breite Publikum war es interessanter, daß der fernöstliche Guru in Trance angeblich friedlich lächelnd im Schneidersitz in der Luft schweben konnte. Die Politik schloß sich erleichtert der Analyse der meisten Experten an, daß Aum Shinrikio ein Einzelfall bleiben würde. Die wenigen Chronisten, die vor dem Quantensprung des Terrorismus vom individuellen Attentat hin zum gezielten Massenmord warnten, wurden verlacht.

Dabei wäre es höchste Zeit gewesen, sich nicht nur um die Globalisierung des Wirtschaftssystems, sondern auch um die Gefahren der sich abzeichnenden neuen »globalen« Welt zu kümmern. Die Fernsehbilder, die die unter Schock stehenden Japaner zeigten, waren zu eindrucksvoll gewesen, als daß diejenigen, die den Terror zu ihrem Beruf gemacht hatten, der Versuchung der perfektionierten Nachahmung nicht hätten erliegen können. Und es war auch nicht schwer zu prognostizieren, aus welcher Ecke die Schüler des Giftgasmischers Shoko Asahara kommen würden. Die Hinweise auf die Internationalisierung einer islamistischen Terrororganisation al-Qaida, die von einem fanatisch religiösen Saudi namens Osama bin Laden und seinen Anhängern zum Ende des afghanischen Kriegs gegen die sowjetischen Besatzer hin gegründet worden war, gingen in immer kürzeren Abständen ein. Tatsächlich hatte es vor dem Sarinangriff von Tokio bereits eine Warnung gegeben. Mitten in Moskau hatte im Jahr 1994 die tschetschenische islamistische Guerilla eine »schmutzige Bombe« deponiert: Ein mit Sprengstoff und einer Cäsium-Strahlenquelle gefüllter Behälter wurde in einem Mülleimer auf einen anonymen Anruf hin gefunden. Die russische Regierung reagierte schnell: Innerhalb weniger Tage ließ sich der Kreml zum erstenmal auf Verhandlungen mit den tschetschenischen Separatisten ein.

Daß die spärlichen Informationen über die in Moskau entdeckte radiologische Waffe im Ausland mit einiger Skepsis aufgenommen wurde, lag vor allem an der unterschiedlichen Einschätzung an den Ereignissen im Kaukasus. Weit verbreitet war die Überzeugung, daß der Kreml und die russischen Geheimdienste selbst die Hauptakteure der angeblich tschetschenischen Bombenkampagne waren, um so die öffentliche Unterstützung für den Krieg gegen die islamistischen Rebellen anzufachen.

Andere hingegen wußten, daß in den Kaukasusrepubliken nur die von Washington Jahre zuvor gut gedüngte fundamentalistische Afghanistansaat aufgegangen war. Die Mudjaheddin hatten ihren Gotteskrieg über den Hindukusch in das russische Herzland getragen. Ihre ursprüngliche Aufgabe, die Expansionsgelüste des Kommunismus in Schach zu halten, mochte durch die Implosion der Sowjetunion obsolet geworden sein. Nützlich blieben die islamistischen Tschetschenen für die Globalstrategen im Westen dennoch. Jetzt sollten sie die russischen Militärs ausreichend beschäftigen, um deren tiefe Frustration über den Zerfall der Sowjetunion und damit über die Niederlage im internationalen strategischen Wettbewerb mit den USA nicht in unkontrollierbare bewaffnete Abenteuer abgleiten zu lassen. Erst nach dem 11. September 2001, als Osama bin Ladens Heiliger Krieg gegen die »Kreuzfahrer und Juden« die amerikanische Ostküste erreicht hatte, wurden aus den islamistischen »Freiheitskämpfern« der Kaukasusrepubliken auch in der politischen Sprache des Westens das, was sie von Anfang an gewesen waren: Terroristen.

Im Dezember 2001 entdeckten drei georgische Holzfäller in einem Wald der abgelegenen Region Abkhazia eine offenbar seit Jahren verlassene Maschine. Neugierig geworden und überzeugt, sich mit dem Altmetall ein kleines Zubrot verdienen zu können, begannen sie, das ihnen unbekannte Gerät mit Hammer- und Axtschlägen auseinanderzunehmen. Wenige Stunden später stolperten sie mit schweren Hautverbrennungen in ihr Basislager zurück. Ein Arzt stellte zusätzlich lebensgefährliche innere Verletzungen fest. Für den Zustand seiner Patienten hatte er nur eine Erklärung: sie waren mit einer starken radioaktiven Strahlungsquelle in Berührung gekommen.

Die drei Holzfäller hatten einen von etwa 300 Nukleargeneratoren gefunden, die die Sowjetunion an entlegenen Orten etwa zur Befeuerung von Leuchttürmen aufgestellt hatte und die in den turbulenten Zeiten nach dem Kollaps des kommunistischen Reiches einfach vergessen worden waren.

Das normalerweise von einem dicken Bleimantel gut geschützte radioaktive Herz solcher »radiothermalen Generatoren« oder RTGs ist etwa so groß wie eine Taschenlampe und besteht aus Strontium oder Cäsium. Aus keiner der beiden Schwermetallsubstanzen läßt sich zwar eine Atombombe im klassischen Sinn bauen. »Aber«, warnte Henry Kelly, Professor für Nuklearphysik, am 3. März 2002 vor dem Außenpolitischen Ausschuß im Kongreß in Washington, »solches Material ist ideal für den Bau einer schmutzigen Bombe.«[142]

Seit Jahren kämpft der Präsident der Vereinigung amerikanischer Wissenschaftler zusammen mit Experten aus aller Welt für eine erweiterte Definition des Begriffes »Massenvernichtungswaffe«. Sie verweisen auf die Berge von toxischen und nuklearen Abfällen, die weitgehend unbewacht auf dem Territorium der ehemaligen UdSSR lagern. In dem rund um das Jahr eisfreien Hafen von Murmansk verrotten die atomgetriebenen Schiffe der ehemals stolzen Nordmeerflotte vor sich hin. Immer wieder wurden ausgediente oder defekte Reaktoren ausgebaut und ungesichert in der offenen sibirischen Landschaft »entsorgt«. In der kasachischen Hafenstadt Aktau lagen im Winter 2001 eine Tonne Plutonium und zwei Tonnen hoch angereichertes Uran unbewacht neben einem stillgelegten schnellen Brüter.[143] Und zu dem ehemaligen Testgelände für Biowaffen auf einer Insel im Aralsee, wo die Forscher der Roten Armee einen Teil ihrer tödlichen Erfindungen in flachen Gruben deponiert haben, gelangt man seit dem Absinken des Wasserspiegels inzwischen unkontrolliert zu Fuß. Die ehemalige Sowjetunion, warnte der demokratische US-Senator Joseph Biden, sei »für Terroristen so anziehend wie ein Süßwarenladen für Kinder«.[144]

Wie gering das Verständnis der Gefahr noch immer ist, zeigt sich daran, daß sich die Debatte in der Regel auf die Sicherheit des strategischen ABC-Arsenals beschränkt. Denn der Zugang zu den »Rohstoffen« für Terrorwaffen ist viel leichter, als gemeinhin angenommen wird. Kaum ein Wort wird verloren über die illegalen Sondermülldeponien, die kriminelle Akteure aus den westlichen Industriestaaten über die Jahre überall in der dritten Welt angelegt haben. Und so groß ist die Kluft zwischen den öffentlich geäußerten Befürchtungen der Politiker und ihrer Bereitschaft zum Handeln, daß es zum Beispiel bis heute keine durch ein internationales Abkommen geregelte Kontrolle über die mittel- und schwachstrahlenden nuklearen Abfälle aus der Medizin und der industriellen Forschung gibt. Die rund 30 Millionen Dollar, die ein solches Programm im Jahr kosten würde und die erstmals eine Vereinheitlichung der bisher allein durch nationale Gesetze geregelten

Kriterien mit sich bringen würde, sind der IAEO auch nach dem 11. September 2001 noch einmal verweigert worden. »Was würde passieren, wenn in Paris eine Bombe mit einer schwachen Strahlungsquelle explodierte?« fragte ein Experte der Wiener Organisation wenige Wochen nach den Attentaten in den USA einen französischen Delegierten. Er glaube nicht, beschrieb der resignierte Experte den fragenden Blick seines Gesprächspartners, »daß meine Warnung verstanden worden ist«.[145]

Im Prinzip besteht eine solche schmutzige Bombe nur aus einem konventionellen Sprengsatz in einem Mantel aus zivilen oder industriellen Nuklearabfällen. Anders als bei der normalen Atombombe ist bei der Explosion einer schmutzigen Bombe nicht die Kettenreaktion, sondern die Freisetzung radiologischer Strahlen das Ziel. Gammastrahlen etwa sind besonders gefährlich für die Zell- und Genstruktur. Selbst wer, wie die Holzfäller in Georgien, die erste akute Phase der Strahlenkrankheit überlebt, muß mit langfristigen Folgeschäden rechnen. Strahlenopfer, warnt etwa der amerikanische Nuklearmediziner Sanjay Rupta, riskieren unter anderem Schilddrüsenkrebs und die Zeugung gengeschädigter Kinder. Eine besonders effiziente Massenvernichtungswaffe sei die schmutzige Bombe nicht. Doch gerade weil die Zahl der Opfer sich wohl in Grenzen halten würde, gibt Rupta zu, wäre die schmutzige Bombe die perfekte Waffe des Terroristen.[146] »Al-Qaida arbeitet an solchen Sprengsätzen«, warnte CIA-Direktor George Tenet in seinem jährlichen Rechenschaftsbericht vor dem Kongreß am 19. März 2002.

Der zum Kronzeugen der Anklage mutierte Terrorist Jamal Ahmed al-Fahdl hatte im Januar 2001 dem Gericht in New York seinen Versuch, 1994 im Sudan Nuklearmaterial für al-Qaida zu erwerben, geschildert. Das Geschäft, glaubt die CIA, kam damals nicht zustande. Aber eine Reihe von gefangenen Mitgliedern des Terrornetzes berichteten unabhängig voneinander von einem Bleizylinder, den einer der Anführer von al-Qaida noch kurz vor Ausbruch des Kriegs in einem der Ausbildungslager über den Kopf hielt. Der Behälter, so die übereinstimmende Aussage, wurde als mit radioaktivem Material gefüllt beschrieben. Und auch der bisher ranghöchste gefangene al-Qaida Terrorist Abu Zubaydah bestätigte im Verhör, daß die Organisation den Bau schmutziger radiologischer Bomben plane. »Und wenn ihnen das nicht gelingt, müssen wir mit Angriffen von al-Qaida oder anderen Terrorgruppen auf chemische oder nukleare Anlagen in den USA rechnen.«[147]

Leichtfertiger Umgang mit solchen Materialien könne lebensgefährlich sein, erinnerte der Präsident des amerikanischen Instituts für Energie und Umweltforschung, Arjun Makhijani, in einem Interview mit der *Washington Post* an das Schicksal der drei georgischen Holzarbeiter. Ansonsten war er der gleichen Meinung wie CIA-Direktor Tenet: »Wenn man weiß, was man tut, kann so ein Ding immense Schäden anrichten.«[148]

Die Angst vor einer solchen »schmutzigen Bombe« ist gewachsen, seit die UN-Waffeninspektoren nach dem Golfkrieg entsprechende Pläne unter den irakischen Rüstungsprogrammen entdeckten. Saddam Hussein, so geht aus den im Besitz des privaten Wisconsin Project on Nuclear Arms Control befindlichen Dokumenten hervor, hatte in seinen Vorgaben für die »radiologische Bombe« auf die nukleare Zerstörung verzichtet und statt dessen bewusst auf den qualvoll langsamen Tod möglichst vieler Opfer gesetzt. Andere Wissenschftler, denen die Dokumentation zur Begutachtung vorgelegt wurde, halten die Papiere für authentisch. Aus den Unterlagen geht auch hervor, daß die 1987 durchgeführte Testexplosion einer etwa 3,6 Meter langen und über 2 Tonnen schweren Versuchsbombe nicht die gewünschten Ergebnisse brachte. Die Verstrahlung blieb weit unter den Erwartungen der irakischen Militärs. Nur deshalb, glaubt Gary Milhollin, Leiter des Wisconsin-Projekt, wurde das diabolische Programm von der Regierung in Bagdad beendet.

»Schmutzige Bomben« mögen militärisch wenig Sinn machen. Für den Terrorismus hingegen sind sie schlechthin die perfekte Waffe. Für George Tenet »planen und denken Terroristen in anderen Kategorien als Staaten und ihre Militärs«.[149] Und deshalb hatte auch der Nuklearphysiker Kelly für seinen Auftritt vor dem Senat nach einem überzeugenden Beispiel gesucht. Mit den im Computer simulierten Konsequenzen aus dem Mißbrauch einer alltäglichen Strahlenquelle als »dirty bomb« wollte er die Senatoren wachrütteln.

»Wissen Sie, daß viele Lebensmittel zur Verlängerung ihrer Haltbarkeit radiologisch bestrahlt werden?« fragte er harmlos lächelnd in die Ausschußrunde und erntete erwartungsgemäß von den meisten Anwesenden nur fragende Blicke. In einfachen, auch für Laien verständlichen Sätzen erklärte Professor Kelly diese umstrittene Technologie, bevor er zu den Ergebnissen seiner Untersuchung kam.

Die auch »Ionisierung« genannte Konservierungsmethode vernichtet mit Hilfe der kurzwelligen Strahlungen einer Kobaltquelle die Mikroorganismen, die für den Fäulnisprozeß in Lebensmitteln verantwortlich sind. Die meisten Nuklearmediziner halten diese Methode auf der Grundlage langfristiger Untersuchungen für absolut sicher. Die amerikanische Food and Drug Administration (FDA) hat die Ionisierung von Lebensmitteln schon seit Jahren freigegeben. In Europa dagegen haben Verbraucherschutzverbände den Einsatz dieser Technologie zwar nicht gänzlich verhindern können, jedoch sind die von der Europäischen Union beschlossenen Verwendungskriterien um ein Vielfaches restriktiver als in den Vereinigten Staaten.

Doch jetzt, sagte Dr. Kelly vor den Abgeordneten in Washington, drohe von den Bestrahlungsapparaten eine neue und bisher nie in Erwägung gezogene Gefahr. »Sollte es jemandem gelingen, einen der in diesen Maschinen der Nahrungsmittel-industrie befindlichen Kobaltstäbe zu pulverisieren und dieses Pulver zusammen mit einem konventionellen Sprengsatz zum Beispiel auf dem Dach eines Wolkenkratzers in New York zu zünden, wäre praktisch ganz Manhattan auf unbestimmte Zeit unbewohnbar.«

Die Antwort auf die naheliegende Frage, mit wie vielen Opfern nach so einem Angriff gerechnet werden müsse, wollte Professor Kelly nicht quantifizieren.[150] Die Antwort nahm ihm der Komiteevorsitzende Senator Joseph Biden ab. »Es wären wohl vor allem die psychologischen Auswirkungen, die katastrophale Folgen hätten. Wir sollten uns keinen Illusionen hingeben. Wenn hier im Zentrum von Washington eine ›schmutzige Bombe‹ explodieren würde, müßte die ganze Stadt evakuiert werden. Und selbst wenn die Zahl der Opfer niedrig wäre, würde es wohl sehr schwierig sein, die Bevölkerung, aber auch uns Politiker, zur Rückkehr ins normale Leben in Washington zu überreden.«[151]

Die Aufzeichnung der Fernsehkameras zeigt, daß sich an diesem Punkt eisiges Schweigen unter den Anwesenden ausbreitete. Zum ersten Mal, so schien es, hatten sie das ganze Ausmaß der Bedrohung begriffen. Und vielleicht kamen einigen von ihnen zum ersten Mal auch Zweifel an der verantwortungslosen Leichtfertigkeit, mit der nicht nur die USA, sondern die Industrieländer insgesamt seit langem mit solch gefährlichem Material umgehen.

Wenige Wochen später war klar, daß Professor Kelly und Senator Biden die Gefahr nicht überschätzt hatte. Am 8. Mai 2002 flog ein gewisser Jose Padilla mit 10 000 Dollar in bar in der Tasche von Zürich nach Chicago. Der einunddreißigjährige Hispano-Amerikaner wurde von den Schweizer Behörden sorgfältig kontrolliert. Sogar seine Schuhe wurden untersucht. Padilla ließ die rigorosen Sicherheitsprozeduren lächelnd über sich ergehen. Schließlich sind verschärfte Kontrollen in diesen Zeiten, in denen die Angst vor neuen Flugzeugentführungen durch islamistische Terroristen umgeht, nichts besonderes. Was der freundlich durch die Paßkontrolle gewinkte Amerikaner nicht ahnte, war die Tatsache, daß er als einziger der Passagiere an diesem Tag so genau überprüft wurde. Nichts wußte er auch von der peinlich genauen Untersuchung seines Reisegepäcks und den FBI-Beamten, die unmittelbar nach ihm das Flugzeug bestiegen. Es gab gute Gründe, Jose Padilla nicht aus den Augen zu verlieren. Gut ein Jahrzehnt zuvor war der in New York geborene Sohn katholischer Einwanderer aus Puertorico zum radikalen Islam konvertiert. Jetzt nannte er sich Abdullah al-Muhajir. Und an diesem 8. Mai war der Islamist mit dem amerikanischen Paß im Auftrag von al-Qaida auf dem Weg zurück in die USA, um mit den Planungen für einen radiologischen Angriff auf Washington D. C. zu beginnen.

Den ersten Tip hatten die Fahnder von ihrem wichtigsten Al-Qaida-Gefangenen, Osama bin Ladens Logistikchef Abu Zubaydah, erhalten. Zubaydah, der seit seiner Verhaftung in Pakistan mit schweren Verletzungen an einem unbekannten Ort festgehalten wird, sprach während des Verhörs von einem jungen US-Bürger und dessen Bereitschaft, eine schmutzige Bombe in Amerika zu zünden. Den Auftrag hatte er im Dezember 2001 selbst erteilt. An diesem Tag, sagt der amerikanische Terrorismusexperte John Pike von Global Security Org., wurde aus der Idee eines Angriffs mit einer rudimentären Massenvernichtungswaffe die Keimzelle eines konkreten Plans.[152]

Seit al-Muhajir im April in Pakistan bei einer Polizeikontrolle identifiziert wurde, ließen die Fahnder ihn nicht mehr aus den Augen. Undercover-Agenten des FBI folgten dem jungen Mann von Pakistan bis in die Schweiz. Sie begleiteten ihn unauffällig auf seiner Reise nach Ägypten und flogen mit ihm zusammen zurück nach Zürich.

Jose Padilla alias Abdullah al-Muhajir wurde sofort nach seiner Landung auf dem internationalen Flughafen O'Hare in Chicago verhaftet. Vier Wochen lang versuchte das FBI, den jungen Mann zum Reden zu bringen. Wenige Stunden, bevor er nach geltendem Recht aus der Untersuchungshaft hätte entlassen werden müssen, wurde der Immigrantensohn zum »feindlichen Kämpfer« erklärt und dem Militär überstellt. Zwar steht bereits fest, daß al-Muhajir als US-Bürger sich nicht vor einem Militärgericht wird verantworten müssen. Doch kann er auf unbegrenzte Zeit, ohne Anklage und ohne Urteil, festgehalten werden. John Pike hat für diese juristisch höchst zweifelhafte Maßnahme volles Verständnis. »Es ist unwahrscheinlich, daß dies eine Ein-Mann-Mission war.« Die Gefahr der Explosion einer schmutzigen Bombe sei noch lange nicht gebannt. »Solange al-Muhajirs Mitverschwörer in den USA nicht gefaßt sind, muß höchste Alarmstufe gelten.«

Eine Kostprobe dessen, was in einem solchen Fall geschehen würde, erhielten die Menschen in der südfranzösischen Industriestadt Toulouse nur zehn Tage nach den Anschlägen auf das World Trade Center und das Pentagon. Am 21. September 2001 ereignete sich auf dem Gelände der Pestizidfabrik ATZ eine verheerende Explosion. Im Umkreis von über einem Kilometer gingen die Scheiben zu Bruch. Unter den 29 Opfern der Katastrophe wurde auch ein erst wenige Tage zuvor eingestellter Tunesier gefunden. Angeblich hatte Hassan J. Kontakte zu radikalen islamistischen Kreisen gehabt. Nach dem 11. September hatte er mit seinen fundamentalistischen Freunden die Attentate auf das Herz Amerikas gefeiert. Gerüchte wollten wissen, daß Hassan J. im Augenblick der Explosion mehrere Lagen Unterwäsche trug – angeblich ein Teil der »Uniform« des muslimischen Kamikazemörders. Und seine Lebensgefährtin hatte alle seine privaten Besitztümer mit verdächtiger Eile vernichtet. Als dann auch noch eine junge Frau und andere

Augenzeugen berichteten, sie hätten unmittelbar vor der Explosion ein von einem grellen Licht umgebenes Objekt auf die Fabrik zufliegen sehen, schien der Fall gelöst. Osama bin Laden und al-Qaida, so die Schlußfolgerung, hatten die befürchtete zweite Welle von Attentaten eingeleitet.[153]

Auch wenn sich seitdem die Gerüchte über ein Attentat auf die ATZ hartnäckig halten – der ermittelnde Staatsanwalt Michel Breard ist sich »zu 99 Prozent sicher«, daß die Explosion der Pestizidfabrik das Ergebnis eines vermeidbaren menschlichen Fehlers war. In der Halle 221, wo das Unglück seinen Anfang genommen hatte, waren verbotenerweise neben 300 Tonnen Ammoniumnitrat auch andere organische Substanzen eingelagert worden. Als die Stoffe miteinander in Berührung kamen, kam es zu einer explosiven chemischen Reaktion. Wären die normalen Sicherheitsbestimmungen eingehalten worden, so Staatsanwalt Breard, »wäre die Katastrophe vermeidbar gewesen«.

Daß die Explosion der ATZ-Fabrik das Resultat menschlichen Versagens war, ist allerdings nur ein schwacher Trost. Selbst wenn die chemische Industrie in den letzten Jahrzehnten erheblich in die Sicherheit investiert hat und anfallender Giftmüll inzwischen in werkseigenen Anlagen selbst oder zumindest in der Nähe der Produktionsstandorte vernichtet wird – Toulouse hat bewiesen, daß es schon im Normalbetrieb jederzeit zu katastrophalen Pannen kommen kann. Welche Folgen hätte die Entscheidung einer Terrorgruppe, die weithin sichtbaren Chemietanks von Bayer in Leverkusen, von Hoechst in Frankfurt oder von BASF in Mannheim anzugreifen? Wie würde Basel mit einer Attacke auf das chemische und pharmazeutische Industrieherz der Rheinstadt fertig werden? Und wie gut sind zum Beispiel atomare Wiederaufbereitungsanlagen wie La Hague in Frankreich oder im britischen Sellafield vor einem Attentat überhaupt zu schützen?

In den USA wird die Zahl der von Forschung, Medizin und Industrie benutzten Strahlenquellen auf rund 2 Millionen geschätzt. In den ersten sechs Monaten nach dem 11. September wurden in den Vereinigten Staaten 107 Diebstähle von radioaktivem Material gemeldet. »Die Zukunft hat begonnen«, sagte ein langjähriger Mitarbeiter der CIA am Tag, nachdem die Verhaftung des mutmaßlichen amerikanischen al-Qaida Terroristen Abdullah al-Muhajir bekannt geworden war. »Und zum ersten Mal habe ich Angst.«

Eines zumindest müßte der 11. September 2001 gelehrt haben: Die Zeiten, in denen die enge Nachbarschaft von Wohngebieten und potentiell gefährlichen Industrieanlagen noch toleriert werden konnten, sind ein für allemal vorbei.

III
Giftmüll und Nuklearmüll – wohin damit?

10 Eine Hand wäscht die andere: Der Aufstieg der Atom-Mafia

Im Juni 1992 wurden in Wien vier Ungarn und zwei tschechische Staatsbürger verhaftet. Die sechs waren mit einem Musterkoffer voller Nuklearproben unterschiedlicher Qualität zu einem Treffen mit einem nahöstlichen Interessenten unterwegs. Im Verhör gaben die Reisenden nicht nur zu, daß die Übergabe des Materials nach Vertragsabschluß in Kroatien hätte stattfinden sollen. Sie gaben sich auch als Mitglieder einer bis dahin unbekannten »Atom-Mafia« zu erkennen.[154]

Damit hatten die sechs ein Geheimnis ausgeplaudert, das in diesen Wochen in der Endphase der Planung war. Denn zwei Monate später, im August 1992, trafen sich Vertreter der sizilianischen und der russischen Mafia in Prag, um den bis dahin vor allem von privaten Amateuren besetzten Basar des Nuklearhandels fest zu übernehmen. Kontakte mit ihren russischen »Kollegen« hatten die italienischen Syndikate schon seit Jahren. Mit ihrem Spürsinn für Geschäfte jeder Art hatte die Cosa Nostra vor allen anderen die Chancen gewittert, die sich aus dem schleichenden Kollaps der Sowjetunion ergeben würden. Schon 1991 waren süditalienische Clans wie die der Morabito oder der Madonia immer dabei, wenn es darum ging, Rohstoffe in der Sowjetunion für auf dem Schwarzmarkt getauschte Rubel zu kaufen und diese zu offiziellen Preisen dann auf dem Weltmarkt abzusetzen. Der Prager Vertrag führte die Kooperation auf eine höhere Ebene. Die Cosa Nostra würde die Russen in die Kunst der Geldwäsche einweisen und dafür von der Russenmafia unter anderem mit Nuklearmaterial aus den Waffenlagern und Depots der ehemaligen UdSSR beliefert werden. Bei der Logistik helfen würden auch frühere Mitarbeiter des inzwischen aufgelösten kommunistischen Geheimdienstes Bulgariens. Die von den Russen begleiteten Transporte sollten über die sogenannte Balkanroute gehen.[155] An Kunden, darüber waren sich die Prager Vertragspartner einig, werde es keinen Mangel geben. Eine Einschätzung, die von den europäischen Fahndern geteilt wurde: »Die radikale islamische Welt ist seit Jahren um jeden Preis auf der Suche nach der Bombe!«[156]

»Die Szenarien, die sich nach dem Zusammenbruch des Warschauer Pakts aufgetan haben, sind vor allem wegen der verringerten Kontrolle über die atomaren und die chemischen Arsenale beunruhigend«, erklärte der spätere Chef der italienischen Mafia-Sonderstaatsanwaltschaft, Pierluigi Vigna, Mitte Februar 1993 am Rande einer Waffenmesse in Brescia. Alles, so der Staatsanwalt, der damals die italienischen Ermittlungen gegen die Atommafia koordinierte, deute unmißverständlich auf das Interesse radikal-islamischer Staaten und Gruppen an strategischem Nuklearmaterial aus der ehemaligen Sowjetunion hin.[157] Zu diesem Zeitpunkt hatten die italienischen Fahnder bereits einige illegale Transporte abgefangen. Im norditalienischen Friaul und in den Badeorten an der Adriaküste entdeckten sie Angehörige der russischen Mafia, die in den Handel mit strategischem Material verwickelt waren. Nach und nach kristallisierte sich die internationale Struktur heraus, die das organisierte Verbrechen sich für dieses neueste Betätigungsfeld aufgebaut hatte. Danach wurden die Verkaufsverhandlungen in der Regel in Österreich, der Bundesrepublik Deutschland und in der Schweiz geführt. Die Lieferungen erfolgten meist über Kroatien.

Vigna wußte, wovon er sprach. In Sizilien hatte die Mafia wenige Monate zuvor ihre beiden gefährlichsten Gegner, die Untersuchungsrichter Giovanni Falcone und Paolo Borsellino, mit ferngesteuerten Autobomben und mehreren Zentnern Sprengstoff eliminiert – als Antwort auf deren Warnung vor einer weiteren Internationalisierung des organisierten Verbrechens. In der Vergangenheit hatten die Paten der Cosa Nostra Einfluß vor allem auf die italienische Politik genommen. Mit der Ausdehnung des Geschäftshorizonts aber waren die nationalen Grenzen von der Mafia längst überquert worden. Auf der Insel Aruba vor der Küste Venezuelas hatten die aus Sizilien stammenden Clans de facto ihren ersten »Staat« eingerichtet. Mit der Hilfe des ersten »reuigen« Mafiabosses Don Tommaso Buscetta war es Falcone und Borsellino gelungen, die Tentakel der Organisation zu den Kokainbaronen Latein- und Südamerikas aufzudecken. Die aus diesen Ermittlungen folgende enge Kooperation der palermitanischen Ermittler mit dem amerikanischen FBI hatte die Atlantikroute des organisierten Verbrechens in eine schwere Krise gestürzt. Doch Falcone und Borsellino wußten, daß die auf den Berliner Mauerfall folgende Öffnung Europas nach Osten hin in der ersten Phase der chaotischen Übergangsjahre vor allem den Verbrechersyndikaten zugute kommen würde. Die sizilianischen Gangster waren auf dem besten Weg dazu, selber Politik zu machen. Internationale Politik!

Südlich von Wien liegt die malerische Kleinstadt Maria Enzersdorf. Der Ort ist an internationale Gäste gewöhnt. Sie kommen zu den sommerlichen Festspielen oder um die Burg oder die Kirchen zu besichtigen. Doch die Männer, die Anfang 1994 im Hotel »Zur Reichskrone« logierten, waren keine gewöhnlichen Touristen. Sie kamen aus Ländern wie Nordkorea, Syrien, dem Iran und dem Irak. Und gekommen waren sie, um den ehemaligen Schönheitschirurgen Dr. Walter Wolf zu treffen. Der hatte nämlich die Arbeit mit Skalpell und Silikon-Implantaten aufgegeben und sich statt dessen auf den viel lukrativeren Handel mit Nuklearmaterial aus den Staaten des ehemaligen Warschauer Pakts gestürzt. Das zumindest behaupteten deutsche und österreichische Geheimagenten, die mit Hilfe ihrer tschechischen Kollegen in Prag auf den Spuren eines internationalen Atomschmugglerrings waren.[158]

Auf Walter Wolf und seine neue Consulting-Firma waren die Ermittler in den Akten des deutschen Kaufmanns Alfred Jäckle gestoßen, in dessen Garage im bayerischen Tengen zufällig eine Ampulle mit einigen Gramm reinen Plutoniums entdeckt worden war.[159] Der Wiener wurde als das Bindeglied des Prager Vertrags zwischen der russischen und der sizilianischen Mafia einerseits und arabischen Einkäufern andererseits betrachtet. Auch wenn dies sicherlich übertrieben war: in seiner illegalen Branche galt Wolf auch als einziger, der in der Lage war, komplette thermonukleare Gefechtsköpfe für Scud-Mittelstreckenraketen sowjetischer Bauart zu liefern. In der »Reichskrone«, schrieb die Berliner Zeitschrift *Tango*, gehe es um Geschäfte in Höhe von 250 Millionen D-Mark und genug spaltbares Material, um daraus eine Atombombe vom Nagasaki-Typ zu bauen.[160] Die Zeitschrift war einer der seltenen Kometen am deutschen Pressehimmel. Schnell, frech und investigativ – und von kurzem Leben. Immerhin wurden die Nuklearhandel-Recherchen von *Tango* für so profund gehalten, daß sie es in die Datenbanken des kalifornischen »Center for Nonproliferations Studies« schafften.

Die Verhaftung von Alfred Jäckle mochte den ehemaligen Schönheitschirurgen Wolf und seine Organisation aus dem Rennen geworfen haben. Der illegale Nuklearhandel indes ging weiter. Und das aus Osteuropa stammende nukleare Material, erklärte BKA-Präsident Hans Ludwig Zachert, sei »sicher nicht für den westlichen Markt bestimmt«. Es werde

»bis zum Ankauf durch die dritte Welt« lediglich in Europa zwischengelagert.[161]

Von den meisten der seit 1993 gemeldeten Vorfälle hätten sich die meisten glücklicherweise als Betrugsversuche entpuppt, beruhigt auf der anderen Seite die Internationale Atomenergie-Organisation (IAEO) in Wien.[162] Den Statistiken des IAEO zufolge wurden im gleichen Zeitraum 550 Nukleardeals rechtzeitig entdeckt und das radioaktive Material sichergestellt. In höchstens 20 Fällen, versucht die Wiener Behörde die Gefahr zu relativieren, sei es dabei um Plutonium oder zu Waffenstärke angereichertes Uran gegangen.[163] Die Zahlen der IAEO sind bedeutend niedriger als die aus der Datenbank für illegalen Nuklearhandel an der Stanford-Universität in den USA. Und was auf den ersten Blick in Wien beruhigend klingt, ist in Wahrheit der Beweis für die Gefährlichkeit der Situation. Allgemein wird beim Drogen- und Zigarettenschmuggel davon ausgegangen, daß den Fahndern nicht mehr als 10 Prozent der effektiv geschmuggelten Menge in die Hände fällt. Aber »selbst wenn wir annehmen, daß die Kontrolle im Bereich strategischer Rüstungsgüter dreimal besser ist als bei der Rauschgiftfahndung, bleiben für den illegalen Nuklearhandel noch immer 70 Prozent aller Fälle, die nicht entdeckt und damit nicht verhindert werden«.[164]

Im Oktober 1991 war der Schweizer Geschäftsmann Karl Federer mit einer Musterprobe von 2,9 Gramm Plutonium festgenommen worden.[165] Dem potentiellen Käufer hatte sich der Graubündner als Agent des sowjetischen KGB präsentiert. Im Verhör erklärte Federer, er wisse von dem Versuch, 29,5 Kilo Uran, 10 Kilo Plutonium und eine ihm unbekannte Menge »Red Mercury« aus der Ukraine zu plazieren.[166] Die Verhandlungen und die Übergabe sollten in der Schweiz stattfinden.

»Rotes Quecksilber« war in der ersten Hälfte der neunziger Jahre ein Rätsel, das Wissenschaftler und Geheimdienste im

Westen in Aufregung hielt. Geradezu sagenhafte Eigenschaften sollte das Material besitzen. Man könne, behaupteten die Anbieter, mit Rotem Quecksilber ebenso Atomreaktoren betreiben wie thermonukleare Sprengsätze bauen. In den Testreihen der westlichen Atomforscher hatte die geheimnisvolle Flüssigkeit nicht eines der Versprechen einlösen können. Es handele sich, so nach jahrelanger Forschung die Schlußfolgerung etwa des Atomforschungsinstituts in Karlsruhe, offensichtlich um einen geschickt organisierten Betrug im großen Stil.[167]

Betrug oder nicht: Die Information des Schweizers Federer wurde zumindest teilweise durch ein Telefongespräch des Mailänders Pietro Tanca bestätigt, das der venezianische Staatsanwalt Nelson Salvarani hatte abhören lassen. In der Unterhaltung war von dem Verkauf von »50 Kilogramm Red Mercury« die Rede gewesen. In einer Zürcher Filiale der Schweizer Bankgesellschaft wurden Tanca und die Käufer, zwei mutmaßliche Agenten des israelischen Geheimdienstes Mossad, verhaftet. Und in einem vor dem Zürcher Hotel Carlton geparkten Auto wurden tatsächlich 29,5 kg Uran gefunden.[168]

Die Schweizer Behörden haben den Vorfall immer heruntergespielt. Von internationalem Atomhandel haben sie in diesem Zusammenhang nie reden wollen. Die offizielle Sprachregelung war einfach: Betrug. Eine für viele Beobachter wenig glaubwürdige Interpretation. Vor allem in Washington schlugen die Wellen der Empörung hoch, als das Tanca-Quartett nach nur wenigen Tagen wieder auf freiem Fuß war. Doch hinter dieser Entscheidung verbargen sich weder Gleichgültigkeit noch ein finsteres Komplott. Wie in den meisten westeuropäischen Staaten gab es zu dieser Zeit auch in der Schweiz keine gesetzliche Regelung, die den Handel mit solchen gefährlichen Materialien unter Strafe stellte.

Die italienischen Ermittler hatten allen Grund, besorgt zu sein. Denn am 30. Oktober 1990 war der schwedische Unternehmer Jorgen Quist Nielsen in Como im Büro von Untersuchungsrichter Dolce für eine freiwillige Aussage aufgetaucht. Gleich zur Begrüßung hatte der Schwede zwei Ampullen mit einer roten Flüssigkeit aus der Tasche gezogen und vor dem Richter auf den Tisch gestellt. Noch Jahre später erinnerte sich Dolce daran, wie er den ihm unbekannten Besucher fragend angeschaut hatte. Die dann folgende Erklärung allerdings ließ ihn seine Zweifel schnell vergessen.

Wie viele andere westeuropäische Geschäftsleute hatte sich auch Jorgen Quist Nielsen viel von der politischen Öffnung des kollabierenden Sowjet-Imperiums versprochen. Erste Kontakte nach Rußland zu knüpfen war nicht schwer gewesen. Große Skrupel, gab der Schwede offen zu, habe er in der Anfangsphase nicht gehabt. Doch anstatt mit traditionellen Produkten wollten seine neuen Partner schon bald lieber mit Nuklearmaterial handeln. Ihm sei gesagt worden, heißt es im Protokoll der Aussage von Jorgen Quist Nielsen, »daß das Rote Quecksilber, das Plutonium und das Uran aus Rußland kommen ... Geheimdienstler des KGB sowie Generäle und Oberste der Armee wollen das große Geld machen und suchen überall Käufer für dieses Material«.[169] Das war der Moment, in dem Nielsen sein neues Betätigungsfeld zu gefährlich wurde.

Am 9. Januar 1992 ließ Dolce in Mailand drei Ungarn und einen Österreicher verhaften. Sie waren mit 2 Kilo »Red Mercury« und 5 Kilo Plutonium aus Budapest angereist. Kurz vor ihrer Verhaftung, behauptet Dolce bis heute, hatten sie das Plutonium einem libyschen Agenten übergeben, den die Fahnder nicht mehr angetroffen hatten.[170] Um der Wahrheit willen muß gesagt werden, daß auch die in Mailand Verhafteten unverzüglich wieder freigelassen werden mußten. In Italien, wie auch in der Schweiz und den meisten anderen Staaten Europas, gab es kein Gesetz, das den Handel mit radioaktivem Material unter Strafe gestellt hätte.

Nach jahrelangen Forschungen ist Vladimir A.Orlov sicher, daß zumindest »Red Mercury« in den meisten Fällen von Betrügern angeboten wurde, die keinen Zugang zu wirklichem Strahlenmaterial hatten. Doch der Direktor des russischen Zentrums für politische Studien in Moskau glaubt auch, daß die mysteriöse Substanz durchaus einen Sinn hatte. In den Archiven des Staatssicherheitsministeriums fand er ein undatiertes Dokument ohne Unterschrift, in dem der unbekannte Autor erklärte: »…Dennoch können alle Schwierigkeiten überwunden werden, wenn ein Plutonium-Amalgam (Metall in extra purem Quecksilber aufgelöst) verwendet wird. Quecksilber fängt die Neutronen ein, und so entfällt die Notwendigkeit spezieller Container während der Auslieferung. Um das Plutonium von dem Amalgam zu trennen, genügt es dann, das Quecksilber ohne Rückstände verdampfen zu lassen. Damit ist dies eine einzigartige Methode, um waffenfähiges Plutonium unter der Tarnung von Rotem Quecksilber geheim transportieren zu können.«[171]

Die westlichen Experten haben zu dieser These keine einstimmige Meinung gefunden. Sollte der anonyme Text allerdings zutreffen, wäre »Red Mercury« in der Tat eine perfekte Tarnung auch für viele illegale Nukleargeschäfte in den neunziger Jahren gewesen.

Der Schwede Nielsen, der Italiener Tanca und die vier in Mailand Verhafteten – alle hatten sie einen einzigen Mann als Referenten gehabt. Als den Mann, »der die Fäden im Nuklearhandel zieht«, benannten sie alle einen gewissen Alexander Viktorowitsch Kuzin.

Der Fall Kuzin

Der Russe Alexander Viktorowitsch Kuzin kam, soweit bekannt, zum ersten Mal 1989 im Gefolge von Michail Gorbatschow nach Italien. Offiziell fungierte er bei dieser Gelegenheit als »ökonomischer Berater« des sowjetischen Präsidenten. In Wahrheit arbeitete er im Rang eines Oberst beim KGB. Die amerikanische CIA und die italienischen Dienste hatten bereits ein Dossier über Kuzin angelegt. In ihren Listen feindlicher Spione wurde er damals als Informatikexperte des russischen Geheimdienstes geführt.

Ein knappes Jahr später schon änderte sich das Leben des Alexander Viktorowitsch Kuzin von Grund auf. Glasnost und Perestroijka hatten aus dem überzeugten Genossen Oberst offenbar einen begeisterten Anhänger der westlichen Marktwirtschaft gemacht. Denn am 16. Mai 1990 ließ er im Wiener Handelsregister die »Kuzin Group International« eintragen. Offiziell hatte das Unternehmen ein nobles Anliegen: es würde sich mit der Umwandlung der sowjetischen Rüstungsindustrie in zivile Wirtschaftsbetriebe beschäftigen – Pflugscharen aus Schwertern. Die Adresse war vom Feinsten. Von seinem Büro aus blickte Kuzin direkt auf den Stephansdom. Weniger fein waren offenbar seine Partner in der alten Heimat. Viele Hinweise sprechen dafür, daß der ehemalige KGB-Oberst lukrative Verbindungen auch zu der russischen Mafiagruppe Dolgoprudenskaja unterhielt.[172] Dies würde zumindest erklären, warum Geld für den früheren Geheimdienstler keine Rolle zu spielen schien. Innerhalb von wenigen Monaten eröffnete die Gesellschaft nicht nur eine Filiale in Udine in Norditalien, sondern auch ein erstes Tochterunternehmen »Unitrade« mit Büros unter anderem in Como, Köln und München. Die Standorte waren klug überlegt und den Bedürfnissen der Kunden angepaßt. Die Kölner Filiale der Unitrade kümmerte sich im wesentlichen um die eng mit ihrer Botschaft zusammenarbeitenden Rüstungsbeschaffer aus dem Iran. Über München liefen die Geldgeschäfte und die Kontakte mit der türkischen Mafia und die italienische Kleinstadt Como ist nur einen Steinwurf von der Schweiz und ihrem diskreten Bankensystem entfernt.

Zusammen mit dem russischen General Daniel Abramovic eröffnete Kuzin auch die Sovitrade in Triest. Von hier aus wurden Kontakte in die Staaten von Ex-Jugoslawien geknüpft und immer wieder auch mehr oder weniger heiße Ware auf den Weg gebracht.

Die Geschäfte liefen hervorragend. Ein Jahr nach der Registereintragung in Wien beschrieb sich die Kuzin Group International als eine multinationale Holding mit nicht weniger als 57 Gesellschaften in Europa, 300 Filialen in der ehemaligen Sowjetunion, 4,37 Milliarden Dollar Umsatz und über 160 000 Beschäftigten.[173]

Ebenfalls in Wien stand Kuzin auch einer Import-Export-Gesellschaft vor, die sich schlicht »Impex GmbH« nannte und die ebenfalls eine Filiale an der italienisch-schweizerischen Grenze unterhielt.[174] Einer der Mitarbeiter der Impex GmbH, ein gewisser Franz Mikulitz aus Wien, wurde später in Como verhaftet, als er versuchte, im Auftrag von Alexander Kuzin Plutonium an einen nie identifizierten Interessenten aus dem arabischen Raum zu verkaufen. Daß Mikulitz sich im Auftrag von Kuzin nebenbei auch noch in gigantische und auf den ersten Blick unerklärliche Währungsgeschäfte gestürzt hatte, wurde erst nach seiner Verhaftung entdeckt.[175]

Der Wiener hatte sowjetische Rubel in zweistelligen Milliardenbeträgen gekauft, verschoben und immer wieder weitergegeben. Eigentlich machte der Handel mit der Währung eines implodierenden und ökonomisch ausgelaugten Imperiums keinen Sinn. Eine Erklärung würden Staatsanwälte in Genf und in Moskau erst Jahre später finden.

Sicherlich wäre es hilfreich gewesen, diese Impex GmbH des Herrn Kuzin genauer unter die Lupe zu nehmen. Dann wäre zum Beispiel aufgefallen, daß das scheinbar so harmlose Handelsunternehmen in Wirklichkeit der Wiener Schalter der bulgarischen Kintex war. Jenes Staatsunternehmens, das auf Geheiß der bulgarischen Geheimdienste seit 1968 alle Krisen im Nahen Osten durch Waffenlieferungen anheizte und Drogen aus dem Goldenen Halbmond nach Westeuropa transportierte.

Chemieprodukte, Eisenwaren, Baumaterial, Agrargüter und Frischfleisch: dieses bunte Warenmischung gab etwa die »Kuzin Italia« als ihre Geschäftsbereiche an. Von Waffen aus den Arsenalen der Sowjetunion, die das Unternehmen über die Sovitrade an arabische Kunden lieferte, war natürlich nirgendwo die Rede.[176] Und erst recht nicht erwähnt wurde die Tatsache, daß der ehemalige Sowjetagent zum Handelsreisenden in Sachen Nuklearmaterial aufgestiegen war: Uran, Plutonium und natürlich »Red Mercury« waren die Spitzenprodukte im klandestinen Warenkatalog von Kuzin.

Der Russe Kuzin hatte in Udine in dem Italiener Andrea Boem einen mehr als willigen Partner gefunden. Schlicht »Unternehmer« nannte sich Boem auf seinen Visitenkarten. Geschäftemacher wäre wohl die bessere Bezeichnung gewesen. Vor allem aber hatte der Friaulaner Beziehungen. Viele Beziehungen. Über den Unternehmer Maurizio Folisi und den Schweizer Anwalt Bruno Becchio unterhielt er geschäftliche Kontakte zu Jeff Bush, dem jüngeren Bruder von Präsident George W. Bush.[177] Folisi und ein ehemaliger Funktionär der Banca di Sicilia, Carlo Bevilacqua, vertraten die Interessen unbekannter Schweizer Teilhaber in einem Unternehmen namens »IGC Spa«, das wiederum von Luigi Iannacone geführt wurde, der zugleich Geschäfte mit dem saudischen Millionär Gabriel Tannoury machte.

Jenem Tannoury, der Jahre zuvor bei dem Versuch, drei Container voll Nuklearmaterial zu erwerben, für den Libyer Muammar al-Ghaddafi als Mittelsmann aufgetreten war (s. Kapitel 9). Es ist anzunehmen, daß Kuzin und Tannoury bald erkannten, wie gut sie sich ergänzten. Der Russe hatte die Ware, hinter der die muslimische Welt schon so lange her war. Tannoury verfügte über das Geld und vor allem über die nötigen Kontakte.

Schon bald nach ihrer Gründung kam die Wiener Kuzin Group International Holding ins Nukleargeschäft mit dem Iran. Über den ehemaligen KGB-Oberst liefen in der ersten Hälfte der neunziger Jahre mehrere illegale Nukleartransaktionen in den fundamentalistischen Mullah-Staat.

Wie Pakistan hatte auch der Iran in den sechziger Jahren im Rahmen des amerikanischen »Atoms-for-peace«-Programms einen kleinen Versuchsreaktor erhalten. Schah Reza Pahlewi noch unterzeichnete mit deutschen Unternehmen einen Vertrag für zwei kommerzielle Meiler vom Biblis-Typ. Ayatollah Khomeinis islamische Revolution unterbrach das Projekt in Buschehr nur für kurze Zeit. Als der Krieg mit dem Irak ausbrach, wurde die Reaktorbaustelle zu einem beliebten Ziel für Bagdads Luftwaffe. Nachdem bei einer dieser Attacken mehrere Techniker ums Leben kamen, zogen sich die Deutschen 1987 endgültig aus dem Nukleargeschäft am Persischen Golf zurück – auch auf den wachsenden Druck der USA hin.

Die durch den Abzug der deutschen Reaktorindustrie entstandene Lücke wurde von Rußland gefüllt. Die Zahl der russischen Nuklearexperten im Dienst des iranischen Atomprogramms wird, je nach Quelle, zwischen nicht mehr als zehn und über 250 geschätzt.[178] Der erste russische Reaktor soll im Jahr 2003 fertiggestellt werden. Insgesamt plant die Regierung in Teheran nicht weniger als 15 Kernkraftwerke, die mit finanzieller Unterstützung unter anderem der auch von den

Vereinigten Staaten mitfinanzierten Internationalen Atomenergie-Organisation in Wien gebaut werden sollen.[179] Es ist das Ausmaß dieses Programms in einem der ölreichsten Länder der Welt, das darauf schließen läßt, daß das Mullah-Regime an anderes als die Sicherung der Energieversorgung denkt. Eher sieht es doch so aus, als denke der Iran daran, den Plutoniumbedarf für sein Nuklearwaffenprogramm langfristig über eigene Atommeiler zu decken. Bis dahin wird das Land auf die Unterstützung von politisch wie ökonomisch skrupellosen Männern wie Alexander Viktorowitsch Kuzin angewiesen sein.

Tannoury war nicht der einzige Kontakt zur arabischen Welt, den Andrea Boem für den Ex-KGB-Offizier Kuzin herstellen konnte. Sein Bekannter Gianni Bravo, der Präsident der Handelskammer in Udine, war zugleich auch Vorsitzender einer Gesellschaft namens Saudifriuli Trading, die es sich zum Ziel gesetzt hatte, die Handelsbeziehungen zwischen Riad und der wirtschaftlich rasch expandierenden Provinz im Nordosten Italiens auszubauen. Die Saudifriuli Trading gehörte zu dem international operierenden saudischen Mischkonzern Al Raee, der heute unter anderem ein Mobiltelefonnetz in Pakistan betreibt. Und Gianni Bravos Nachfolger Andrea Rossolatos dachte nicht nur an die Geschäfte der Saudifriuli Trading. Rossolatos sorgte auch dafür, daß die in Bahrain registrierte Arab Banking Corporation (ABC) in Norditalien Fuß fassen konnte und mit potenten Kunden wie dem ehemaligen KGB-Offizier Kuzin in Kontakt kam.

Die ABC wurde 1980 mit einem gleichmäßig gedrittelten Grundkapital von 1 Milliarde Dollar von der Investitionsbehörde von Abu Dhabi, dem Finanzministerium Kuwaits und der libyschen Zentralbank gegründet.[180] Seit einer Kapitalerhöhung um eine weitere Milliarde Dollar im Jahr 1990 gilt die ABC unter Finanzexperten als eine der aggressivsten islamischen Banken. Und auch Libyen hat in der Vergangenheit immer wieder versucht, sich über den internationalen Schwarzmarkt das nötige Spaltmaterial für die Erfüllung seiner nuklearen Ambitionen zu besorgen.

Über Jahre hinweg unbehelligt konnte der ehemalige KGB-Oberst von seiner Firmenzentrale in Wien aus seine Nukleardeals steuern. Erst als sein Mitarbeiter Mikulitz dann an der Schweizer Grenze verhaftet wurde und die Fahnder den russischen Nuklearhändler auch beim besten Willen nicht mehr übersehen konnten, entschloß Alexander Viktorowitsch Kuzin sich zu einem strategischen Rückzug. Innerhalb weniger Tage verlegte er die Zentrale seiner Unternehmensgruppe aus der österreichischen Hauptstadt nach Belgrad. Unter dem Schutz des Milosevic-Clans konnte er dort ungehindert seinen Geschäften nachgehen.

Die »Mafia-Connection«

Solange der Eiserne Vorhang den Kontinent teilte, war der Nordosten Italiens wegen seiner Nähe zur jugoslawischen Grenze eine von der wirtschaftlichen Entwicklung übersehene Region gewesen. Erst mit der Öffnung nach Osten hatte das Dreieck zwischen Venedig, Udine und Triest sein natürliches Hinterland wiederentdeckt. Friaul und das Veneto boten nicht nur ein großes Reservoir gut ausgebildeter Arbeitskräfte, sondern auch im übrigen Italien längst ausgeschöpfte Entwicklungskapazitäten. Mit Beginn der neunziger Jahre erlebte die Region einen nie zuvor gekannten Wirtschaftsboom.

Der Aufschwung zog, wenn auch im kleineren Maßstab, ähnlich wie in dem aus dem Kommunismus auftauchenden Osten Europas ein Heer von Glücksrittern und Wirtschaftskriminellen in den italienischen Nordosten.

Alexander Viktorowitsch Kuzin hatte die italienische Filiale seiner »Kuzin International Group« in den Räumen eines kleinen Elektronikunternehmens in Reana del Roiale bei Udine eingerichtet. »Es war«, erklärte Dino Ferragotto, Direktor der Asem, später, »eigentlich nur ein Briefkasten, über den Kuzin unsere Computer nach Rußland verkaufen wollte.«[181] Tatsächlich war die Kuzin Italia an anderen Geschäften interessiert.

Polizeiliche Ermittlungen in Gorizia ergaben zum Beispiel, daß der Waffenhändler Silvano Zornetta in den Handel mit Rotem Quecksilber eingestiegen war. Auch Riccardo Trombetta, Giovan Battista Licata und Friedrich Schaudinn hatten das Geschäft mit Nuklearmaterial aus der ehemaligen Sowjetunion entdeckt. Die Kontrolle über den Atomhandel aber hatte Kuzin.[182]

Ein wahrhaft seltsames Quartett: Kuzin, der ehemalige KGB-Oberst. Trombetta, ehemaliges Mitglied der geheimen und für eine Reihe von Bombenanschlägen im Italien der siebziger und achtziger Jahre verantwortlich gemachten NATO-Stay-behind-Organisation »Gladio«.[183] Der mit dem Mafiaclan der Fidanzati verbundene Sizilianer Licata, wegen seiner dunklen Hautfarbe auch »Kakao« genannt, der vor seiner Flucht auf die kroatische Halbinsel Istrien weit oben auf der italienischen Mafia-Fahndungsliste gestanden hatte. Und der zum Rechtsextremismus zählende und wohl mit Hilfe der römischen Geheimdienste aus einem italienischen Gefängnis nach Istrien geflohene Deutsche Friedrich Schaudinn, der die Zünder für das zu Weihnachten 1984 verübte Sprengstoffattentat auf den italienischen Schnellzug 904 geliefert hatte. 15 Menschen starben bei der Explosion in dem Apennintunnel San Benedetto Val di Sambro. Über 100 weitere wurden verletzt. Es war, würden die Ermittler später herausfinden, das erste Mal, daß der italienische Rechtsextremismus gemeinsam mit einem Teil der Geheimdienste und der Mafia in die Politik eingriff. In den folgenden Jahren geschah dies immer wieder. Und Schaudinn war immer wieder dabei. Der Sprengstoffexperte soll sogar an dem Anschlag beteiligt gewesen sein, der 1992 auf der Autobahn bei Palermo den Ermittlungsrichter Giovanni Falcone, seine Frau und drei seiner Leibwächter tötete.

Friedrich Schaudinn war nicht der einzige aus der rechten Szene, der mit Kuzin Kontakt hatte. Zur Organisation des ehemaligen kommunistischen Geheimdienstlers war auch der italienische Rechtsextremist Marco Affatigato gestoßen. Mehrfach war gegen Affatigato im Zusammenhang mit Bombenanschlägen ermittelt worden, die nach Ansicht des Mailänder Untersuchungsrichters Guido Salvini in Wirklichkeit von der CIA mit Hilfe der italienischen Geheimdienste organisiert worden waren.[184] Vor dem zuständigen Parlamentsausschuß nannte der ehemalige italienische Polizeichef Vincenzo Parise den Rechtsextremisten vor allem im Zusammenhang mit der CIA, aber auch mit den italienischen, den französischen und schließlich sogar den iranischen Geheimdiensten.[185] Jetzt eröffnete Affatigato für den Russen Kuzin ein Unternehmen in der französischen Stadt Valence, von wo aus er nach eigenen Angaben für den ehemaligen KGB-Offizier und im Auftrag der ukrainischen Regierung Rotes Quecksilber anbot.[186]

Doch im wesentlichen konzentrierten sich die undurchsichtigen Aktivitäten des Alexander Kuzin und seiner Partner auf Kroatien.

Kroatien war in diesen Jahren ein Tummelplatz für zwielichtige Gestalten aus aller Welt. Auf dem Weg zur Unabhängigkeit hatte sich Präsident Franjo Tudjman nicht nur auf den kochenden Nationalismus der Kroaten und die mehr oder weniger weise Unterstützung der lokalen katholischen Kirche verlassen. Eine wesentliche Stütze seines Regimes war das schnell aufblühende kroatische organisierte Verbrechen. Das von den Vereinten Nationen über das ganze ehemalige

Jugoslawien verhängte Waffenembargo wurde – mit stillschweigender Billigung Washingtons – von Anfang an gebrochen. In komplizierten Dreiecksgeschäften wurde Zagreb unter anderem von den USA und von Israel mit Kriegsgerät versorgt. Was fehlte, ließ Tudjman von der kroatischen Mafia auf dem Schwarzen Markt einkaufen.

Die Grenzen zwischen »offizieller« und krimineller Hilfe waren fließend. Schaudinn organisierte die Aufrüstung der an der Tradition der faschistischen Ustasha anknüpfenden rechten Milizen des Regimes. Und der venezianische Untersuchungsrichter Nelson Salvarani entdeckte die Beteiligung von Licata an der Lieferung einer ganzen Schiffsladung russischer Waffen, die mit Hilfe des israelischen Geheimdienstes Mossad von Haifa aus in Richtung Kroatien auf den Weg gebracht worden war. Israelischer Kontaktmann für Licata bei diesem Geschäft war der in San Remo lebende Mossad-Agent Shlomo Horen.[187] Solange die Waffenlieferungen an Kroatien liefen, schauten die Behörden in Zagreb über die anderen Aktivitäten ihrer Gäste wie etwa den Handel mit Nuklearmaterial hinweg.

Alles ging gut, bis in Como der italienische Untersuchungsrichter Renato Dolce auf die Spuren von Kuzin und seiner Organisation kam. Der Schwede Nielsen hatte ausgesagt. Einige Nuklearboten des russischen Ex-Spions waren festgenommen worden. Doch der eigentliche Durchbruch kam, als Dolce den Wiener Dezider Ostrogonac verhörte.

Ostrogonac hatte in der Verwaltung der Kuzin-Firmen in Wien, Budapest und Prag gearbeitet und konnte Dolce daher zum ersten Mal ein Organigramm der Organisation Kuzin aufzeichnen. Neun weitere KGB-Agenten und fünf Offiziere der russischen Armee arbeiteten demnach mit dem pensionierten KGB-Oberst in Wien zusammen. Und vor allem erklärte Ostrogonac sich sicher, daß Kuzin und seine Freunde keine ins Privatleben übergewechselten Abenteurer seien. »Ich will noch einmal wiederholen, daß die Verkäufer von Rotem Quecksilber, radioaktivem und waffenfähigem Nuklearmaterial Agenten des KGB und hohe Funktionäre der russischen Regierung sind.«[188]

Einmal vor dem Untersuchungsrichter, nahm Ostrogonac kein Blatt mehr vor den Mund und wurde zum Kronzeugen der Anklage. »Der illegale Waffenhandel, der seit einigen Jahren in Europa zu beobachten ist – Maschinenpistolen, Kampfflugzeuge, Panzer, Rotes Quecksilber, radioaktives und strategisches Material sowie nukleare Gefechtsköpfe und Technologie –, ist integraler Bestandteil eines kriminellen Plans, der vom sowjetischen Staatsapparat gewollt und unterstützt wird.«[189]

Hinter dieser Politik, erklärte der Mitarbeiter von Kuzin den Mechanismus der gefährlichen Geschäfte, stehe der Versuch der Staaten der ehemaligen Sowjetunion, ihre leeren Kassen zu füllen. Jeder Kunde müsse zuerst seine Solvenz beweisen, die von den Botschaften in Schweden, Österreich oder der Schweiz zur Überprüfung geschickt werde. »Und wenn die Funktionäre in Moskau zugestimmt haben, wird das Material in den Irak, den Iran, nach Israel, Syrien, den Libanon, nach Libyen, Südafrika, Saudi-Arabien, Pakistan, Argentinien oder nach Indien auf den Weg gebracht.«[190]

In den folgenden Monaten konnte Untersuchungsrichter Dolce die meisten der Behauptungen seines Kronzeugen verifizieren. Im Herbst 1992 stellte er insgesamt 30 Haftbefehle aus. Unter ihnen auch einen für den Rechtsextremisten Marco Affatigato. Und einen für Kuzins Partner Andrea Boem, der am 16. Oktober bei der Rückkehr aus Singapur auf dem Flughafen in Rom festgenommen wurde. Der Haftrichter las Boem die gegen ihn erhobenen Vorwürfe vor: zumeist ging es um illegalen Nuklearhandel mit einer Reihe von Staaten des Nahen Ostens. Darüber hinaus hatte der Friaulaner aber auch Verkaufsverhandlungen mit Repräsentanten Libyens und nicht identifizierten Personen aus Somalia geführt.

Es war wohl sicherlich nur ein Zufall, daß etwa zur gleichen Zeit des Jahres 1992, in der Andrea Boem mit den Somalis verhandelte, die somalischen Fundamentalisten der Gruppe al-Ittihad al-Islami ihren ersten Kongreß veranstalteten.[191] Doch war es auch ein Zufall, daß Osama bin Laden seinen engsten »militärischen« Berater Mohammed Atef nach Mogadishu geschickt hatte, um mit al-Ittihad über einen möglichen Anschluß der Organisation an das Terrornetz von al-Qaida zu verhandeln? Die Frage drängt sich auf. Denn Somalia war in diesen Jahren eines der Zielländer für den Export jeder Art von gefährlichen Abfällen, Nuklearmüll eingeschlossen.

Was Renato Dolce und andere Untersuchungsrichter in Italien da ans Tageslicht brachten, war sicher nicht das, was die Regierungen im Westen in diesem Augenblick hören wollten. Im Westen war zwar der mit dem Zusammenbruch der Sowjetunion aufgekommene illegale Atomhandel zu Beginn der neunziger Jahre wie ein Schock registriert worden. Als dann aber klar wurde, daß auch viele Betrüger auf diesen Zug des scheinbar leichten Geldes gesprungen waren, gaben die Politiker Entwarnung aus. Die Aussage von Ostrogonac aber zog die Aufrichtigkeit Moskaus und der anderen GUS-Staaten offiziell in Zweifel. Doch anstatt vor Ort auf eine rigorose Klärung des Verdachts zu drängen, blieb der Westen bei seiner Vogel-Strauß-Politik. Die Situation, hieß es, sei unter Kontrolle. Bis auf geringe Quantitäten, die aber keine wirkliche Gefahr darstellten, sei kein Plutonium oder waffenfähiges Uran in die Hände krimineller oder extremistischer Gruppen beziehungsweise unkontrollierbarer Staaten gefallen. Dem italienischen Journalisten Daniele Mastrogiacomo gegenüber war ein Mitarbeiter der Wiener Staatspolizei weit weniger optimistisch. Allein zwischen 1995 und 1998 habe seine Behörde 150 Fälle illegalen Atomhandels verfolgt. Immer wieder hätten die Spuren in radikale islamische Staaten geführt. »Und mehrfach sind wir dabei auf Verhandlungen gestoßen, bei denen es um den Verkauf von angereichertem Uran ging.«[192] Und auch andere mahnende Stimmen wie die des italienischen Staatsanwalts Pierluigi Vigna, der öffentlich vor der Gefahr warnte, daß »die Mafia in den Besitz von ABC-Waffen gelangen und damit den Staat erpressen könnte«, wurden als Angstmacherei abgetan.[193]

Immerhin wurde die Wiener Luft dem Ex- oder Noch-KGB-Offizier Kuzin aufgrund der Ermittlungen in Italien so heiß, daß er sich 1993 nach Belgrad absetzte.

Der italienische Untersuchungsrichter Renato Dolce und sein Team aber, die die vorgetäuschte Ost-West-Harmonie mit ihren Ermittlungen gegen Kuzin & Company gestört hatten, wurden mit dem Vorwurf, selber Teil einer kriminellen Organisation zu sein, effektiv außer Gefecht gesetzt. Acht Jahre nach der Eröffnung ihrer politisch unkorrekten Ermittlungen wurden sie im norditalienischen Brescia wegen illegalen Geschäften, Geldwäsche und Erpressung in erster Instanz zu mehreren Jahren Haft verurteilt.

Von virtuellen Häfen und Bergwerken

Das Gerede über betrügerische Absichten hinter den meisten illegalen Nukleargeschäften sei der wahre Betrug, sagte C. im Mai 1996 hoch über der kroatischen Adriaküste. »Da soll mit allen Mitteln verhindert werden, daß in der Öffentlichkeit über die wahren Probleme diskutiert wird.«

Die Begegnung mit C. wenige Monate zuvor auf der Rückfahrt durch die von allen serbischen Bewohnern ethnisch gesäuberte Kraijna war ein Zufall gewesen. Der Mitarbeiter eines europäischen Aufklärungsdienstes hatte beim Frühstück im Hotel das Gespräch begonnen. Gemeinsame Interessen waren entdeckt worden. Mit dem Versprechen, den Kontakt zu halten, war man auseinandergegangen.

C. hielt Wort – selten in der Branche – und meldete sich. Mehr noch, er stimmte einem Treffen auf der kroatischen Halbinsel Istrien zu. Hier, so die geheimnisvolle Ankündigung, sei mit eigenen Augen zu sehen, worüber man bei der ersten Begegnung gesprochen habe.

Und deshalb kreiste jetzt auf der Klippe über dem Kanal von Rasa die Debatte wieder über die Gerüchte des Verkaufs einsatzbereiter Atombomben an islamische Extremisten. C. sprach von gezielten Ablenkungsmanövern. Denn das eigentliche Problem sei der Umgang mit radioaktiven Abfällen. »Von den Resten der Nuklearmedizin über Atomabfälle der Industrie bis hin sogar zu Strahlenmaterial aus der Energiewirtschaft« – viel zuviel dieser gefährlichen Substanzen würden ohne wirkliche Kontrolle entsorgt. »Atommüllhändler wollen, wie alle Unternehmer, in erster Linie ein Geschäft machen. Die Gewinnmargen bei der illegalen Entsorgung sind gigantisch.« Keiner dieser Unternehmer habe wohl die direkte Absicht, islamistische Extremisten aufzurüsten. »Aber wer kann garantieren, daß das Zeug, mit dem so verantwortungslos umgegangen wird, nicht eines Tages in die falschen Hände fällt?«[194]

Wer immer da am Fuß der Klippen zugange war – Mühen waren am Rasa-Kanal nicht gescheut worden. Um ausreichenden Raum für die schweren Lastwagen zu schaffen, die in regelmäßigen Abständen die Schotterstraße hinunterkamen, war ein Teil des Kliffs weggesprengt worden. Ein etwa 15 Meter langer Pier am steil abfallenden Ufer ermöglichte es Schiffen auch mit größerem Tiefgang, breitseits direkt am Ufer anzulegen. Über Stahlplanken konnten die Lastwagen zum Entladen direkt an die Schiffe fahren.

Offiziell wurde mit den aus dem Kliff gesprengten Felsen einer der neuen Yachthäfen an der kroatischen Adria befestigt.

Eine zweite Version war, daß die am Kanal von Rasa abgebauten Felsen in der zwei Buchten entfernt liegenden Kalkfabrik verarbeitet würden. C. amüsierte sich über diese Erklärungen. Und das nicht nur, weil keinem der Belegschaft der Name der neuen Marina einfallen wollte. »Die ganze Sache stinkt«, gab C. zu bedenken. »Welchen Sinn macht ein künstlicher Hafen an einem Steinbruch, von dem aus Schiffe in See stechen, die mit seltsam gleichförmigen Felsen beladen werden, die nicht aus dem Steinbruch stammen, sondern aus einem etwa 15 Kilometer entfernten stillgelegten Bergwerk herangekarrt werden?« Und forderte den Begleiter auf, einen Abend mit den Einheimischen in der nächsten Kleinstadt Barban zu verbringen.

In dem Untertagebau im Inneren der istrischen Halbinsel war zu Titos Zeiten Eisenerz für die jugoslawische Stahlproduktion gefördert worden. Nach der kroatischen Unabhängigkeit hatte die Regierung in Zagreb das längst erschöpfte Bergwerk geschlossen. Mehrere hundert Bergmänner waren entlassen worden. Bis Anfang 1994 namentlich unbekannte Investoren aus dem Ausland die Anlage wieder in Betrieb nahmen. Nur daß diesmal am Fuße des Schachts nichts abgebaut wurde. »Statt dessen«, erzählte einer der wieder eingestellten Bergleute, »haben wir nachts angelieferte Fässer eingelagert.«

Ein Halbsatz hier, wenige Worte dort: am Ende eines alkoholreichen Abends rundete sich das Bild dessen ab, was auf dem Grund des Bergwerks geschah. Es kommen da wohl, meinten die Einheimischen, nukleare Abfälle hin, wahrscheinlich aus der ehemaligen DDR, aus Österreich und einigen ehemaligen Satellitenstaaten der Sowjetunion, die zuerst in Zementblöcke gegossen, dann auf Schiffe verladen und schließlich wohl auf offener See in der Adria versenkt werden. Keiner von ihnen war glücklich über das, was in ihrer unmittelbaren Nachbarschaft geschah. Niemand aber wollte in diesen wirtschaftlich so schwierigen Zeiten seinen Job riskieren. Zum Abschied verließ sie dann wieder der Mut. Vielleicht, sagten sie, hätten sie sich ja auch geirrt und alles ginge mit rechten Dingen zu. »Wir sind nur Bergleute und keine Unternehmer.«

Aus Wien kamen andere Informationen. Auch dort waren die Gerüchte über den Atommüll eingegangen. Handfeste Beweise aber hatten auch die nach Istrien geschickten Agenten bislang nicht vorlegen können. Allerdings hatten sie erfahren, daß die aus dem Kanal von Rasa kommenden Schiffe immer wieder von anderen Frachtern auf hoher See erwartet würden. Ein Teil der Steine werde dann in internationalen Gewässern umgeladen. Mit unübertrefflichem Sarkasmus breitete C. die Arme aus: »Natürlich nur, damit das Gelump dann sicher endgelagert werden kann!«[195]

Die Büros des kroatischen Handelsregisters liegen nur wnige hundert Meter von der Staatsoper und dem Hotel Intercontinental in Zagreb entfernt. Es ist eines der typischen Verwaltungsgebäude aus der Zeit, als Kroatien noch zum Besitz der österreichischen Monarchie gehörte. Hier sind theoretisch die Daten über alle in Kroatien registrierten Unternehmen und ihre Besitzer erhältlich. Das Bergwerk in Barban machte allerdings eine Ausnahme. Diese Information, beschied der diensthabende Funktionär höflich abweisend, sei nicht verfügbar. Und dann riet er noch in einem leisen Halbsatz, sich nicht allzu direkt für bestimmte Personenkreise zu interessieren. »Bestimmte Personenkreise«, die sich schon während des Bosnienkriegs gefunden hatten. Ein in Wien stationierter Brigadegeneral aus Bosnien mit Diplomatenpaß, kroatische Diplomaten und Geschäftsleute, ein iranischer Botschafter und ein österreichischer Spitzenpolitiker, der nach seinem Ausscheiden aus dem Amt zum erfolgreichen Unternehmer mutierte, hatten über den geisterhaften Rasakanal die muslimischen Bosniaken mit Waffen versorgt. Ob diese Gruppe nach dem Krieg auch an den anderen Geschäften beteiligt war, ist nie geklärt worden.

An diesem späten Nachmittag aber lag am Pier tief unter dem Beobachtungspunkt die »Sdavutich 14«. Ein heruntergekommener Küstenfrachter mit offenem Laderaum unter ukrainischer Flagge, an den ein schwer beladener Lastwagen nach dem anderen rückwärts heranrollte. Etwas weiter draußen in der Bucht wartete ein identisches Schwesterschiff.[196] Es wäre für die LKW-Fahrer ein leichtes gewesen, ihre Fracht einfach in den Laderaum des Schiffes stürzen zu lassen. Statt dessen wurden die Steinbrocken einzeln vom Lastwagen gehoben. Ein Muldenkipper nahm die Brocken auf und brachte sie auf das Schiff. Klar bis zur Spitze des Kliffs verständlich schallten die Kommandos aus dem Bordlautsprecher über die Bucht. »Fast schon rührend, wie sorgfältig die mit natürlichen Steinen umgehen«, bemerkte C. sarkastisch, während der Auslöser der Kamera ein ums andere Mal klickte.

Um die Kalkfabrik zu erreichen, hätte das Schiff nach dem Verlassen des Rasa-Kanals Kurs auf Nordnordost nehmen müssen. Statt dessen verließ die »Sdavutich 14« die Kleine Mole und nahm Kurs auf Südsüdwest – direkt in den farbenprächtigen Sonnenuntergang über der Adria. Damit war auch dieser Zweifel beseitigt. Ziel sollte noch einmal das stillgelegte Bergwerk sein, von dem aus die seltsam regelmäßig geformten Felsbrocken angeliefert wurden.

Doch der »Ausflug« auf die istrischen Klippen war nicht unbemerkt geblieben. Zurück auf der Schotterstraße, tauchte ein blauer Fiat im Rückspiegel auf, der über Kilometer immer den gleichen geringen Abstand hielt. Bis wenige hundert Meter vor der Einmündung in die asphaltierte Landstraße ein mit »Steinen« beladener Lastwagen mit steigender Geschwindigkeit und stur auf der Mitte der Fahrbahn entgegenkam. In letzter Sekunde schoß der Wagen durch den flachen Graben um

Haaresbreite an dem ungebremsten LKW vorbei. Die Rückkehr zu dem Bergwerk fiel aus. Die Hafenstadt Rijeka wurde in den späten Abendstunden auf Umwegen erreicht.

Am selben Abend noch kam eine indirekte Bestätigung dafür, daß die Adria im Sommer 1996 Schauplatz seltsamer Geschäfte war. Die italienischen Behörden waren telefonisch über das Auslaufen der »Sdavutich 14« informiert worden. Es wäre für die italienische Küstenwache ein leichtes gewesen, das ukrainische Schiff, seine Fracht und vor allem seinen Bestimmungsort zu überprüfen. »Nichts zu machen«, erklärte der römische Kontaktmann Stunden später. Alle seine Bemühungen, wenigstens den Kurs des »Stein«-Transports zu verfolgen, seien gescheitert: »Von ganz oben ist ein eindeutiges ›Njet‹ gekommen.« Und dann, im Nachsatz: »Ihr glaubt doch nicht etwa, daß dies das erste Schiff war?«

Es waren nicht alleine die Italiener, die jede weitere Recherche über die seltsamen Aktivitäten am Rasakanal blockierten. Auch die österreichischen Behörden zeichneten sich durch Desinteresse aus. Sowohl die heute dem Wiener Bundeskriminalamt eingegliederte »Einsatzgruppe zur Bekämpfung des Terrorismus« als auch die Kriminalabteilung Niederösterreich erklärten treuherzig, »die Kollegen in Kroatien« befragt zu haben. Die Antwort: Es gibt keine Anlegestellen in diesem Gebiet. Einzig das Heeresnachrichtenamt, das die Radikalisierung der Muslime als Gefahr begriff, nahm das Treiben an der Küste von Istrien in die Bedrohungsliste auf.

Es war schon seltsam: Da wurde von seiten der Ermittler immer wieder auf die Gefahr des illegalen Nuklearhandels hingewiesen. Doch die Politik schien die Warnungen nicht ernst zu nehmen. Im Gegenteil: Männer wie der vom KGB ins private Unternehmertum gewechselte Alexander Kuzin konnten von Westeuropa aus jahrelang ungehindert operieren. Und wenn es nicht mehr als einen Befehl zum Auslaufen eines einzigen italienischen Schiffes gebraucht hätte, um die seltsamen Transporte vom Rasa-Kanal in Istrien auf hoher See zu kontrollieren, wurden die Fahnder von ganz oben gebremst. »Vielleicht«, hat C. beim Abschied noch kryptisch angemerkt, »geht es ja nicht nur um waffenfähiges Nuklearmaterial und kommt nicht alles von dem Zeug aus der ehemaligen Sowjetunion. Vielleicht hat da jemand einen billigen Entsorgungsweg gefunden.«

11 Lästiger Müll:
Irgendwo muß das Zeug doch hin!

Die Schattenseite des Wohlstands in den hochentwickelten Industriestaaten ist der immer schnellere Raubbau an den knappen Ressourcen des Planeten. Jährlich werden die tropischen Regenwälder, die von Klimaexperten als die »grüne Lunge« der Erde bezeichnet werden, um eine Fläche zerstört, die so groß ist wie ganz Österreich. Bei dem derzeitigen Tempo wird der Dschungel auf Borneo in 15 Jahren verschwunden sein. Innerhalb der nächsten Jahrzehnte, haben Wissenschaftler im Auftrag der Vereinten Nationen errechnet, werden die Wälder weltweit um die Hälfte reduziert sein.[197] Zukunftsforscher halten den Kampf um sauberes Trinkwasser für eine der größten Gefahren für den Weltfrieden in den kommenden Jahrzehnten. Und dann sind da noch die Müllberge der Industrie- und Konsumgesellschaft. Auch ein halbes Jahrhundert nach dem Eintritt in das Zeitalter der zivilen Atomnutzung ist ein Weg zur gefahrlosen Entsorgung der Abfälle aus der Nuklearindustrie nicht in Sicht. Von den über 400 Millionen Tonnen Giftmüll fallen 98 Prozent in den 25 Mitgliedsstaaten der OECD an.[198] Jeder möchte konsumieren, niemand aber möchte die gefährlichen Reste seines unbekümmerten Verbraucherlebens in unmittelbarer Nachbarschaft haben. Hinzu kommen die Kosten der Entsorgung. Die sichere Vernichtung einer einzigen Tonne verbrauchter Lösemittel, noch eines der »harmloseren« Gifte, kostet in Deutschland rund 750 Euro. Andere, vor allem gefährlichere Substanzen legal loszuwerden kann etwa das Acht-fache kosten. Die illegale Entsorgung dagegen, die in vielen Fäl-len von dem organisierten Verbrechen angeboten wird, ist um ein Vielfaches billiger! Je höher die Entsorgungskosten, behaup-tete die italienische Umweltschutzorganisation »Legambiente« in einer Pressemitteilung, um so größer die Versuchung. Sie bezog sich in diesem Zusammenhang auf namentlich nie ge-nannte »französische und deutsche Unternehmer, die sich mit der kalabresischen Mafia getroffen haben, um die Entsorgung radioaktiver Abfälle aus zivilen und militärischen Forschungs-projekten sowie aus Atomstrommeilern zu besprechen«.[199]

So gilt selbst für die gefährlichsten Abfälle immer wieder das Sankt-Florian-Prinzip: Schütz unser Haus – müll andere ein! Stillschweigend wird toleriert, daß skrupellose Entsorger, die häufig mit dem organisierten Verbrechen liiert sind, das »Problem« in andere Teile der Welt verlagern. »Die italienischen Geheimdienste«, meldete Inter Press Service, »haben Informa-tionen, daß Händler (aus Ost- und Westeuropa), die Mafia und Vertreter von Regierungen der dritten Welt den illegalen Atom-handel gemeinsam betreiben.«[200]

Was die Geheimdienste zu erwähnen vergaßen: Die ulti-mative Perversion ist die Verbindung des Gift- und Atommüll-handels mit dem Waffenhandel. Regime, die das meist für den offensiven Einsatz gegen die eigene Bevölkerung oder die unmittelbaren Nachbarn erwünschte Kriegsgerät nicht aus der Staatsschatulle zahlen können, haben die Möglichkeit, den Kaufpreis für die Waffen mit dem Import von toxischen und nuklearen Abfällen auszugleichen. Doch auch der graue und in vielen Fällen selbst der schwarze Waffenmarkt ist in der Regel von den Regierungen wenn nicht gelenkt, so doch zumindest toleriert.

Die seit dem 11. September 2001 auch in der Öffentlichkeit geführte Debatte, inwieweit Terrororganisationen wie al-Qaida über Massenvernichtungswaffen verfügen, hat den globalen Giftmülltourismus in ein neues Licht gerückt. Die mit hochtoxischem und in einigen Fällen auch nuklearem Material gefüllten Halden befinden sich häufig außerhalb der westlichen Einflußsphäre. Staaten wie Somalia, der Jemen oder auch der Sudan, die früher Importländer für solche gefährlichen Substanzen waren, sind in den vergangenen Jahren Rückzugsgebiete für islamistische Terrorgruppen geworden. Die Gefahr, daß Organisationen wie al-Qaida somit leichten Zugriff zu den Basisprodukten für rudimentäre chemische oder schwachstrahlende »schmutzige« Bomben haben könnten, ist groß.

Schwimmende Giftbomben

Im Frühsommer des Jahres 1987 wurde der rostige Frachter »Radhorst« von der venezolanischen Kriegsmarine aufgebracht. Weil das Schiff bis zum Rand mit Fässern des italienischen Unternehmens Jelly Wax beladen war, wurde der »Radhorst« die Einfahrt in den kleinen Hafen von Porto Cabello verweigert. Denn hinter Jelly Wax verbarg sich der Mailänder Giftmüllhändler Renato Pent. Und der hatte nur wenige Monate zuvor schon die unter maltesischer Flagge fahrende »Lynx« mit einer ähnlichen Ladung nach Venezuela geschickt. Bekannt war nur, daß der Inhalt der Fässer des ersten Transports aus Deutschland und der Schweiz stammte.[201] Detaillierte Angaben über die Zusammensetzung der Industrieabfälle hatte Pent nie gemacht. »Weil die ursprünglichen Behälter undicht wurden, haben wir die fünf gelieferten Substanzen einfach in neuen Fässern zusammengemischt«, ließ er seinen venezolanischen Partner Inversiones Ileadil in einem Telex wissen. »Wenn Sie mit dieser Prozedur Probleme haben, lassen Sie es mich wissen.«[202] Doch die Inversiones Ileadil hatte keine

Probleme mit dieser unorthodoxen Prozedur. Sie deponierte die von der »Lynx« gebrachten undichten Fässer unbewacht an einem Strand eines Fischerdorfes. Ein kleiner Junge, der in ihrer Nähe spielte, starb daraufhin innerhalb weniger Tage.

Die Recherchen der Presse und Umweltschutzverbände deckten ein enges internationales Firmennetz auf. Den Chartervertrag für die unter maltesischer Flagge fahrende »Lynx« hatte eine bei der »Gianfranco Ambrosini srl« im schweizerischen Fribourg registrierte »Intercontract SA« mit dem römischen Schiffsbroker »Fin Chart« geschlossen.[203] Alle diese Unternehmen waren schon früher im Giftmüllgeschäft auffällig geworden. Und italienische und venezolanische Politiker waren offenbar direkt in das Geschäft verwickelt. Die venezolanische Regierung ernannte sich zum neuen Eigentümer der Giftfässer und erklärte in einem Telex, sie habe nicht weniger als 680 000 Dollar auf ein Konto der Jelly Wax überwiesen.[204] Einer der Direktoren der Inversiones Ileadil war der Italiener Dr. Elio Dardano, der zugleich auch als persönlicher Assistent des Staatssekretärs im italienischen Innenministerium, Raffaele Costa, fungierte.[205] Und Dardano hatte wohl schon vor der Abfahrt der »Lynx« aus Italien seine Beziehungen spielen lassen.

Die italienischen Grünen und die Umweltorganisation Lega Ambiente hatten im Februar 1987 aus gutem Grund eine Inspektion der Fässer verlangt, die in dem kleinen Hafen Marina di Carrara zum Abtransport bereitlagen: Die Unternehmen, die den Transport organisierten, waren im Giftmüllgeschäft bestens bekannt. Der Polizeipräfekt von Massa Carrara alarmierte zwar das lokale Kommando der Carabinieri, aber nicht, um den Müllmaklern in die Karten zu schauen. Im Gegenteil, die zum Militär gehörende Ordnungstruppe sollte alles tun, um die »wegen des erheblichen Echos in der Presse« zu erwartenden »spektakulären Protestaktionen der Grünen und der Umweltschützer zu verhindern«.[206] Es war sicherlich nur ein Zufall, daß der Stellvertreter des Polizeichefs nebenbei auch der Vertrauensanwalt von Renato Pent und seiner »Jelly Wax« war.[207]

Die Einzelheiten, die seit der Ankunft der »Lynx« ans Licht gekommen waren, hatten die venezolanische Regierung so unter Druck gesetzt, daß diese von Italien offiziell den Abtransport der illegalen Sondermülldeponie verlangen mußte. Die Verhandlungen mit Rom waren noch nicht abgeschlossen, als die »Radhorst« am Horizont vor der venezolanischen Küste auftauchte. Einerlei, was in den Verträgen der Jelly Wax mit ihren venezolanischen Partnern geschrieben stand: der Giftfrachter mußte sich einen neuen Zielhafen suchen.

Den fand die »Radhorst« schließlich im Hafen von Beirut. Am 21. September 1987 löschte sie ihre Ladung: 15 800 Fässer und 20 Container. Eine unvollständige Auflistung des Inhalts: Abfälle aus chemischen Labors, Schwermetalle, Lösungsmittel, verfallene Medikamente, krebserzeugende Substanzen, mit Dioxin vermischter Sand, der angeblich vom Gelände der Icmesa im norditalienischen Seveso stammte, und Zyanidverbindungen, wie sie vier Jahre zuvor auch nach der Gasexplosion in der Fabrik der Union Carbide im indischen Bhopal gefunden worden waren.[208] Bei diesem Unglück waren in wenigen Minuten rund 3000 Menschen gestorben. Gut doppelt so viele wurden in die Krankenhäuser eingeliefert. Viele leiden bis heute an den Spätfolgen.

Kein Wunder also, daß die libanesische Greenpeace-Sektion Alarm schlug, kaum daß die Komposition der Ladung der »Radhorst« bekannt geworden war. Und wie vor ihnen die venezolanischen Umweltschützer im Fall der »Lynx« verlangten nun auch die Libanesen von der italienischen Regierung die Rücknahme der von der »Radhorst« gelöschten Giftfässer.[209] Eine kaum erfüllbare Forderung: die Fässer und Container der »Jelly Wax« waren inzwischen über das ganze Land verteilt worden. Und Rom zeigte sich wenig kooperativ. Selbst als er mit dem Tod des Arbeiters Abdo al-Hajj konfrontiert wurde, der sich mit dem Inhalt der bei ihm gelagerten Fässer die Haare gewaschen hatte, lehnte Italiens Botschafter im Libanon, Antonio Mancini, jede Verantwortung ab: »Wir haben von der Angelegenheit erst aus der hiesigen Presse erfahren. Aber es ist sinnlos, Druck auf Italien ausüben zu wollen. Denn was das Unternehmen in Mailand [die ›Jelly Wax‹] getan hat, ist nach italienischem Recht völlig legal.«[210]

Es dauerte fast anderthalb Jahre, bis Rom dann doch einlenkte. Im Januar 1989 ging in Beirut die »Jolly Rosso« vor Anker. Der Teil der rostigen Fässer und Container, die gefunden werden konnten, wurde von den aus Italien gesandten Spezialisten umgepackt und an Bord gebracht. Als die »Jolly Rosso« am Horizont verschwand, glaubte die libanesische Regierung, das Problem erfolgreich bewältigt zu haben. In Wirklichkeit war Beirut von den Italienern hinters Licht geführt worden. Denn von den 15 800 mit der »Radhorst« gekommenen Fässern war nur ein knappes Drittel mit Sand gemischt und in 9500 neue, eigens aus Italien gebrachte Behälter umgefüllt worden.[211] Diese wurden auf insgesamt vier Schiffe verteilt, von denen allerdings nur die »Jolly Rosso« Kurs auf Italien nahm.[212] Die tödliche Fracht der anderen drei Schiffe wurde teils an einen unbekannten Ort gebracht und teils auf offenem Meer über Bord geworfen.

Was die europäische Industrie als Abfall klassifizierte und über Müllmakler wie Renato Pent in den Libanon abschob, mag für andere durchaus noch nützlich gewesen sein. Einige der Substanzen, die von den Greenpeace-Aktivisten im Land der Zedern identifiziert werden konnten, fanden sich anderthalb Jahrzehnte später in Anleitungen zum Bau schmutziger Bomben wieder, die in den afghanischen Trainingslagern des Terrornetzes al-Qaida entdeckt wurden.

Suchen Sie

kurzweilige
Romane, faszinierende **Biographien**
und **Autobiographien,**
Sachbücher aktuelle zu brisanten Themen,

Wissenswertes zur **Zeitgeschichte,**

Praktisches zur
Lebensführung?

Dann fordern Sie doch mit dieser Karte unseren aktuellen und kostenlosen Pendo-Prospekt an. Die Karte gut lesbar mit Ihrem Absender versehen, frankieren und zur Post geber. Anforderungen per Fax: Schweiz 01 / 3 89 70 35. Deutschland 0 69 / 25 60 03-30. Oder im Internet.

Pendo
www.pendo.ch

... ich möchte den Pendo-Prospekt
zugeschickt bekommen.

Name, Vorname

Strasse, Hausnummer

PLZ, Ort

Anforderungen aus der Schweiz bitte senden an:
Pendo Verlag, Postfach, Forchstrasse 40, 8032 Zürich

Anforderungen aus Deutschland bitte senden an:
Pendo Verlag, c/o Eichborn AG, Kaiserstrasse 66, 60329 Frankfurt

www.pendo.ch

An
Pendo Verlag

bitte freimachen

Errata

Seite 255, 7./8. Zeile von unten

Fälschlicherweise wird erwähnt, Gianfranco Cotti
sei außenpolitischer Sprecher der Regierung in Bern
gewesen. Dies trifft nicht zu. Dieses Amt bekleidete
sein Cousin, Flavio Cotti. Gianfranco Cotti selbst war
Mitglied im Nationalrat.

J. v. Dohnanyi

Von den gut zwei Dritteln der »Radhorst«-Fässer, die auch nach den italienischen »Aufräumarbeiten« im Libanon geblieben waren,[213] wurden in den folgenden Jahren immer wieder einzelne entdeckt, zumeist leer auf wilden Müllkippen. Auch im Süden des Landes, der seit vielen Jahren unter der direkten Kontrolle der radikalen Palästinenserorganisation Hisbollah steht, die von Teheran und Damaskus gesteuert und finanziert wird. Was mit dem tödlichen Inhalt der Fässer seitdem geschah, weiß niemand.

Genauso weiß niemand genau, was mit dem größten Teil der Abfälle aus der libanesischen Nuklearmedizin geschieht. Nur die großen internationalen Krankenhäuser, heißt es bei Greenpeace in Beirut, haben eine ordnungsgemäße Entsorgung dieses gefährlichen Materials organisiert. »Der Rest verschwindet spurlos. Wir sind sicher, daß all dieses Zeug auf illegalen Deponien überall im Libanon verteilt wird.«[214]

Ökologischer Wahnsinn als ökonomisches System

Die Odyssee der Giftfässer von Renato Pent war in diesen Jahren nichts Besonderes. Insgesamt 200 Millionen Tonnen giftiger Abfälle hätte die Industrie im vorangegangenen Jahrzehnt zu verschieben versucht, erklärte die Umweltorganisation Greenpeace 1995. »Mindestens 10 Millionen Tonnen davon sind tatsächlich über die Grenzen gegangen.«[215] Im nigerianischen Hafen von Koko wurden toxische Abfälle aus Italien, der Schweiz und Deutschland angelandet. Das deutsche Motorschiff »Line« transportierte Giftmüll auf eine nicht existierende Sondermülldeponie nach Rumänien, für die die Frau des Diktators Nicolai Ceaușescu kassierte.

»Jetzt, wo sich Europa bedroht fühlt, ist das Interesse auf einmal groß«, spottete Zollinspektor C. T. im albanischen Hafen von Durres voller Bitterkeit. »Aber wo kam das Zeug denn ursprünglich her?« Italien und Deutschland hatten nach der Katastrophe von Tschernobyl große Mengen radioaktiv verseuchten ukrainischen Tabaks nach Albanien abgeschoben. »Habt ihr ernsthaft geglaubt, der sei vernichtet worden? Unser staatliches Tabakmonopol hat Zigaretten nicht nur für die Albaner gedreht. Ein Teil davon ist ganz bewußt unter gefälschtem Markennamen nach Westeuropa gebracht worden.« Anfang der neunziger Jahre legten Schiffe mit hochgiftigem chemischen Industriemüll in Durres an. »Die Lieferungen kamen aus Deutschland und Italien und wurden auf Lastwagen in ein Tunnelsystem im Norden Albaniens gebracht. Niemand hat uns je gesagt, was in den Fässern war. Und niemand weiß heute, ob die Fässer noch da sind.« Radioaktive Abfälle aus Österreich und der ehemaligen DDR seien auf dem Landweg gekommen. Aber jede weitere Recherche, sagte der Albaner C. T., sei sinnlos: »Diejenigen, die mit diesen Geschäften das große Geld gemacht haben, wissen genau, daß sie nichts mehr zu befürchten haben. Nach dem Zusammenbruch der Pyramiden-Banken hat es bei uns in der Hafenbehörde gebrannt. Ausgerechnet in den beiden Büros, wo die Dokumentation über die illegalen Geschäfte aufgehoben wurde. Komisch, nicht wahr?«[216]

C. T. kannte nur die – unvollständige – albanische Version der giftigen Vergangenheit. Andernorts waren zumindest Teile der Lieferungen kein Geheimnis. So gab zum Beispiel der deutsche Spielkartenhersteller Schmidt-Cretan zu, zwischen 1991 und 1992 nicht weniger als 480 Tonnen Toxaphene und Pehyl-Quecksilber-Azetat nach Albanien geschafft zu haben.[217] Die beiden hochgiftigen Substanzen waren innerhalb der Europäischen Union schon seit 1983 verboten. Ein Liter Toxaphene, haben Experten berechnet, reicht zur Abtötung allen Lebens in 2 Millionen Kubikmetern Wasser. Nicht, daß das deutsche

Unternehmen gegen ein Gesetz verstoßen hätte. Die Anfang der neunziger Jahre geltenden EU-Regeln verlangten lediglich eine Ausfuhrgenehmigung, die von der deutschen Regierung erteilt und vom albanischen Landwirtschaftsministerium ordnungsgemäß bestätigt worden war. Und im Fall Schmidt-Cretan hatte auch noch die albanische Botschaft in Bonn ihr Plazet gegeben. Formalgesetzlich einwandfrei vielleicht – moralisch kaum. Denn die Giftexporte von Hunderten von Tonnen von Pestiziden, die in Westeuropa wegen ihrer Toxizität längst verboten und darüber hinaus auch noch verfallen waren, waren als »Humanitäre Hilfe für die albanische Landwirtschaft« deklariert worden. Andere »Gifthilfe« für Albanien aus der EU, die den Umweg über Ungarn genommen hatte, wurde als »essentielle Unterstützung« über das Brüsseler Hilfsprogramm »Phare« finanziert.[218] Nicht untätig blieb auch die Weltbank, die über das »Critical Imports Project« die Lieferung von 160 Tonnen Pestizide nach Albanien finanzierte.

Vielleicht hatten die großzügigen Spender ja wirklich übersehen, daß in Albanien schon mehr als 3000 Tonnen Pestizide lagerten. Und sicherlich hatte niemand auch nur im entferntesten an die finanzielle Entlastung gedacht, die nicht nur Schmidt-Cretan, sondern auch Chemiekonzernen wie Bayer, Hoechst, ICI und Monsante durch die großzügigen »Giftspenden« in den Schoß fiel. Sie sparten die hohen Entsorgungskosten und mußten noch nicht einmal für den Abtransport des Gifts zahlen. Die wunderbare Verwandlung von Gift in humanitäre Hilfe garantierte, daß dafür die Staatskasse aufkam!

Der deutsche Industriemüll war schlecht verpackt. Die Fässer und Container leckten. Als die Regierung in Tirana schließlich begriff, was ihr da so freizügig »geschenkt« worden war, verlangte sie den Rücktransport der »humanitären Hilfe«. Umsonst – Vertrag war Vertrag. Bonn fühlte sich nicht mehr zuständig.

Das änderte sich erst, als sich Mitarbeiter der deutschen Sektion von Greenpeace des Skandals im Jahr 1993 annahmen. In Bajze im Norden Albaniens entdeckten sie, daß ein Teil der Giftstoffe die Trinkwasseradern und den See von Shkodar gefährdete. In Milot fanden sie giftige Gase freisetzende Fässer, die in der Nähe einer Schule gelagert worden waren.[219] Längs der albanischen Landstraßen standen Bauern, die ihre Ration hochtoxischer Pestizide verkauften. Mit bloßen Händen schaufelten sie aus weit offenen Säcken Substanzen, die jeder Chemiestudent im ersten Semester nur mit Gasmaske und einem absolut dichten Schutzanzug ausgerüstet berührt hätte. Wie viele andere Länder drohte nun auch Albanien, schon durch das ökologische Erbe des Kommunismus schwer belastet, zu einer der Giftmüllkippen Europas zu verkommen.[220]

Von fruchtbarer Erde und Landschaftsgestaltern

Wenn schon der Bürgermeister von Pisa, der Sozialist Giacomino Granchi, den Protest gegen die Verwendung des kleinen städtischen Hafens für die gefährlichen Transporte mit den Worten abtat, jeder Hinweis auf die moralische Fragwürdigkeit solcher Geschäfte sei sinnlos, »denn wenn das Zeug nicht in Pisa geladen wird, dann wird sich ein anderer Hafen finden«,[221] dann brauchten Männer wie der Italiener Sergio Rosso keine Skrupel zu haben. Sergio Rosso verkaufte über die Genfer »Ascofinance SA« dem vietnamesischen Staatsunternehmen »Siltexco Corporation« 210 000 Tonnen »gedüngte Erde« für 95 Millionen Dollar.[222] »Bauern ziehen Kunstdünger vor«, schrieb später Rossos Konkursverwalter in seinen Abschlußbericht. Es sei nur schwer zu glauben, das noch unter den Kriegsfolgen leidende Vietnam, wo selbst ein in die Erde gesteckter Besenstiel wieder zu grünen beginnt, gedüngte Erde für die Vorgärten im Süden des Landes gekauft habe. Angesichts der Tatsache, daß ein in Deutschland lebender Italiener für seine Vermittlung über 600 000 Euro kassiert habe, schloß der Konkursverwalter, habe sich hinter dem seltsamen Geschäft wohl ein Tausch von »Giftmüll gegen Waffen« verborgen.[223]

Ohne das Wissen der Verantwortlichen in Politik und Industrie, behauptet der Italiener Guido Garelli, wäre dieser grenzüberschreitende Handel mit Giftmüll nicht möglich gewesen. Mehr noch, sagt Garelli: Häufig waren die Regierungen der Industrieländer selbst die treibende Kraft. Der Italiener muß es wissen: Das Unternehmen, mit dem er 1988 in Lugano einen 200-Millionen-Dollar-Vertrag über die Ablagerung von insgesamt 5 Millionen Tonnen nuklearer und toxischer Abfälle in der Westsahara unterschrieb, handelte seiner Aussage zufolge im Auftrag westlicher Regierungen und ihrer Geheimdienste. »Haben Sie Verständnis«, sagt Garelli, »wenn ich in meiner derzeitigen Lage den Namen dieses Unternehmens nicht nennen kann.«[224]

Ivrea im Norden Italiens ist vor allem als Heimat des Büromaschinen- und Computerkonzerns Olivetti bekannt. Eine saubere Kleinstadt mit einem Dom, einem Schloß und einer blumengesäumten Fußgängerzone. Auch das Gefängnis am Stadtrand erscheint mit seinen ockerbraunen Gebäuden hinter einem hohen hellblauen Zaun von außen freundlicher als die meisten anderen italienischen Strafvollzugsanstalten. Doch das ist eine optische Täuschung: Stahltüren, die sich nur auf den Knopfdruck bewaffneter Männer hinter schußsicheren Scheiben hin öffnen. Eine peinlich genaue Leibesvisitation. Dicke Schlüssel, die irgendwo laut klappernd einen Schloßzylinder drehen. Hier werden Menschen festgehalten, die gegen das Gesetz verstoßen haben.

Guido Garelli scheint sich in dieser beklemmenden Umwelt hervorragend eingerichtet zu haben. Das strahlende Lachen zur Begrüßung zeigt die klaffende Zahnlücke, die ihm die kroatische Polizei am Tag seiner Verhaftung schlug. Er scherzt mit den Wächtern, läßt sich mal eben seine Unterlagen im Büro des Inspektors kopieren, hebt das Rauchverbot im Gesprächsraum für die Dauer des Besuchs auf und benimmt sich ganz wie ein zuvorkommender Gastgeber, der spaßig resigniert die Unzulänglichkeiten »seines« Personals zugeben muß. Daß er ein Gespräch über Schuld oder Unschuld erst gar nicht führen will – »Ich bin, bei Gott, kein Heiliger!« –, macht Guido Garelli zweifellos zu einer sympathischen Kanaille.[225]

Aber die vielen Ungereimtheiten, die seinen Worten zufolge seinen Fall charakterisieren, die will er schon aufzählen. Und sei es nur, um zu beweisen, daß andere Interessen als die Suche nach Gerechtigkeit zu seiner Verhaftung führten. Wer wird schon zu 16 Jahren Haft verurteilt und erfährt dann, daß die Strafe ohne sein Zutun zuerst um zwei Drittel und dann noch einmal um die Hälfte gekürzt wurde? Welcher Häftling darf sich sein Archiv, bestehend aus lauter geheim-gestempelten Papieren, ins Gefängnis mitnehmen? Oder hat Zugang zu Computern und E-Mail? Einen eigenen Raum, den ihm die Direktion als Büro zur Verfügung gestellt hat und den das Gefängnispersonal ausdrücklich nicht betreten darf? Ein Häftling, der nur anzurufen braucht, damit sich die Mitarbeiter der Chefanklägerin des Internationalen Strafgerichts für das frühere Jugoslawien in Den Haag, Carla del Ponte, in Bewegung nach Ivrea setzen? »Vielleicht ist ja nicht alles Unfug, was ich seit Jahren sage«, grinst Guido Garelli und wühlt mit beiden Händen in dem mit Dokumenten aus seinem Knastbüro gefüllten Pappkarton.

Es gibt Lebensgeschichten, die von jedem Verleger als zu phantastisch abgelehnt würden. Die Geschichte von Guido Garelli fällt zweifellos in diese Kategorie. Früh schon kam der Sohn einer serbischen Partisanin und eines nach Spanien ausgewanderten Italieners mit den »Rio de Oro« genannten spanischen Besitzungen in Nordwestafrika in Berührung. Es waren die Endjahre des europäischen Kolonialismus. Und vermutlich, sagt Garelli, hätte die Bevölkerung der Region zwischen Marokko und Mauretanien gern die spanische Staatsbürgerschaft akzeptiert. Statt dessen zog sich das Franco-Regime 1964 aus der Westsahara zurück. Und anstatt in Unabhängigkeit fand sich das Volk der Sahauri in einem bis heute nicht beendeten Verteidigungskrieg gegen die Gebietsansprüche von Marokko und Mauretanien wieder.

1978 gründete Guido Garelli »zusammen mit einigen Freunden, und bitte keine weiteren Fragen«, die in der britischen Enklave von Gibraltar registrierte »European Consulting and Services« (Ecos). Ein seltsamer Verein, der sich in seinen Statuten praktisch die Hoheitsrechte eines Staates bis hin zur Münzprägung und dem Druck von Briefmarken gab. Erklärtes Ziel der »Ecos« war der Einsatz für Freiheit und Unabhängigkeit der Westsahara. Dann kamen die mit »ETS« abgekürzte »Eurotrack System« und zwei andere Firmen mit den Kürzeln »EAS« und »FNS« dazu. Die »Ecos« ließ sich nach ein paar Jahren als eine für die Westsahara arbeitende Nichtregierungsorganisation (NGO) registrieren und entwickelte gute Kontakte zur Europäischen Union.

Alles Tarnung, lacht Garelli: Die Buchstaben seiner »Eurotrack System« stehen in Wahrheit für »Ejercito Territoriale Sahara«, das unsichtbare Heer einer phantastischen »Administration des Territoriums der Sahara« (ATS). Die EAS ist die Luftwaffe, die FNS die Kriegsmarine dieses virtuellen und von keiner Regierung anerkannten Staates. Alles koordiniert von der »Ecos«, die immer wieder und zumeist »von einer Entität der Europäischen Union« mit »Missionen« zur Beobachtung kritischer Regionen beauftragt wird. Wie beiläufig zieht er zwischen den Dokumenten zuerst die Zulassung seiner Fahrzeuge im Rahmen der UN-Friedensmission im kroatischen Ost-Slawonien und dann eine Fotokopie seines NATO-Sicherheitsausweises hervor. Damit, haben Personen ausgesagt, die mit ihm durch Westeuropa reisten, kam Garelli so gut wie unbehelligt auf jeden Stützpunkt des Nordatlantischen Bündnisses. Kurz und gut: Der vom Erdölingenieur zum »Oberst« der Sahara-Streitmacht aufgestiegene Guido Garelli gibt zu verstehen, daß er eine nirgends registrierte und doch – oder gerade deshalb – von vielen benutzte Truppe von Söldner-Spionen kommandiert.

Doch Guido Garelli ist offenbar nicht nur ein vielgefragter professioneller »Beobachter«. Für die Souveränität der Westsahara war er auch bereit, höchst unkonventionelle Wege zu gehen. Als Zwischenstation auf dem Weg in die Unabhängigkeit wollte er »das Territorium, dem ich mein Leben verschrieben habe«, in die größte Sondermülldeponie der Welt verwandeln. Am 25. Januar 1988 unterschrieben Garelli, der Mailänder Unternehmer Luciano Spada und der italienische Lobbyist und Rechtsanwalt Elio Sacchetti in Lugano einen entsprechenden Vertrag. Partner dieser von Garelli in vollem Ernst als »Gentlemen's Agreement« bezeichneten Übereinkunft »war ein Unternehmen, das im Auftrag eines zweiten Unternehmens handelte, das wiederum ein direkter Ableger einer atlantischen Organisation war«.[226]

Der »Projekt Uran« genannte Plan war denkbar einfach. Amerikanische Technologie und die »Soldaten« der ATS würden die Sicherheit der in den Wüstenniederungen eingerichteten Endlager garantieren. Jeder Container würde darüber hinaus mit einer Sonde ausgerüstet werden, um die Daten über seine derzeitige »Gesundheit« über einen Satelliten in eine große Datenbank zu funken. »Vom Nuklearmüll bis hin zu toxischen Abfällen, nur die gefährlichsten Abfälle hätten bei uns Aufnahme gefunden.« Bis heute hat Garelli keinen Zweifel daran, daß er das Müll-Ei des Kolumbus entdeckt hatte. »Hören wir doch endlich mit der Heuchelei auf. Jeder weiß, daß das Zeug letztlich irgendwo sicher gelagert werden muß. Warum also nicht in einem Teil der Welt, der praktisch unbesiedelt ist?«

Unabhängig von jeder moralischen Bewertung dieser Idee – ganz blütenrein waren die Gedanken ihrer Erfinder sicher nicht. Luciano Spada hatte für das »Projekt Uran« in Liechtenstein eigens eine Briefkastenfirma unter dem Namen Instrumag registrieren lassen. An der gleichen Adresse hatte er aber auch die Bauwerk AG angemeldet, die sich um die europäischen Geschäfte des amerikanischen Müllmultis »Waste Management Inc.« kümmern sollte. Eine Gerichtsuntersuchung in San Diego im amerikanischen Bundesstaat Kalifornien würde wenige Jahre später schwere Anschuldigungen gegen den von Chicago aus operierenden multinationalen Müllkonzern erheben: illegale Preisabsprachen, kriminelles Verhalten, Umweltverseuchung, illegale Ablagerung toxischer Abfälle und schließlich auch noch Beziehungen zum organisierten Verbrechen. Immer wieder ist die »Waste Management« aber auch beschuldigt worden, im Auftrag der CIA zu handeln. Auch wenn ein gerichtsverwertbarer Beweis für diese Behauptung nie vorgelegt worden ist – mit der »Waste Management« im Hintergrund konnte Garellis »Projekt Uran« außer den schlimmsten Befürchtungen kaum etwas erzeugen.

Zwei Tage nach der Vertragsunterzeichnung in Lugano wurde Garelli in Süditalien verhaftet. In seinem Büro in Brindisi wurden nicht nur die Dokumente für das »Projekt Uran«, sondern auch lange Listen von Waffenlieferungen an den Iran und den Irak und anderes kompromittierendes Material sichergestellt. »Jedesmal, wenn ich bestimmten Leuten in die Quere komme, werde ich hinter Gitter gebracht«, behauptet Garelli. Denn nicht er habe damals die Waffen geliefert. Im Gegenteil habe er – »diesmal im Auftrag einer nordatlantischen

Organisation« – die europäische Rüstungsindustrie und einige Politiker »unter Beobachtung gehalten, die mit den Lieferungen von Kriegsmaterial den Konflikt zwischen Bagdad und Teheran am Kochen hielten«.

Außerdem sei er verhaftet worden, behauptet Garelli, damit seine ursprünglichen Partner, der italienische Geheimdienst und Teile der europäischen Rüstungsindustrie sein »sauberes« und die Umwelt angeblich schonendes »Projekt Uran« übernehmen konnten. Ohne seine Vermittlung, sagt der Chef der privaten Spionagetruppe Ecos, stand die Westsahara für die Endlagerung gefährlicher Abfälle nicht mehr zur Verfügung. Neue Lagerstätten mußten also gefunden werden. Die Operation, die Garelli zur Unterscheidung »Projekt Uran 2« nennt, verlagerte sich ans Horn von Afrika. »Mit dem, was dann in Somalia oder auch im Jemen geschah, habe ich nichts zu tun.«[227]

Lange blieb Garelli in Brindisi nicht in Haft, und daß er zu Beginn der neunziger Jahre in Somalia auftauchte, soll mit Gift- und Nuklearmüll nichts mehr zu tun gehabt haben. Es habe sich – mal wieder – um eine seiner mysteriösen geheimen Missionen gehandelt, diesmal im Rahmen der UN-Friedenstruppe Unosom. Sein Einsatzbefehl sei die Verhinderung illegaler Waffenlieferungen an die somalischen Warlords gewesen. Rüstungsgüter aus Europa also an die Herren des somalischen Bürgerkriegs, die auch an den schmutzigen Geschäften des »Projekt Uran 2« verdienten.

12 Müllkippen der Welt: Der Fall Somalia

Der somalische Diktator Siad Barre hatte sich lange an der Macht gehalten. Abwechselnd vertraute er sich dem Schutz der Sowjetunion und der Vereinigten Staaten an. Das Interesse der Supermächte galt allerdings weniger dem Wohlergehen Somalias als der strategischen Kontrolle über das Meer rund um das Horn von Afrika . Einen verläßlicheren Partner fand das pseudo-sozialistische Regime in Mogadishu statt dessen bei den pseudo-linken Parteien der ehemaligen Kolonialmacht Italien. Vor allem die Sozialistische Partei Italiens unter Bettino Craxi sorgte mit reichlich Geld aus den Kassen der staatlichen Entwicklungshilfe über Jahre hinweg dafür, daß es Siad Barre und den Seinen an nichts mangelte.

Nur wenige dieser mit beträchtlichen Summen angeschobenen Projekte machten wirklich Sinn. So mußten etwa die rohen Tierhäute, die in den von Italien angeblich für den Aufbau eines blühenden Exportgewerbes finanzierten Gerbereien verarbeitet wurden, aus Italien selbst importiert werden. Auch der Bau einer Trinkwasserversorgung für die somalische Hauptstadt ließ im wesentlichen nur Geld in die Kassen italienischer Unternehmen fließen. Aus den Hähnen in Mogadishu tröpfelte es nur.

Eines der seltsamsten Projekte aber war die italienische Hilfe für die somalische Hochseefischerei. Mit römischen Entwicklungsgeldern wurde Mitte der achtziger Jahre von der

»SEC«-Werft in Viareggio eine kleine Flotte gebaut und ausgerüstet: Ein Mutterschiff, von den Somali auf den an Siad Barres »Revolution« erinnernden Namen »21. Oktober II« getauft, und vier dazugehörende Kutter. Im Hafen von Gaeta wurde die kleine Flottille den Vertretern Mogadishus übergeben. Die Verträge mit der »Somali Fishing Company« (Shifco) sahen auch vor, daß der vor Somalia gefangene und in den Gefrierzellen der »21. Oktober II« gelagerte Fisch nach Gaeta und von dort auf den italienischen Markt gebracht werden sollte. Es gab nur ein – allerdings entscheidendes – Hindernis für die hochfliegenden Fischereipläne: als die Schiffe nach ihrer Jungfernfahrt in Mogadishu anlegten, waren die Gefrierzellen spurlos verschwunden.[228] Dafür steuerte die »21. Oktober II« in den folgenden Jahren immer wieder Häfen in Ländern an, die nur wenig mit Fischerei, dafür aber sehr viel mit dem internationalen Terrorismus zu tun hatten: Iran, Libyen und sogar Nordirland.[229] Auf einer dieser Fahrten, erklärte später der Matrose Mohammed Samatar vor einem italienischen Gericht, habe die »21. Oktober II« mehrere Container mit der Aufschrift »Vorsicht Sprengstoff« transportiert.

Daß die Fischkutter der Shifco immer wieder Waffen aus Italien ans Horn von Afrika brachten, gab der Sultan der nordsomalischen Hafenstadt Bosaso offen vor einer parlamentarischen Untersuchungskommission in Rom zu: Die Lieferungen »kamen aus Rom, Brescia und Turin«, erklärte Abdullahy Mussa.[230] Ebenso wie es keinen ernsthaften Zweifel mehr daran gibt, daß Siad Barre und später, nach seinem Sturz, die Warlords der verfeindeten somalischen Stämme ihre Kriegsausrüstung nicht mit Geld, sondern mit der Einlagerung von toxischen und radioaktiven Abfällen aus den westlichen Industrieländern abgalten.

In den 1993 von einem europäischen Geheimdienst abgefangenen handschriftlichen Notizen eines in Somalia operierenden äthiopischen Agenten hieß es unter anderem, daß »die Soldaten von General Aideed systematisch gegen die Einheiten von Ali Mahdy aufgerüstet werden … Die Waffen kommen, als Lebensmittelhilfe getarnt, direkt aus La Spezia an Bord der Schiffe der Cantieri Navali Oram.«[231]

Aideed war der gefährlichste und von amerikanischen Spezialtruppen im Oktober 1994 vergeblich gejagte Warlord des somalischen Bürgerkriegs. Ali Mahdy war sein größter Gegenspieler. Und Hauptaktionär der »Cantieri Navali Oram« war der sizilianische Reeder Ignazio Messina, zu dessen Flotte unter anderem die »Jolly Rosso« gehörte, jenes Schiff, das Jahre zuvor einen Teil des Giftmülls aus dem Libanon nach Italien zurückgebracht hatte. 1996 verkaufte Ignazio Messina seine Oram-Anteile an die SEC – die Werft, die die Fischereiflotte für Somalia gebaut hatte. Immer dieselben Orte, dieselben Unternehmen, dieselben Namen – immer in einem Atemzug erwähnt mit ähnlich undurchsichtigen Geschäften.

Denn auch andere Schiffe des Sizilianers Messina waren mit dem illegalen Transport von Waffen und toxisch-nuklearen Abfällen genannt worden. So hatte die Reederei zum Beispiel 1992 von der deutschen MTU in Friedrichshafen produzierte und von der italienischen Waffenschmiede Oto Melara auf den Weg gebrachte Antriebseinheiten für die deutschen Panzer Leopard 1 und Leopard 2 nach Mombasa in Kenia transportiert. Dort waren sie auf ein anderes Schiff der Messina-Flotte umgeladen worden. Doch in dem in den Frachtpapieren angegebenen Zielhafen von Mogadishu kamen die Teile, die im übrigen nach dem deutschen Waffenexportgesetz nicht an das Horn von Afrika hätten verkauft werden dürfen, nie an.[232] Wer letztlich der Empfänger der deutschen Panzertechnologie war, ist nie herausgekommen. Nicht alle Waffen, erklärte Jahre später auch der Italiener Francesco Elmo in seinem Geständnis vor der Staatsanwaltschaft in Rom, seien für die verfeindeten

Stämme in Somalia bestimmt gewesen. Das Land am Horn von Afrika sei immer wieder auch Zwischenstation komplizierter Dreiecksgeschäfte gewesen, um Lieferungen von Kriegsgerät unter anderem auch an den Sudan und Jemen zu vertuschen.[233] Und Guido Garelli behauptet, daß im Rahmen von »Projekt Uran 2« toxische und nukleare Abfälle auch in den Sudan und nach Jemen gebracht wurden.[234]

Beide Staaten wurden zu dieser Zeit nicht nur von islamisch-fundamentalistischen Regierungen geleitet. Sie spielten – und spielen bis heute – eine wichtige Rolle in der globalen Strategie von Osama bin Laden und seinem Terrornetz al-Qaida. Vom Sudan aus nahm bin Laden 1992 erste Kontakte mit der islamistischen Gruppe al-Ittihad al-Islami in Somalia auf. Al-Quaida-Kämpfer trainierten die somalischen Mudjaheddin, die ein Jahr später zusammen mit den Truppen von General Aideed in den Straßen von Mogadishu gegen amerikanische Spezialeinheiten kämpften. Und die zusammen mit den Waffen aus Europa ans Horn von Afrika gebrachten toxischen und nuklearen Substanzen lagern bis heute unbewacht in Regionen, zu denen al-Ittihad al-Islami und damit al-Qaida ungehinderten Zugang haben.

Aber der äthiopische Agent hatte noch eine Reihe weiterer peinlicher Details notiert. Das als Nahrungshilfe gekennzeichnete Kriegsgerät kam zwar über Italien. Aber der Ursprung lag wohl nördlich der Alpen. Die Erklärung gab der Mann aus Addis Abeba unter Punkt 85 seines langen Berichts: In der Küstenregion von Obiana seien »... mit Sand vermischte nukleare Abfälle aus Deutschland und Frankreich vergraben. In der gleichen Region sind auch große Mengen von Kobaltabfällen aus Krankenhäusern vorhanden. Es ist zu vermerken, daß der größte Stamm der Region im Austausch viele Kriegswaffen erhalten hat. Viele davon sind aus deutscher Produktion.«[235] In der Tat waren die Unimogs, die der Agent bei den Truppen von

Aideed gesehen hatte, deutscher Produktion. Und seine detaillierte Liste der an den Warlord gelieferten Waffen las sich, als habe jemand eines der Depots der Volksarmee der inzwischen aufgelösten DDR ausgeräumt.[236]

Die Notizen des äthiopischen Agenten wurden durch eine Aussage des Italieners Gianpiero Sebri bestätigt. Der frühere Assistent des Mailänder Unternehmers Luciano Spada, der zusammen mit Guido Garelli den Vertrag für das erste »Projekt Uran« in Lugano unterschrieben hatte, war nach einer Reihe von tödlichen »Unfällen« und offenen Morden aus dem Giftmüllgeschäft ausgestiegen. Den Ermittlern in Rom beschrieb er unter anderem, wie er im Hafen von Hamburg die Beladung eines Frachters mit gefährlichen Abfällen kontrolliert hatte. Besonders alarmierend für die Fahnder: Mit ihm nach Deutschland, so sagte Sebri, sei Giovan Battista Licata gekommen – der nach Kroatien geflohene Mafioso, der zusammen mit dem ehemaligen KGB-Offizier Kuzin Nuklearmaterial aus der ehemaligen Sowjetunion verkaufte.[237] Welche Rolle genau Licata bei diesem »Ausflug« an die Elbe spielte, ist unklar geblieben. Doch war seine Anwesenheit in Hamburg sicherlich auch ein Indiz dafür, daß die Geschäftsinteressen des organisierten Verbrechens sich nicht auf waffenfähiges Nuklearmaterial beschränkten. Die Mafia hatte den internationalen Atom- und Giftmüllhandel als lukrativen Geschäftszweig längst erkannt.

»Grüne Fässer, deren Herkunft und Inhalt nicht bekannt sind«, meldete der äthiopische Agent aus »Sanbusa an der Straße nach Merka, wo die italienischen Soldaten eines ihrer Lager eingerichtet haben«. Container, die im Hafen von Merka angelandet wurden, »befinden sich unter militärischer Bewachung von Aideed auf dem Gelände der Firma S.«. Und schließlich fand er noch ein weiteres Giftmüllgrab »mit Fässern voller Nuklearschlamm in der Nähe von Villa Beru«.[238]

Über das Thema Giftmüll und Waffen hatte Sultan Abdullahy Mussa am 18. März 1994 auch mit der italienischen Fernsehreporterin Ilaria Alpi und ihrem Kameramann Miran Hrovatin in Bosaso gesprochen.[239] Was die beiden Journalisten nicht wissen konnten, war eine der Anmerkungen in dem äthiopischen Agentenbericht, in dem ausdrücklich von Bosaso in Verbindung mit den heimlichen Operationen zwischen Italien und Somalia die Rede war. »Unter keinen Umständen sind italienische Journalisten in Bosaso erwünscht. Sollte einer von ihnen dieses Verbot verletzen, wird er schwer bestraft.«[240] Das Interview mit dem Sultan und die Dreharbeiten rund um den kleinen Hafen von Bosaso sollte der letzte Einsatz von Ilaria Alpi und Miran Hrovatin werden. Am 20. März 1994 und nur Stunden bevor sie ihren telefonisch als »explosiv« angekündigten Beitrag an den staatlichen italienischen Sender RAI überspielen konnten, wurden Ilaria Alpi und Miran Hrovatin in Mogadishu auf offener Straße von einem Killerkommando erschossen. »Eine regelrechte Hinrichtung«, nannte es der italienische Unternehmer Gianfranco Marocchino, der direkter Augenzeuge des Doppelmords gewesen war.[241]

Wie Guido Garelli ist auch der Signor Marocchino eine von diesen Figuren, denen man sonst nur in Romanen aus der Kolonialzeit begegnet. Nachdem er jahrelang von und mit dem Regime von Siad Barre gelebt hatte, schaffte er es mit dem Ausbruch des Bürgerkriegs, regelmäßig an der Seite der jeweils stärksten Fraktion der Warlords zu sein, ohne sich dabei die momentan Schwächeren zu Feinden zu machen. Giancarlo Marocchino wachte über einen Fuhrpark von Lastwagen und Baumaschinen, von denen niemand genau wußte, wie er zu ihnen gekommen war. Er kontrollierte Lagerhallen und einen Teil des Hafens von Mogadishu. Und als zu Beginn der neunziger Jahre zuerst die italienischen Soldaten und wenig später eine UN-Streitmacht kamen, um die humanitäre Katastrophe einer der schwersten Dürren seit Jahrzehnten zu bekämpfen und nebenbei auch eine politische Lösung für den Bürgerkrieg zu erleichtern, war Marocchino zur Stelle, um sich, natürlich immer gegen Geld, nützlich zu machen.

Die lukrativen Geschäfte des Giancarlo Marocchino kamen zu einem brüsken Ende, als er im Sommer 1993 plötzlich von einem Kommando der UN-Truppen verhaftet wurde. In dem von ihm kontrollierten Teil des Hafens und unter den Augen der italienischen Armee, so der Vorwurf gegen den Unternehmer, würden Waffen für General Aideed angelandet. Die Verteilung des Kriegsgeräts, hieß es, habe Marocchino mit seinem Fuhrpark übernommen.

Amerikanische Rangers, beklagte sich seinerseits der Unternehmer nach seiner Ankunft in Italien, hätten ihn in Mogadishu mit brutaler Gewalt an Bord eines Militärflugzeugs geschleppt. Die Beteiligung an jedem Tauschgeschäft Waffen gegen Industrie- und Nuklearmüll leugnete er vehement. Geschickt stellte er sich in den italienischen Medien als das unschuldige Opfer typisch amerikanischer Willkür dar. Kein Wort verlor er natürlich darüber, daß er inzwischen auch mit dem Müllkonsortium »Projekt Uran 2« Geschäfte machte.[242] Aber als später in Rom der Tod der beiden Journalisten Ilaria Alpi und Miran Hrovatin verhandelt wurde, erklärte Marocchinos Anwalt Stefano Menicacci in einer Zeugenaussage, die Verhaftung seines Mandanten habe mit Waffenhandel nichts zu tun gehabt. Statt dessen hätten sich die Amerikaner einen unbequemen Konkurrenten beim Transport nuklearer Abfälle vom Hals schaffen wollen. Die Amerikaner, sagte Menicacci, hätten eben keine Erfahrung mit den Sitten dieses Teils der Welt und sich beharrlich geweigert, das von den Somali geforderte Schutzgeld für ihre Atommülltransporte zu zahlen. Und deshalb seien die amerikanischen Konvois immer wieder angegriffen worden, während Giancarlo Marocchino den Wegezoll immer pünktlich entrichtet und deshalb nie Probleme mit den somalischen Kriegsparteien gehabt habe.[243]

Die römischen Richter ließen diese Erklärung ins Verhandlungsprotokoll aufnehmen. Keiner von ihnen hielt es für nötig, den Zeugen Menicacci darüber zu befragen, was Atommülltransporte in Somalia überhaupt zu suchen hatten.

Anwalt Menicacci, sagte Guido Garelli in der Besucherzelle der Haftanstalt von Ivrea und wühlte in seinem Pappkarton voller Akten, habe die Wahrheit gesprochen. Aus einem großen Schulheft – ausgerechnet mit Schneewittchen auf dem Umschlag – zog er die Fotokopie einer Landkarte von Somalia. »Hier, hier, hier und hier«, deutete er auf mehrere eingezeichnete Punkte, »haben wir toxische Abfälle gefunden. Und hier und hier und hier lagert der Atommüll.« Noch ein Griff in die Kiste, und der Söldner-Spion legte die Zeichnung eines flachen, bis auf den Eingang und einen kleinen Luftschacht unter die Erde gebauten Bunkers neben die Karte. »Die wurden von den Russen gebaut. Und dort sind die nuklearen Abfälle gelagert.«

Mehrfach ist seit dem Abzug der UN-Truppen von Unosom versucht worden, die gravierenden Behauptungen von Garelli und Menicacci vor Ort zu verifizieren. All diese Missionen scheiterten in erster Linie an dem unkalkulierbaren Risiko, sich ungeschützt zwischen den Fronten eines auch nach zehn Jahren noch nicht beigelegten Bürgerkriegs bewegen zu müssen. Einen indirekten Beweis lieferte im Jahr 1988 ein Reporterteam der italienischen Wochenzeitschrift *Famiglia Cristiana*. Der Pilot des eigens angemieteten Privatflugzeugs weigerte sich, mit den beiden Journalisten die im äthiopischen Bericht erwähnte Region von Obiana anzufliegen. »Ihr seid verrückt. Die würden uns abschießen. Da unten befindet sich ein 30 mal 30 Meter großer Zementblock, in dem gefährliches Zeug eingebunkert ist. Das einzige, was ich weiß, ist, daß da drin flaschengroße Zylinder gelagert werden.«[244]

Darüber hinaus bleiben fragmentarische und meist von freiwilligen Ärzten und humanitären Helfern verfaßte Berichte aus diesem von Bürgerkrieg und Dürren verwüsteten Land. Berichte über Bauern, die vom Pflügen ihrer staubtrockenen Felder mit unerklärlichem Hautausschlag und offenen Schwären nach Hause kommen. Von rätselhaftem Fischsterben nicht nur vor der Küste, sondern auch im Fluß Jubeli. Von großen zylinderförmigen Behältern mit der kaum noch lesbaren Aufschrift »Danger« (Gefahr), die von einem Sturm an den Strand gespült wurden. Und von einem unerklärlichen Anstieg seltener und in Somalia bis dahin nicht beobachteter Krebserkrankungen in der Region um die Hafenstadt Merka. Seit er eine Reihe anonymer Drohungen erhielt, will ein in Kenia lebender Arzt aus Europa, der einen dieser Berichte verfaßte, mit seinem Namen heute nicht mehr an die Öffentlichkeit. Und diejenigen, denen er die alarmierenden Ergebnisse seiner Felduntersuchungen geschickt hatte, leugnen, den Bericht jemals erhalten zu haben.

Es bleibt der Protest des früheren Exekutivdirektors des UN-Umweltprogramms UNEP, Moustafa Tolba, der im September 1992 die Schweizer wie auch die italienische Regierung in einem scharfen Brief aufgefordert hatte, den illegalen Fluß toxischer und radioaktiver Substanzen aus Europa nach Somalia zu stoppen. Der italienische Umweltminister Carlo Ripa de Meana hatte die Vorwürfe in ebenso scharfem Ton zurückgewiesen. Kein italienisches Unternehmen, behauptete der Minister, sei an solchen Geschäften beteiligt. Aus Bern kam immerhin der Bescheid, man werde der Angelegenheit nachgehen.

Am 12. Oktober 1991 fand in den Büros der »Fin Chart srl« in Rom eine Konferenz statt. Zur Erinnerung: Die »Fin Chart srl« hatte für den Mailänder Giftmüllhändler Renato Pent als Schiffsmakler unter anderem für die »Radhorst« fungiert, die vor der Küste Venezuelas abdrehen mußte und die ihre tödliche

Ladung dann im Libanon gelöscht hatte. Diesmal sollte eine »polifunktionale Plattform zur Behandlung, Wiederaufbereitung und Entsorgung von Haus- und Industrieabfällen auf dem Territorium der Republik Somalia« gebaut werden.[245] Für die somalische Seite war der Generaldirektor der Außenhandelsbehörde, Dr. Osman Aweys Nur, anwesend. Um das 230-Millionen-Dollar-Projekt bewarb sich die »Achair & Partners« im schweizerischen Chapelle. Den Mülltransport von Europa ans Horn von Afrika würde die »Fin Chart srl« organisieren.

Nach dem ersten Treffen in Rom ging es Schlag auf Schlag. Am 17. Oktober 1991 schon war bei den »Achair & Partners«-Besitzern Gilbert Hoffer und Pierre André Randin ein Vorvertrag eingegangen, der die Konstruktion einer Verbrennungsanlage und »die Entsorgung von Hausmüll sowie Krankenhaus- und Industrieabfällen« vorsah.[246] Immerhin hatten die Somalier, die für die Anlage eine Fläche von 320 Hektar bereitstellen wollten, den Schweizer Müllexporteuren die Verantwortung für eventuelle Umweltschäden in den Vertrag geschrieben.

Am 5. Dezember 1991 erteilte die somalische Gesundheitsbehörde ihre Genehmigung für die »polifunktionale Plattform«. Die Kapazität der geplanten Anlage wurde mit 10 Millionen Tonnen angegeben.

All diese Dokumente hatte Tolba in der Hand, als er in Rom und Bern protestierte.

Anders als die italienische Regierung reagierten die eidgenössischen Behörden mit ungewöhnlicher Eile auf die Vorwürfe aus Nairobi. Schon am 25. September 1992 wandte sich das Bundesamt für Umwelt, Wald und Landwirtschaft in Bern an Untersuchungsrichter Roland Chatelain in Lausanne. Nach einem einleitenden Paragraphen, in dem er die geltende Rechtslage vortrug, erklärte der Behördenleiter kurz und bündig, die Achair & Partners habe bei seiner Behörde nie um die vorgeschriebene Ausfuhrgenehmigung für Haus- und Industriemüll nachgesucht. »Weil damit nach unserer Meinung das Unternehmen Achair & Partners und seine Besitzer Gilbert Hoffer und Pierre-André Randin illegal handelten, bitten wir Sie, die entsprechenden rechtlichen Schritte einzuleiten.«[247]

Diese Intervention von Moustafa Tolba mochte dem Schweizer Unternehmen Achair & Partners das Geschäft verdorben haben. Andere aber machten weiter.

Die ersten Probebohrungen der Ocean Disposal Management (ODM) vor der somalischen Küste am Indischen Ozean begannen im Jahr 1994. Das auf den British Virgin Islands registrierte und von Lugano im Tessin aus operierende Unternehmen gehört dem gebürtigen Italiener Giorgio Comerio.[248] Und dessen Vorschlag zur Lösung der Endlagerung radioaktiver Abfälle war denkbar einfach. Er würde das strahlende Material in Beton gießen, den Betonblock dann in einen torpedoförmigen Behälter packen und diesen dann im freien Fall von der Wasseroberfläche auf den Meeresgrund schicken. Der mit einem datensendenden Transponder gekoppelte »Penetrator«, wie Comerio sein Gerät nannte, würde sich dann bis zu 40 Meter in den Boden bohren und für immer verschwunden sein.[249]

Die Idee war freilich nicht auf Comerios Mist gewachsen. Und narrensicher, wie er behauptete, war sie erst recht nicht. 1978 hatte eine »Sub-seabed working group« begonnen, im Auftrag der OECD über diese Möglichkeit einer Endlagerung nuklearer Abfälle nachzudenken. Giorgio Comerio hatte an dem Projekt teilgenommen. Neun Jahre später war der Plan auch wegen des wachsenden öffentlichen Widerstands, vor allem aber wegen erheblicher Bedenken der Experten von EURATOM in Ispra am Lago Maggiore fallengelassen worden.[250]

Nur Comerio kannte solche Bedenken wohl nicht. Mit dem Argument, daß sein Projekt »moralisch und wissenschaftlich unangreifbar«[251] sei, bot von nun an seine ODM die fragwürdige Unterwasserentsorgung an. Und wieder waren es

Entwicklungsländer wie Somalia oder Sierra Leone, die nichts dagegen hatten, radioaktives Material vor ihren Küsten zu lagern, solange die »Miete« des Meeresgrunds nur gut genug bezahlt wurde. Daß Comerio, wie einer seiner Mitarbeiter später aussagte, nebenbei auch noch eine Schiffsladung ferngesteuerter Unterwasserminen an den Iran verkaufte, fand der Atommüll- und Waffenhändler nicht weiter erwähnenswert.[252] Er hatte größere Mühe, sich von dem Verdacht reinzuwaschen, in der zweiten Hälfte der achtziger Jahre eine Reihe von Seelenverkäufern mit Nuklearmaterial beladen und Schiffe und Müll dann auf den Grund des Mittelmeers geschickt zu haben.

Insgesamt 39 Schiffe waren es, die zwischen 1980 und 1995 auf mysteriöse Weise im Mittelmeer verschwanden. Immer war zufällig ein anderes Schiff zur Stelle, um die Besatzung zu »retten«. Meistens hatte die Besatzung zwar alle Zeit, sich mit ordentlich gepackten Koffern in die Beiboote zu begeben. Nur die wenigen Sekunden für ein letztes SOS fehlten. Und die Logbücher gingen dabei leider immer verloren.[253]

Anfang 1992 lief vor dem süditalienischen Hafen von Vibo Valenzia die »Jolly Rosso« auf Grund. Das Schiff also, das den im Auftrag von Renato Pent in den Libanon verschifften Giftmüll – teilweise – wieder abgeholt hatte. Und zugleich eines der Schiffe des Reeders Ignazio Messina, der von dem Agenten Äthiopiens mit für die Waffen- und Mülltransporte nach Somalia verantwortlich gemacht wurde. An Bord der gestrandeten »Jolly Rosso« fand die Hafenpolizei von Vibo Valenzia eine reiche Dokumentation über die Aktivitäten des Giorgio Comerio. Eine der sichergestellten Seekarten sah aus, als sei mit ihr eine Partie des Kinderspiels »Schiffe versenken« gespielt worden. War es ein Zufall, daß die gefundenen Papiere der ODM eine Reihe von »nationalen italienischen Gewässern« auflisteten und daß ausgerechnet in einer dieser Zonen, wie zusätzlich auch auf der Seekarte eingezeichnet, 1989 die »Anni« und zwei Jahre später die »Euroriver« untergegangen waren?[254]

Der nukleare Entsorger Comerio und der Giftmüllhändler Pent entdeckten schnell, daß sie gemeinsame Interessen hatten. Und so wurde beschlossen, daß Pent die Fahrzeuge beschaffen sollte, mit denen das zu beseitigende Nuklearmaterial zu den wartenden Schiffen gebracht werden würde. Zu diesem Zweck fuhren die beiden zusammen auch nach Wien, wo sie mit Comerios langjährigem Partner, dem Großspediteur Manfred Convalexiuss zusammentrafen. Renato Pent war von den Verbindungen seines neuen Geschäftsfreundes noch Jahre später tief beeindruckt:»In Wien wurden wir im Umweltministerium vom Minister persönlich und vier anderen Ministern empfangen.«[255]

Komm. Rat Manfred Convalexius war nicht nur langjähriger Präsident der Wiener Wirtschaftskammer und Spediteur, sondern auch ein guter Freund vieler Politiker der großen sozialistisch-christdemokratischen Koalition. Und er hatte am 25. Mai 1988 einen Vertrag mit dem amerikanischen Exporteur für Sondermüll- und Atomabfall »Multidyne International Inc.« in Florida unterzeichnet, der ihn für fünf Jahre zum exklusiven Atommüll-Vertreter der Multidyne in Zentral-, Süd- und Lateinamerika machte. Darüber hinaus sollte Convalexius im Auftrag der Multidyne »alle Arten von Abfall aus Nordamerika und Süostasien in die Länder des Ostblocks exportieren«. Am gleichen Tag einigten sich die Multidyne und die Regierung Österreichs auch darauf, daß Convalexius für die Alpenrepublik 4680 Fässer mit schwach radioaktiven Abfällen zur Entsorgung nach Panama verschiffen würde.[256] Es brauchte dann die geharnischten Proteste der Umweltschützer, damit der österreichische Umweltschutzminister einen eiligen Rückzieher machte.[257]

Daß Comerio und Convalexius das Atomversenkungsgeschäft dennoch weiter betrieben hatten, belegt ein ebenfalls von Greenpeace entdecktes Telex vom 25. April 1990. »Wie mit meinem Vater telefonisch besprochen«, schrieb Manfred Convalexius junior dem Italiener, »bestätigen mein Vater und seine Partner, daß sie in der Lage sein werden, die politischen Führer aus Ostdeutschland, Tschechoslowakien und Ungarn zur Versenkung des Atommülls vor den Azoren einzuladen.«[258]

Es stehe fest, befand die zuständige italienische Parlamentskommission 1996, »daß die ODM vor der Küste Somalias zumindest Probebohrungen durchgeführt hat«.[259] Beweise dafür, daß Comerio und sein Unternehmen tatsächlich ihre »Penetratoren« vor der Küste des ostafrikanischen Staates versenkten, konnten nicht gefunden werden. Aber die Summe der beunruhigenden Informationen aus Somalia war inzwischen so groß, daß die UNEP fünf Jahre nach dem Protest ihres Direktors Moustafa Tolba nicht mehr anders konnte, als ein eigenes Expertenteam nach Somalia zu schicken, um die nicht verstummenden Gerüchte über die Umweltkatastrophe am Horn von Afrika zu recherchieren.

Und all das, was die Ärzte und humanitären Organisationen seit langem behauptet hatten, wurde von den Wissenschaftlern des UN-Umweltprogramms bestätigt.[260] Am Strand zwischen den Dörfern Ige und Mareeg fotografierten sie einen großen angespülten Container. Sie interviewten die Familie des Fischers, der einen der herumliegenden kleineren Behälter geöffnet hatte und innerhalb weniger Tage gestorben war. Das UNEP-Team bestätigte den Anstieg von Krebserkrankungen und meldete weitverbreitete Allergien.[261]

Jedoch brachte UNEP die Ergebnisse dieses Reports nie aggressiv in die Öffentlichkeit. Denn UNEP hängt von den Finanzmitteln ab, die die Mitgliedsstaaten im Zweijahresrhythmus bereitstellen. Und für alle Unterorganisationen der Vereinten Nationen, UNEP ist da keine Ausnahme, ist es schon immer riskant gewesen, sich offen gegen die Industrieländer, die ihre wichtigsten Geldgeber sind, zu positionieren.

Die nicht abreißen wollende Kette internationaler Skandale sorgte schließlich dafür, daß der »humanitäre« Giftmüllexport in die dritte Welt im März 1994 auf die Tagesordnung der Basler Konvention gesetzt wurde, wo ein Jahr später, trotz des massiven Störfeuers der meisten Industrieländer, zum ersten Mal ein rigider Regelkatalog beschlossen wurde.[262] Seit 1998 ist der Mißbrauch Osteuropas und der dritten Welt als Müllkippe der reichen Industriestaaten endgültig verboten. »Trotz aller Tricks und Winkelzüge einiger Regierungen hat die Staatengemeinschaft den Giftmüll-Kolonialismus beendet«, erklärte für Greenpeace der deutsche Giftmüllexperte Andreas Bernstorff enthusiastisch.[263]

Gern würde man solche Begeisterung teilen. Doch selbst wenn der Greenpeace-Aktivist recht hätte – angesichts dessen, was in Ländern wie dem Sudan, dem Jemen, im Libanon und in Somalia geschah, bleibt ein bohrender Zweifel: Wer schützt die Welt vor den schweren Gift- und Atommüllsünden der Industriestaaten in einer Zeit, in der islamistische Terrorgruppen wie Osama bin Ladens Netzwerk al-Qaida auf der Suche nach Massenvernichtungswaffen sind und genau in den Ländern, die vom fundamentalistischen Virus angesteckt sind, die gefährlichsten Abfälle unkontrolliert deponiert wurden?

IV
Die Finanzierung des Djihad

13 Gelder für den Gotteskrieg

Der Krieg hat zu viele dunkle Seiten und nicht gestehbare Geheimnisse, als daß er aus transparenten und legalen Quellen allein finanziert werden könnte. Selbst für legitime Regierungen, die über ordentliche Budgets verfügen, gehören schwarze Kassen und in friedlichen Zeiten inakzeptable Geschäfte zur Routine jedes Konflikts. Doch ein Terrorist, der dem Rest der Welt den Krieg erklärt, hat außer illegalen Geschäften und regelrechten Verbrechen kaum eine Möglichkeit, seinen »Feldzug« zu finanzieren.

Osama bin Laden, der die Regeln des Wirtschaftens in den im väterlichen Unternehmen verbrachten Jahren von der Pike auf lernte, hat für seinen Djihad das System der ebenso skrupellosen wie unmoralischen Finanzierung zur Perfektion gebracht. Ob Rauschgift, Blutdiamanten oder auch »nur« die schlichte Erpressung von Schutzgeldern – kein Partner ist ihm zu widerlich, kein Geschäft zu blutig und kein Deal zu mörderisch, als daß der Mann, der für seinen Gott zu kämpfen vorgibt, nicht einschlüge.

Huren, Gift und Diamanten

Der Mailänder Industrievorort Cinisello Balsamo ist noch grauer als viele andere Vorstädte aus der italienischen Nachkriegszeit. Die Glanzperiode der Schwerindustrie ist längst vorbei. Die Arbeitslosigkeit ist hoch. Rechts und links sind die Straßen von verlassenen Fabrikhallen mit schmutztrüben Fenstern und toten Schornsteinen gesäumt.

In diesem Umfeld der Trostlosigkeit grenzte das Bild, das sich dem Einsatzkommando der Polizei in der Nacht zum 5. August des Jahres 2000 im dritten Stock des anonymen Hotels Europa bot, geradezu ans Absurde. Hinter der von den Beamten formlos eingetretenen Tür des Zimmers 341 saß ein untersetzter und nackter Mann auf einem überbreiten Bett, zwischen vier ebenfalls nackten Prostituierten und einem Tütchen mit 58 Gramm Kokain. Seine linke Hand liebkoste die Frauen, und die rechte einen Haufen ungeschliffener Diamanten.

Für die weibliche Begleitung – dies verzeichnete das Polizeiprotokoll später – hatte der in der Ukraine geborene Israeli Leonid Minin etwas mehr als 500 Euro ausgegeben. Die Diamanten hatten einen Wert von einer dreiviertel Million Euro.[264]

Die Polizei schien mal wieder einen der üblichen Geschäftsmänner verhaftet zu haben, die es auf die Plünderung der ehemaligen Sowjetunion abgesehen hatten. Minin hatte in Monte Carlo ein Unternehmen namens »Limad AG«, mit Filialen unter anderem in der Schweiz, China und in Rußland, registrieren lassen. Offiziell handelte die Limad AG mit Lebensmitteln, Chemikalien, Holz und Öl. Doch dann wurden die Papiere aus Minins schmaler grüner Aktentasche übersetzt. Und auf einmal wußte Staatsanwalt Walter Mapelli in Monza, daß er rein zufällig den Schlüssel zu einem weitverzweigten internationalen Waffenschmugglerring gefunden hatte.[265] Leonid Minin hatte nicht nur den kriminellen liberianischen Putschpräsidenten Charles Taylor und die grausame »Vereinigte Revolutionäre Front« (RUF) im benachbarten Sierra Leone aufgerüstet und sich dafür mit Blutdiamanten bezahlen lassen.[266] Er hatte darüber hinaus auch mit dem sowjetischen Afghanistanveteranen und Fluglinienbesitzer Viktor Bout zusammen-gearbeitet, der von den Vereinten Nationen verschiedener Verbrechen, wie Diamantenschmuggel und Waffenhandel, beschuldigt wurde.[267] Minin und Bout unterhielten beide Kontakte zu dem bulgarischen Staatsbetrieb namens Kintex (vgl. Kap. 10), der unter der Kontrolle des Geheimdienstes von Sofia schon seit den sechziger Jahren extremistische Gruppen in den nahöstlichen Krisengebieten mit Waffen versorgt und Westeuropa mit Rohopium und Heroin aus den von Pakistan bis in die Türkei reichenden Anbaugebieten des Goldenen Halbmonds überschwemmt hatte.[268]

Und am Handel mit afghanischem Heroin und blutverschmierten Diamanten aus dem Bürgerkrieg in Sierra Leone schließlich bereicherten sich nicht nur Leonid Minin und Viktor Bout, sondern wiederum auch Osama bin Laden.

Schritt für Schritt haben das FBI und europäische Geheimdienste die afrikanische Diamantenoperation des saudischen Terroristen rekonstruieren können.

Mittler zwischen den Warlords der »Vereinigten Revolutionären Front« (RUF) und einer von Belgien aus operierenden libanesischen Händlergruppe ist der senegalesische Muslim Ibrahim Bah, der das Kriegshandwerk in den achtziger Jahren in einem der Lager bin Ladens in Afghanistan lernte und seine ›Kunst‹ später bei der schiitischen Hisbollah im Libanon perfektionierte. Nach Angaben eines verdeckt in der Diamantenszene von Antwerpen arbeitenden Ermittlers verlangt die RUF für ihre vom offiziellen Weltmarkt verbannten Steine nicht mehr als 10 Prozent des Marktpreises.[269]

Bah, der gut geschützt in Ouagadougou, der Hauptstadt von Burkina Faso, lebt, sucht die Händler aus, an die die Diamanten der RUF in der liberianischen Hauptstadt Monrovia verkauft werden. 1998 empfing Ibrahim Bah hier den weit oben auf der FBI-Liste der gesuchten islamistischen Terroristen stehenden Abdullah Ahmed Abdullah. An der Grenze zwischen Liberia und Sierra Leone trafen die beiden wenige Tage später mit RUF-Kommandant Sam »Mosquito« Bockerie zu einem »Arbeitsessen« zusammen.

Nur wenige Wochen später brachte Bah seinen Freund »Mosquito« mit Ahmed Khalfan Ghailani und Fazul Abdullah Mohammed zusammen. Der erste war unter den Käufern des Fahrzeugs, das die tansanische Al-Qaida-Zelle im Sommer 1998 zur Autobombe gegen die US-Botschaft in Daressalam umbaute. Der zweite leitet die Al-Qaida-Gruppe in Kenia und hat, wie Ibrahim Bah, das Rüstzeug zum Gotteskrieger in einem afghanischen Terrorlager erhalten.[270]

»Jedesmal, wenn al-Qaida kurz vor einem neuen Anschlag steht«, sagt der belgische Undercoveragent, »steigt die Menge der illegal verkauften Diamanten rapide an.« So geschah es auch in den Wochen vor dem 11. September 2001. »Diamanten lösen an Flughäfen keinen Alarm aus, sie sind für Hunde nicht zu entdecken, können leicht versteckt werden und sind jederzeit zu Bargeld zu machen«, sagte ein amerikanischer Fahnder der *Washington Post*. »Vom Standpunkt eines Terroristen aus ist die Investition in Diamanten das einzig Vernünftige.«[271] Es ist nicht auszuschließen, daß Osama bin Laden von Viktor Bout auf die Vorteile des Diamantengeschäfts aufmerksam gemacht wurde. Dieser hatte ihm mit seiner in dem Emirat Sharjah registrierten Fluggesellschaft in den Jahren zuvor den Waffennachschub aus den Ländern der ehemaligen Sowjetunion organisiert.

Der Weißrusse tadschikischer Herkunft Viktor Bout hatte die Grundregeln der freien Marktwirtschaft nach seiner Entlassung aus der Roten Armee schnell gelernt. Als die Staaten des Ostblocks nach dem Zusammenbruch des Kommunismus mit dem globalen Markt konfrontiert wurden, hatten sie nichts, was wirklich exportfähig gewesen wäre, sagt der ehemalige

Osteuropa-Experte der CIA, David Adler. »Nur über Waffen-verkäufe konnten sie an harte Devisen kommen.«[272] Vor allem in Afrika, wo nach dem Ende des kalten Kriegs die heißen Konflikte an allen Ecken des Kontinents ausbrachen, wurden Waffen gebraucht. Die Kontakte zur bulgarischen Kintex erwiesen sich da als sehr hilfreich.

Der vom Geheimdienst kontrollierte Staatsbetrieb belieferte zum Beispiel Burundi mit dem nötigen Kriegsgerät. Den Transport übernahm Viktor Bout, der aus der sowjetischen Konkursmasse wie ein Phönix aus der Asche als Besitzer mehrerer militärischer Transportflugzeuge aufgetaucht war. Bezahlen ließ er sich seine Dienste von Anfang an mit Diamanten. Das belgische Ostende, wo er die Zentrale für seine klapprige Luftflotte »Trans Aviation Network Group« (TAN) eingerichtet hatte, war dafür der richtige Ort. Das nahe gelegene Antwerpen gilt als die unbestrittene Welthauptstadt des legalen wie des schwarzen Diamantenhandels.

Nachdem er begonnen hatte, zusammen mit Leonid Minin auch noch den liberianischen Schlächter Charles Taylor, die angolanischen UNITA-Rebellen und eine Reihe afrikanischer Regime mit Waffen aus der ehemaligen Sowjetunion zu beliefern, beschloß Bout, seine Geschäfte professioneller und abgeschiedener zu organisieren und sie vor neugierigen Blicken besser zu schützen. Den dafür geeigneten Ort fand der »größte Todeshändler Afrikas«[273] in Sharjah in den Vereinigten Arabischen Emiraten. Zugang zu dem konservativen islamischen Staat bekam Bout über seinen Geschäftsfreund Scheich Abdullah bin Zayed bin Saqr al Nayhan, den er schon aus den belgischen Anfangsjahren kannte und der ihn Mitte der neunziger Jahre auch als erster mit den afghanischen Taliban in Kontakt brachte.[274]

Als einziges der Emirate besitzt Sharjah kein Öl. Und so setzte der streng konservativ-islamische Herrscher über 450 000 meist ebenso konservative Einwohner auf eine sich nach dem Ende des kalten Kriegs bietende Nische. Unweit der international operierenden Finanzzentren von Dubai und Abu Dhabi bot Sharjah sich zwielichtigen Handelsleuten und Steuerbetrügern als diskrete Operationsbasis an.[275] Eine Offerte, die Männer wie Viktor Bout kaum ablehnen konnten.

Gleichzeitig zog der konservative Islam der Emirate eine wachsende Zahl radikal islamistischer Männer an, die in den eigenen Staaten mit zunehmender Repression verfolgt wurden. Aus Ägypten, Jordanien und dem Jemen kamen Mitglieder der radikalen Muslim-Brüderschaft. Fundamentalistische Prediger aus Saudi-Arabien und Kuwait fanden den Weg nach Sharjah. Daß die von dem Wüstenstaat am Golf aus operierenden Wirtschaftspiraten und die Anhänger von Osama bin Laden, die Mudjaheddin und die afghanischen Taliban früher oder später ihre gegenseitige Nützlichkeit entdecken würden, war somit vorprogrammiert.

Ein Jahr nach den Bombenanschlägen auf die amerikanischen Botschaften in Kenia und Tansania versuchte US-Präsident Bill Clinton 1999, den stetig wachsenden Geldstrom aus den Emiraten in die Kriegskasse von Osama bin Laden zumindest einzudämmen. Die Finanzaufseher der Emirate winkten ab. Es sei schwer, zwischen der Finanzierung von zu verurteilenden Bombenanschlägen und den in ihren Augen akzeptablen Trainingslagern für Djihad-Kämpfer etwa in Bosnien oder in Tschetschenien zu unterscheiden.[276] Und selbst nach den Attentaten vom 11. September 2001, als die amerikanischen Finanzfahnder Überweisungen aus den Emiraten an al-Qaidas Kamikazepiloten in Amerika nachweisen konnten, hielt sich die Bereitschaft der Scheichs in Grenzen, den Zorn ihrer fundamentalistischen Klientel zu provozieren. Al-Qaida habe das System längst viel zu weit unterwandert, sagte ein amerikanischer Sicherheitspolitiker der *Los Angeles Times*, »als daß [die Emirate] den islamistischen Terrorgruppen den Geldhahn radikal zudrehen könnten«.[277]

Zusammen mit seinem Bruder Sergei und seinem Partner Peter Ivanik hatte Viktor Bout das Hauptquartier seiner Luftflotte von Belgien nach Sharjah verlegt. Aus der »Trans Aviation Network Group« wurde die »Chess Air Group« mit Zweigstellen zwischen Miami und Tadschikistan. Sein Freund Scheich Abdullah bin Zayed bin Saqr al Nayhan gründete das Flugunternehmen »Flying Dolphins«. Immer wieder waren die Maschinen von Bout und seinem arabischen Partner in der Luft, um in Osteuropa Waffen zu laden und sie dann über Pakistan nach Kandahar an die Taliban und al-Qaida zu liefern. Einer der Flughäfen, von denen das Kriegsgerät für Osama bin Laden immer wieder auf den Weg gebracht wurde, war der der albanischen Hauptstadt Tirana.

Für jeden der Flüge, die das Embargo brachen, kassierten die Piloten 10 000 Dollar. Wurde in der Nähe ihres Zielflughafens geschossen, gab es obendrauf noch eine Risikoprämie von 1000 Dollar. Der Waffenhändler konnte sich solche Großzügigkeit leisten. Der belgische Geheimdienst schätzt, daß Bout mit seinen illegalen Afghanistan-Geschäften allein zwischen 1995 und 1997 etwa 50 Millionen Dollar Profit einflog.[278]

Es gibt allerdings Hinweise darauf, daß Osama bin Laden schon damals über die konventionelle Aufrüstung hinaus an die Entwicklung und den Einsatz von Massenvernichtungswaffen dachte. Denn einige Male, hat der ständige Vertreter Afghanistans bei den Vereinten Nationen, Dr. Ravan Farhadi, ausgesagt, flog Chess Air keine Waffen, sondern in Deutschland, der Tschechischen Republik und der Ukraine für al-Qaida eingekaufte Chemikalien nach Afghanistan. »Die Taliban hatten mit diesen Lieferungen nichts zu tun. Die Chemikalien waren für bin Laden und seine Leute bestimmt, die sie für einige ihrer Experimente nutzten.«[279]

Der Ägypter Ibrahim al-Najjar, der im Sommer 1998 in Albanien verhaftet wurde, bevor er das Startzeichen für den lange vorgeplanten Anschlag auf die amerikanische Botschaft in Tirana geben konnte, hatte im Verhör mit dem ägyptischen Militärstaatsanwalt ausgesagt, er wisse von »Shopping Trips« für Chemieprodukte von Al-Qaida-Mitgliedern durch Tschechien und andere Staaten Europas.

Es ist an dieser Stelle wichtig, sich an die Experimente mit chemischen Waffen und ihren geplanten Einsatz zu erinnern, mit deren Beschreibung der al-Qaida-Attentäter Ahmed Ressam, der an der kanadisch-amerikanischen Grenze verhaftet wurde, im Frühsommer 2001 während des Prozesses gegen Osama bin Laden die Aussagen von Ibrahim al-Najjar und von Dr. Ravan Farhadi bestätigte:

– Frage: Und dann hat [der Ausbilder] dem Zyanid Schwefelsäure beigemischt?
– Antwort: Ja.
– Und der Hund kam bei diesem Experiment um?
– Korrekt.
– Waren diese Experimente eine Vorbereitung für mögliche Angriffe auf Menschen?
– Richtig. Wir wollten die Auswirkungen von dem Gas ausprobieren.[280]

Den Drachen jagen

Die Schlafmohnfelder der islamischen Welt beginnen in Pakistan, setzen sich über Afghanistan in den Iran fort, berühren Syrien und den Libanon und enden schließlich in der Türkei. Als Nebenprodukt des Kampfes gegen die sowjetischen Besatzer war die afghanische Opiumproduktion schon in den achtziger Jahren sprunghaft gestiegen. Nach dem Krieg war der

Handel mit Rauschgift eine der wenigen verbliebenen Einnahmequellen der Bauern am Hindukusch. Für Osama bin Laden und die Männer von al-Qaida ist die schmutzigbraune Opiumpaste Einkommensquelle und Waffe zugleich. Es muß dem gottesfürchtigen Saudi eine geradezu perverse Genugtuung sein, daß die gleichen Drogenabhängigen in den westlichen Demokratien, die über ihren Heroinkonsum seinen Djihad finanzieren, dann auch seine ersten Opfer werden.

Im Prinzip nichts Neues – nur diesmal mit umgekehrten Vorzeichen. In der ersten Hälfte des 19. Jahrhunderts setzten die britischen Kolonialherren das in ihren nordindischen Besitzungen gewonnene Opium zum ersten Mal als politisches Instrument ein. Die hemmungslose britische Sucht nach Tee und Seide aus China hatte die Staatskassen in London so gut wie geleert. Alle Versuche der Briten, den chinesischen Markt für ihre Waren zu öffnen, schlugen fehl. Es gab, wie der chinesische Kaiser und seine Mandarine die englischen Unterhändler arrogant wissen ließen, nichts aus dem fernen barbarischen Land, an dem das hochzivilisierte Reich der Mitte Interesse hätte. Daraufhin löste London das Problem mit den Kanonen seiner Flotte. Ein Expeditionskorps der britischen Marine stieß bis kurz vor Peking vor und zwang den »Sohn des Himmels« genannten Kaiser, von nun an Opium aus den britischen Besitzungen in Nordindien als Zahlungsmittel für Tee und Seide zu akzeptieren.

In wenigen Jahren explodierte im Reich der Mitte die Zahl der Süchtigen. »Chasing the dragon« – den Drachen jagen – nannten die Briten den Dämmerzustand von Millionen von Menschen, die ihre Tage in billigen Opiumhöhlen verbrachten. Ein für die Kolonialherren angenehmer Nebeneffekt der Massensucht: Wer den Drachen jagte, war für den Widerstand gegen die fremden Herren verloren. Und außerdem, meldeten die britischen Gouverneure stolz aus Hongkong nach London, habe sich die ehemals so negative Handelsbilanz äußerst positiv entwickelt.

Wenige Jahrzehnte später entdeckten auch die Franzosen die Droge in Indochina nicht nur als willkommene Finanzquelle für die Administration ihrer überseeischen Besitzung in Südostasien.[281] Opium galt auch ihnen schnell als probates Mittel zur Betäubung der fernen »Untertanen«.

Auch im langen chinesischen Machtkampf zwischen dem Kommunisten Mao Tse-tung und den Gründern der nationalistischen Republik um Dr. Sun Yat-sen spielte Opium eine wichtige Rolle. 1928 gab Mao den Befehl, Schlafmohn großflächig anzubauen, um die »Weiße Territorien« genannten Einflußgebiete der Nationalisten mit Opium zu überschwemmen. »Chemische Waffen aus eigenem Anbau« nannte der »Große Steuermann« sein neues Arsenal.[282] Er war nicht der einzige, der so dachte. Auch wenn es die Nationalisten nie zugegeben haben – es steht fest, daß sie diese Attacke mit gleicher Münze heimzahlten.

Jede Kultur hat ihre eigenen Drogen, mit denen sie mehr oder weniger verantwortungsbewußt umzugehen gelernt hat. Opium war seit Jahrtausenden in Asien zu Hause. Seine Bedeutung als Heilmittel war für lange Zeit wichtiger als die Rolle als Rauschmittel. Das änderte sich jedoch, als europäische Forscher sich der Droge annahmen.

Anders als der britische Forscher C. R. Wright, der 1874 zum ersten Mal Morphinbase zusammen mit Acetanhydrid gekocht hatte und nach einer Reihe von Tests vor der Gefahr des so gewonnenen Diacetylmorphin gewarnt hatte, beschloß das damals noch zur Farbenfabrik Elberfeld & Co. gehörende Pharmaunternehmen Bayer um die Jahrhundertwende, das Syntheseprodukt als Wundermedizin auf den Markt zu bringen.[283] Unter dem Phantasienamen »Heroin« wurde das Mittel neben Aspirin und einem Säurelöser Lycetol weltweit auf ganzseitigen Anzeigen als Hustenstillmittel gepriesen.[284] Ein Vierteljahrhundert nach der Einführung dieses angeblich nicht süchtig machenden Mittels wurde die Zahl der Heroinabhängigen allein in den USA auf über 200 000 geschätzt.[285] 1924 verbot der Kongreß in Washington die Einfuhr und Herstellung von Heroin. Auch im Rest der Welt verschwand das Wundermittel aus den Regalen der Apotheken. Doch der Geist war aus der Flasche. Das organisierte Verbrechen übernahm das lukrative, weil auf einmal illegale Geschäft.

Wenige Tage, bevor Mao Tse-tung sich am 1. Oktober 1949 in Peking zum Sieger des chinesischen Bürgerkriegs erklärte, war Generalissimo Chiang Kai Chek mit den Resten seiner Kuomintang nach Formosa geflohen. Im Südosten des Reichs der Mitte hatten sich seine Soldaten über die Grenze in das bergige Dreieck zwischen China, Burma und Thailand zurückgezogen. Als Streitmacht mochte die sogenannte »Lone Army« ein kläglicher Haufen sein, dem auch die kräftige materielle Hilfe der CIA nicht auf die kämpferischen Beine half. An krimineller Energie und Geschäftssinn aber stand sie keinem nach. Chiang Kai Cheks Männer übernahmen die Opiumproduktion im »Goldenen Dreieck«. Sie produzierten billiges Heroin Nr. 3, das von den Maschinen der zur CIA gehörenden Fluggesellschaft Civil Air Transport (CAT), die ständig neue Waffen und Munition in den Dschungel flogen, auf dem Rückweg mit nach Hongkong genommen wurde. Mit dem Profit finanzierte Chiang Kai Chek den Aufbau seines neuen Staates Taiwan.

Daß der Generalissimo in Taipeh eine repressive Diktatur installiert hatte, wurde von seinen Gönnern geflissentlich übersehen. Der kalte Krieg war ausgebrochen. Es galt, dem aggressiven Vormarsch des Kommunismus Widerstand zu leisten. Für dieses Ziel war jedes Mittel legitim. Auch die Absurdität, den Polizeistaat eines mit Drogen handelnden Diktators als »Freies China« zu titulieren.

Ähnlich dann die Allianzen in Indochina. In Laos machte der die antikommunistische Hmong-Guerilla befehlende General Van Pao seine Unterstützung für die USA von der Bereitschaft der CIA abhängig, seine Drogentransporte zu übernehmen. So profitabel geriet das Rauschgiftgeschäft, daß ein Mitarbeiter der CIA und ein an den Geheimdienst ausgeliehener Soldat einer Eliteeinheit Ende der sechziger Jahre sogar eine eigene Bank gründen mußten. »Irgendwann ging es einfach nicht mehr anders: das Bargeld lag bei denen in Säcken rum.«[286] Die in Australien registrierte und nach ihren Gründern John Nugan und Michael Hand benannte Bank hatte nur eine einzige Filiale in Chiang Mai, der damaligen Drogenkapitale im Norden Thailands. In den folgenden Jahrzehnten profilierte sich das Rauschgift zur klandestinen Lieblingswährung von Befreiungskriegern, Guerillaarmeen und immer wieder eben auch der Geheimdienste.

Dies also waren die Erfahrungen mit asiatischen Kriegen und Opium, als Washington beschloß, mit Hilfe der Mudjaheddin in Afghanistan gegen die Sowjetunion anzutreten. Modernere Waffensysteme wie die berühmt gewordenen Stinger-Luftabwehrraketen lieferten die USA direkt. Den Rest, entschieden die Experten im Pentagon, sollten sich die in der Waffenschmiedekunst besonders talentierten Afghanen selbst bauen. Mit amerikanischem Geld wurde in der Nähe der pakistanischen Stadt Qetta eine Waffenfabrik hochgezogen. Die Kontrolle über das Werk übergab man dem pakistanischen Geheimdienst »Inter Service Intelligence« (ISI). Die Pakistani hatten eine Goldgrube entdeckt. Obwohl die CIA in diesen Jahren für alles zahlte, verkaufte der ISI die in Qetta produzierten Waffen gegen Bargeld. Und wenn die Mudjaheddin – wie meistens – knapp bei Kasse waren, akzeptierte Pakistans Geheimdienst großzügig auch Opium. Wenige Jahre später waren in der Nordwestprovinz Pakistans, die der Regierungskontrolle entzogen war, über 200 Heroinküchen in Betrieb.[287]

Der Profit aus diesen Drogengeschäften wurde außerhalb Pakistans angelegt. Besonders geeignet waren dafür die Dienste der Habib-Bank, deren Schweizer Filiale in diesen Jahren besonders gute Umsätze machte. Ansonsten gab es die aufstrebende »Bank of Credit and Commerce International« (BCCI), die der ehemalige pakistanische Habib-Angestellte Agha Hasan Abedi mit der erklärten Absicht gegründet hatte, die größte islamische Bank der Welt aufbauen zu wollen. Auf diesem Weg kamen Abedi und seinem saudischen Topmanager Khaled bin Mahfouz die Drogeneinlagen der Kriegsgewinner vom Hindukusch gerade recht.

Seit dem 11. September wird der pakistanische Geheimdienst ISI von der eigenen jüngsten Vergangenheit eingeholt. Früher wurde in der Regel nicht nur übersehen, daß der Geheimdienst an diesen Geschäften beteiligt war, sondern auch, daß er versuchte, Pakistan und die islamischen Nachbarländer seit bald zwei Jahrzehnten in eine fundamentalistisch-islamische Richtung zu drängen. Heute werden die Aktivitäten des ISI hingegen mit Sorge beobachtet. Es ist unklar, inwieweit er, aber auch Teile der Armee, die Anti-Terror Politik der pakistanischen Regierung wirklich mittragen. Vor allem geht es um die engen finanziellen Beziehungen des ISI nicht nur mit den afghanischen Taliban, sondern auch mit den islamistischen Terroristen von al-Qaida. Die Konten des ISI, von denen die wichtigsten bei der Askari Bank geführt werden, könnten wichtige Hinweise für die Jagd nach Osama bin Laden und seinen Komplizen geben. Auch einige der führenden Taliban hatten bei dieser Bank ihre »Ersparnisse« deponiert. Doch der Generaldirektor der Askari Bank, Jamsjhaid Gulzar, nach Jahren guter Dienste ein enger Freund der einflußreichsten pakistanischen Geheimdienstler, verweigert seit dem 11. September jede

Kontrolle der Bücher seines Geldinstituts. Ein Grund für ständige Konflikte zwischen den Männern des ISI und der amerikanischen Ermittler, über die in der Öffentlichkeit so wenig wie möglich geredet wird. Denn die geostrategische Position macht Pakistan zu einem unersetzlichen Partner Washingtons im Kampf gegen den Terrorismus.

Nicht, daß diese Entwicklung in Washington unbemerkt geblieben wäre. David Melocik, der Verbindungsbeamte der Antidrogenbehörde DEA zum Kongreß, erklärte jedenfalls schon 1983 in einer Anhörung vor dem Senat, es bestehe für ihn kein Zweifel daran, »daß die Rebellen ihr Geld mit dem Verkauf von Opium machen«.[288]

Und nicht, daß dies für Amerikas Geheimdienste eine neue, gänzlich unbekannte Situation gewesen wäre. Die CIA hatte in Laos und Vietnam zehn Jahre zuvor ähnliche Erfahrungen gemacht. Und wie in Laos, wo der Drogenboß Van Pao sein größtes Heroinlabor – sicher nicht zum Schaden seiner »Vermieter« – mitten im Dschungel auf einem geheimen CIA-Stützpunkt eingerichtet hatte,[289] wurde auch nach dem Afghanistankrieg immer wieder der Verdacht geäußert, daß die CIA zwar nicht als Organisation insgesamt, aber doch eine Reihe ihrer an den Hindukusch entsandten Mitarbeiter, von den Rauschgiftgeschäften ihrer Kunden gut profitiert hätte.

Darüber öffentlich zu reden galt zu diesem Zeitpunkt nicht nur als peinlich, sondern vor allem als politisch nicht korrekt. Die Sowjets in Afghanistan waren für das offizielle Washington ein größeres Problem als Heroin aus Afghanistan. Amerika brauchte die Pakistani als Verbündete. So wie das Weiße Haus für über ein Jahrzehnt absolut nichts davon bemerken wollte, daß Pakistan an der ersten islamischen Atombombe baute, so wurde auch das Heroinproblem geflissentlich übersehen.

Nach dem Sieg der Mudjaheddin über die Rote Armee stand Afghanistan nur in einem Punkt besser da als vor dem sowjetischen Einmarsch: Der wilde Staat am Hindukusch hatte dem Goldenen Dreieck zwischen Thailand, Laos und Burma den Rang als weltgrößter Produzent von Rohopium abgelaufen.

Osama bin Laden und die Taliban mußten also nur ernten, was andere längst vor ihnen gesät hatten. Zielstrebig bauten sie in den neunziger Jahren ihr Drogenimperium aus. Vom Anbau des Schlafmohns an den Hängen des Hindukusch über die Heroinküchen, vom Transport mit Hilfe der tschetschenischen Rebellen und der kosovarischen Mafia bis hin zur Distribution an den dunklen Straßenecken der westlichen Städte – an jeder Passage des weltweit auf bis zu 500 Milliarden Dollar im Jahr geschätzten mörderischen Suchtgeschäfts haben sie mit verdient.[290] Immer im Namen ihres Gottes, den sie den Barmherzigen nennen und dessen Prophet Mohammed ausdrücklich alles verboten hat, was dem Menschen die Sinne umnebelt und den Verstand berauscht. Heroin war eine gottgesandte Waffe, um die verhaßten »christlichen Kreuzfahrer und Juden« auf den Weg der Selbstzerstörung zu treiben.[291]

Der Angriff

Ende der neunziger Jahre kamen mehr als zwei Drittel der Weltheroinproduktion aus Afghanistan. Die Routen waren bestens eingespielt. Osama bin Laden ließ den Teil des Rauschgifts, der nicht von Pakistan aus per Schiff in den Westen gebracht wurde, über den Kaukasus transportieren. Die tschetschenische Mafia half gerne, denn aus dem Transportgeschäft allein ließ sich ein guter Teil des fundamentalistischen Aufstands gegen Moskau zahlen. Vom Kaukasus gingen die Drogen vorwiegend weiter in die Türkei. Dort hatte sich 1995 ein alter Bekannter von Osama bin Laden niedergelassen.

Der Sudanese Fatih al-Hassanein hatte Wien im Jahr 1995 nicht ganz freiwillig verlassen. Mit dem Einschwenken der Europäer auf die amerikanische Forderung nach einer militärischen Intervention gegen die bosnischen Serben und damit in Sichtweite vom Ende des Bosnien-Kriegs war die islamistische Hilfe an Sarajevo politisch nicht mehr opportun. Dazu kam, daß der Gründer der Hilfsorganisation TWRA von Washingtons Geheimdiensten belauscht worden war, als er mit dem vor der Todesstrafe zu Hause nach New York geflohenen ägyptischen Scheich Omar Abdel Rahman telefonierte. Nach monatelangen Ermittlungen waren die Fahnder des FBI sicher: Rahman hatte den Amerikanern die Rettung vor dem Erschießungskommando in Kairo schlecht vergolten. In ihm sahen sie den von Osama bin Laden finanzierten Drahtzieher hinter dem Anschlag von 1993 auf das World Trade Center in New York.[292] Ein Verdacht, der später vor einem Gericht in New York zu einer lebenslangen Haftstrafe führte. Die Männer des Terrorkommandos, die eigentlich auch einen Tunnel unter dem Hudson und wohl auch eine Brücke von Long Island nach New Jersey sprengen wollten, hatten sich bei bin Ladens Statthaltern in Pakistan in Sicherheit gebracht. Und auch sonst führten viele Spuren von den Attentätern von New York zu dem saudischen Terrorprinzen.

Am 2. April 2002 wurde Osama bin Ladens Schwager, Mohammedd Jamal Khalifa vor einem Gericht in den USA beschuldigt, nicht nur Verbindungen zu Scheich Omar Abdel Rahman und den New Yorker Attentätern gehabt zu haben. Der saudische Geschäftsmann, der sich im Herbst 2001 noch als Vermittler zwischen der philippinischen Regierung und der zu al-Qaida gehörenden Gruppe Abu Sayyef anbot, als offizielle Stellen in Riad ihn bereits als in Saudi-Arabien verhaftet bezeichneten, hatte zu Beginn der neunziger Jahre die Terrorgeschäfte von Osama bin Laden auf den Philippinen geführt.

Das FBI hat Kontakte von Khalifa zu der Terrorgruppe um Wali Khan nachgewiesen, die zwölf von Manila aus gestartete Verkehrsflugzeuge explodieren lassen wollte. Er war mit den Terroristen in Verbindung, die 1995 Johannes Paul II. und seine Begleiter während des Papstbesuchs auf den Philippinen ermorden wollten. Und schließlich wurde der Schwager von Osama bin Laden von einem jordanischen Gericht für seine Beteiligung an terroristischen Aktivitäten in Abwesenheit zum Tode verurteilt.

Als der Sudanese Hassanein dann in Wien auch noch öffentlich erklärte, daß der Bosnien-Krieg für ihn und seine Sponsoren »umsonst war, wenn wir am Ende keinen reinen islamischen Staat in Bosnien errichtet haben«, war das Maß voll. Aus den USA kam die Information, daß der Sudanese in dem sich abzeichnenden internationalen Terrornetz wohl eine wichtigere Funktion gehabt habe als zuerst angenommen. In Wien kursierten Gerüchte, daß österreichische Politiker sich auf Geschäfte mit dem langjährigen Gast eingelassen hätten. Die Vermeidung eines Skandals ließ nur einen Ausweg. Die Räume der TWRA wurden von der Staatspolizei durchsucht. Und Fatih al-Hassanein wurde aufgefordert, sofort und unauffällig das Land zu verlassen.

Nicht, daß der humanitäre Helfer gegen diesen Entscheid wirklich protestiert hätte. Auf dem Balkan waren andere islamische Hilfsorganisationen inzwischen etabliert. Seine Hilfe wurde jetzt an einem anderen Ort gebraucht. Und so tauchte der Sudanese am Goldenen Horn von Istanbul auf, um die Logistik für den nächsten Djihad, diesmal im Kaukasus, in die Hände zu nehmen.

Auf halbem Weg zwischen Istanbul und Ankara liegt die Kleinstadt Ducze. Hier befand sich eines der Rekrutierungs- und Ausbildungslager für die islamischen Gotteskrieger, die den »unterdrückten« Tschetschenen zu Hilfe eilen wollten.

Daß die türkische Regierung nichts gegen diesen Terror-Tourismus über ihr Territorium unternahm, hat vor allem zwei Gründe.

Der erste erklärt sich aus der Historie: Wie viele andere Gruppen im Vielvölkerreich der Sowjetunion waren auch die Tschetschenen von Stalin mit großer Grausamkeit verfolgt worden. Wer nicht ermordet wurde, wurde von dem Regime in Moskau zwangsumgesiedelt. Wer sich vor den Mordkommandos in Sicherheit gebracht hatte und dann auch noch den Umsiedlungstrecks entkommen war, floh über die Berge in die Türkei. Auf diesem Weg haben seit den zwanziger Jahren des vergangenen Jahrhunderts wohl weit mehr als 100 000 Tschetschenen in der Türkei eine neue Heimat gefunden. Als nach dem Ende des Kommunismus der Nationalismus der Tschetschenen und anderer Völker der ehemaligen Sowjetunion wieder erwachte, kam auch bei den Flüchtlingen die Erinnerung wieder hoch. Den in ihrer neuen Freiheit angeblich Bedrängten zu helfen wurde unter den türkischen Tschetschenen zur Pflicht.

Der zweite Grund war hingegen weitaus profaner. Die türkische Drogenmafia hatte den Staat seit den achtziger Jahren bis in seine Fundamente unterwandert. Auf der Gehaltsliste der Bosse standen gleichwohl Politiker wie Militärs. Als die tschetschenische Mafia immer größere Mengen Heroin aus Afghanistan durch die Türkei in Richtung Westeuropa zu transportieren begann, gab es deshalb keinen ernsthaften Versuch, die Kuriere mit dem tödlichen Gift zu stoppen.

Der Sudanese Hassanein, sagen westliche Geheimdienste, habe auch in diesem Bereich eine wichtige Rolle gespielt.[293] In das Terrorlager bei Ducze rollten aus dem Osten die Lastwagen voll mit afghanischem Rauschgift. Aus der Gegenrichtung kamen die Aspiranten für den Gotteskrieg im Kaukasus. Der humanitäre Helfer mit den Kontakten zu Osama bin Laden hatte von seinem ansehnlichen Büro in Istanbul aus die doppelte Logistik voll im Griff.

Bis zum Beginn der Jugoslawien-Krise war die Rauschgiftroute von Ost nach West einfach gewesen. Von Istanbul war der größte Teil des weißen Pulvers in die bulgarische Hauptstadt Sofia transportiert und dort in den Lagerhallen der »Kintex« deponiert worden.[294]

Von Sofia aus war die Drogenroute dann über Belgrad und Zagreb nach Österreich und von dort weiter in die Europäische Union verlaufen. Als der Krieg ausbrach, wurden Serbien und Kroatien den Drogenhändlern zu unsicher. Bei der Suche nach neuen Partnern fiel die Wahl der türkischen Mafia auf die Kosovaren. Eine logische Entscheidung. Nicht nur, weil die kosovarische organisierte Kriminalität längst eine etablierte Gruppe in der Welt des organisierten Verbrechens war. Sie hatte nach dem Ende des Kommunismus in Albanien auch lange Jahre verschüttete Familien- und Freundschaftsbande wiederbelebt. Und die albanische Mafia hatte längst die Brücke über die Adria zur Cosa Nostra und den anderen Verbrecherorganisationen in Italien geschlagen. Der Kreis war geschlossen: Die Cosa Nostra war der Handelspartner von Osama bin Laden und den Taliban im Heroingeschäft.

Andererseits: Die italienische Mafia hatte über ihren Pakt mit dem organisierten Verbrechen Rußlands Zugriff auf etwas, was nicht nur Osama bin Laden, sondern viele islamische Staaten seit langem begehrten: nukleares und anderes für den Bau von Massenvernichtungswaffen unentbehrliches Material.

Fragen an islamische Banken

Mit »Blutdiamanten« und Rauschgift läßt sich viel Geld machen. Doch mit illegalen Geschäften allein ließe sich der Finanzbedarf des globalen Terrornetzes von al-Qaida nicht decken. Ohne politische Rückendeckung in der arabischen Welt, den Zugang wiederum über muslimische Geldinstitute zum weltweiten Bankennetz und die – wenn auch nicht immer freiwillige – aktive Unterstützung der Organisation durch einflußreiche Muslime hätte al-Qaida in den vergangenen Jahren nicht so ungestört operieren können.

Die islamischen Banken haben lange gebraucht, um in der internationalen Finanzwelt wirklich Fuß zu fassen. Und heute gelten sie, vor allem in der islamischen Welt, als ernstzunehmende Alternative zu den großen Geld- und Kreditinstituten aus den nicht-islamischen Industrieländern. Der Vorwurf, das Geld des islamistischen Terrors wenn nicht zu verwalten, dann zumindest doch sicher durch den globalen Finanzkreislauf zu schleusen, hat die islamischen Banken daher schwer getroffen. Nicht wenige ihrer Vertreter glauben mittlerweile an eine im Westen ausgeheckte internationale Verschwörung gegen die Konkurrenz aus der muslimischen Welt. »Selbst wenn wir einige schwarze Schafe unter unseren Kunden haben sollten«, klagte ein nordafrikanischer Manager der Arab Banking Corporation (ABC) in London. »Sie wollen doch nicht etwa behaupten, daß bei den nicht-islamischen Banken alles immer nur mit rechten Dingen zugeht?«[295]

Der Mann hatte natürlich recht. Grenzüberschreitende Bewegungen großer Summen sind in der Regel ohne die Hilfe internationaler Kreditinstitute und ihrer Korrespondenzbanken nicht möglich. Pecunia non olet, wußten schon die alten Römer: Geld stinkt nicht. Als Großbritanniens Schatzkanzler Gordon Brown die Jagd auf die Finanzen von al-Qaida mit den Worten einläutete, die »britischen Kontrollen von Terrorgeldern gehören schon heute zu den besten der Welt«, dürften sich daher die Banker in der Londoner City vor Lachen am Five-o'clock-tea verschluckt haben.[296] Unter den Bekämpfern der internationalen Geldwäsche ist es ein offenes Geheimnis, daß die britische Regierung in der Vergangenheit alles getan hat, um die im Vereinigten Königreich operierenden Banken vor den internationalen Forderungen nach mehr Transparenz zu schützen.

Aber der Manager der Arab Banking Corporation (ABC) gab auch offen zu, daß er in erster Linie im eigenen Interesse sprach. Schließlich ist das Regime des lange Jahre als Terroristensponsor verfemten Muammar al-Ghaddafi mit 47 Prozent an der ABC beteiligt. Es ist eine der vielen Widersprüche vor allem der amerikanischen Politik gewesen, die Ghaddafi nach dem Anschlag auf die Berliner Diskothek »La Belle« und nach dem Bombenanschlag auf den PanAm-Flug 103 über Lockerbie offiziell durch ein rigoroses Wirtschaftsembargo in die Knie zwingen wollte: Obwohl die libysche Beteiligung an der ABC kein Geheimnis war, wurden die internationalen Geldgeschäfte der Bank zu keinem Zeitpunkt behindert.

Doch der 11. September hat viele der bisherigen Spielregeln außer Kraft gesetzt. Die Sorge, ins Visier der Fahnder zu geraten, die nach den Finanzquellen des internationalen Terrorismus suchen, ist nach Jahren relativer Ruhe auch bei der ABC gestiegen. Die Fälle zwielichtiger Geschäfte, weiß der ABC-Manager, »sollten sich natürlich nicht häufen. Einmal ist ein Zufall. Zweimal ist ein Indiz. Nach dem dritten Mal, wenn die Probleme immer aus der gleichen Ecke kommen, kann man wohl von einem System sprechen.«

Genau diese Einsicht, die vermutlich viel Unheil hätte verhindern können, haben die internationalen Terrorjäger bei den arabischen Banken bisher noch immer vermißt. Und vieles spricht dafür, daß die Hilfe, die die konservative arabische Bankenwelt nach George W. Bushs Ultimatum »entweder mit uns oder gegen uns« versprochen hat, auch nach dem 11. September 2001 über ein Pro-forma-Engagement nicht hinausgeht.

Prinz Mohammad al Faisal al Saud ist nicht nur ein frommer Muslim. Er gehört auch zum innersten Zirkel der auf Erdöl und Religion gegründeten Dynastie von Saudi-Arabien. Er ist ein Sohn des verstorbenen saudischen Königs al Saud, Cousin ersten Grades des schwerkranken Königs Fahd und Bruder des langjährigen und im August des Jahres 2001 entlassenen saudischen Geheimdienstchefs Prinz Turki al-Faisal. Sehr viel dichter am Zentrum der saudischen Macht kann man nicht sein.

Seit 1983 steht der Prinz dem zwei Jahre zuvor gegründeten Treuhandfonds Dar al-Mal al-Islami (DMI) SA mit Sitz in Cointrin bei Genf als Präsident vor. Das Portfolio des Trusts wird auf etwa 3,5 Milliarden Dollar geschätzt. Der größte Teil davon, sagt der ehemalige DMI-Manager Ziad Keilaney, stammt aus dem Privatvermögen der königlichen Familie oder anderer reicher Saudis.[297] Die DMI, die unter dem frommen Motto »Aller Erfolg kommt von Allah« operiert, gilt neben dem saudischen Bankkonzern Dallah al-Baraka als eine der beiden wichtigsten Finanzquellen für die vom Hause Saud betriebene wahabitische Missionierung der islamischen Welt.

Von Cointrin aus kontrolliert die DMI die Islamic Investment Company of the Gulf, die in Bahrain ansässige Faisal Islamic Bank sowie die ebenfalls in Genf registrierte Faisal Finance. Vizepräsident der Faisal Finance SA ist der Somalier Omar Abdi Ali, der auch im Spitzenmanagement der DMI zu finden ist. Direkt von der DMI gespeist werden auch die humanitären Organisationen International Development Foundation (IDF) und die International Islamic Relief Organization (IIRO).[298]

Im Juni 2000 vollzog die DMI die Fusion der Faisal Islamic Bank und der International Investment Company zu der in Bahrain registrierten Shamil Bank.[299] Wenige Monate später eröffnete die neue Bank ihre erste Auslandsfiliale im Jemen.[300] Die Shamil Bank wird zu 60 Prozent über die Vertretung der DMI in Nassau auf den Bahamas kontrolliert. Die restlichen Anteile gehören unbekannten privaten Investoren.[301] Die Shamil Bank hält unter anderem 20 Prozent der Anteile an der Arab Albanian Islamic Bank in Tirana,[302] bei der mindestens eines der Al-Qaida-Mitglieder um den Ägypter Ibrahim al-Najjar Beschäftigung gefunden hatte, der 1998 die amerikanische Botschaft in der albanischen Hauptstadt hatte angreifen sollen.

Prinz Mohammed al-Faisal al-Saud und sein somalischer Stellvertreter Omar Abdi Ali sind auch im obersten Management der Shamil Bank vertreten. Mit von der Partie ist auch ein gewisser Haydar bin Laden. Der ist einer der vielen Halbbrüder von Osama bin Laden.[303]

Zu Beginn des Jahres 2001 wurde die türkische Tochter der Faisal Finance von dem internationalen Börsencrash und der daraus folgenden türkischen Wirtschafts- und Währungskrise schwer getroffen. In Genf beschlossen Prinz Mohammed al-Faisal al-Saud und seine Mitarbeiter, das angeschlagene Finanzinstitut abzustoßen. Im Mai 2001 wurde die türkische Faisal Finance von dem türkischen Großunternehmer Sabri Ulker und der in den USA registrierten islamischen Finanzierungsgruppe American Finance House – Lariba übernommen und in Family Finance umbenannt.

Die DMI und ihre Tochtergesellschaften folgen allein den islamischen Bankregeln. Zu diesen gehört auch das Gebot des »Zakat«, eine fromme Steuer, die sich der islamische Geschäftsmann nach eigener Bemessung für jede seiner Transaktionen auferlegt. Zakat ähnelt vom Konzept her dem längst in Vergessenheit geratenen Prinzip des christlichen »Zehnten«. »Eine noble Idee«, nennt Frank Vogle vom Forschungsprogramm für islamisches Recht an der Harvard-Universität diese Prinzipien. Gleichzeitig aber gibt der Wissenschaftler zu bedenken, daß islamische Finanzorganisationen wie die DMI »noch keinen Weg gefunden haben, diese Prinzipien in die Praxis umzusetzen«.[304]

Westliche Terrorfahnder dagegen vermuten, daß solche islamischen Bankregeln in den vergangenen Jahren immer wieder auch für weniger noble Ziele mißbraucht wurden. Denn im Augenblick der Realisation der Transaktion verschwindet der Zakat-Betrag, ohne daß er nach normalen westlichen Regeln verbucht würde. Auf diese Weise könnten Zakat-Beträge ohne jede Kontrolle auch an wohltätige Organisationen verteilt werden, die diese Gelder ihrerseits weitgehend unkontrolliert an extremistische islamistische Gruppen weiterreichen können. Die amerikanischen Ermittler haben nach dem 11. September 2001 Geldtransfers von der DMI zum Beispiel zu der International Islamic Relief Organization verfolgt. Und die IIRO steht im Verdacht, Osama bin Ladens weltweiten Djihad gegen die »Juden und Kreuzfahrer« finanziell unterstützt zu haben.

Osamas humanitäre Helfer

Das finanzielle Engagement reicher Muslime bei einer Vielzahl philanthropischer Einrichtungen ist kein Zufall. Wohltätigkeit und die finanzielle Unterstützung bedürftiger Mitmenschen sind wesentliche Bestandteile der Lehre des Propheten. Zakat und andere anonyme und damit von jedem Verdacht schnöder Eigeninteressen freie Instrumente der Hilfe sind dem frommen Muslim ein wahres Anliegen. Die Mitglieder des weitverzweigten saudischen Königshauses unterscheiden sich mit ihrer genuinen Absicht, Gutes zu tun, somit in nichts von den meisten anderen wohlhabenden Saudis und Muslimen in anderen Staaten.

Anders jedoch als in den säkularisierten Gesellschaften der westlichen Industriestaaten sieht der Islam Staat und Religion als untrennbare Einheit. Den daraus erwachsenen Ansprüchen auch im privaten Leben zu genügen fällt vielen Muslimen mit regelmäßigen Kontakten zu den liberalen Gesellschaften des Westens nicht leicht. Das verschwenderisch ausschweifende Leben reicher Araber außerhalb ihrer eigenen Landesgrenzen ist Legende. Doch es ist genau dieser Lebensstil, der sie durch die Vertreter der reinen Lehre zu Hause dann angreifbar, ja erpreßbar macht. Seit Jahren erkauft sich die arabische Haute-volee Frieden und zunehmend auch physische Unversehrtheit durch »freiwillige« Abgaben auch an Personen und Gruppen, die über das Instrument des Terrors ihre radikalen islamisti-schen Ziele verfolgen.

Die Anschläge vom 11. September 2001 stellten die westli-chen Regierungen vor ein schweres Dilemma. Aus Gründen politischer Opportunität hatten sie über Jahre hinweg den zu-nehmend beobachteten Mißbrauch humanitärer islamischer Organisationen durch den Islamismus totgeschwiegen. Jetzt mußte das Thema aufs Tapet. Und die bloßgestellten arabi-schen Partner, unverzichtbar in dem von George W. Bush er-klärten Krieg gegen den internationalen Terror, reagierten wie befürchtet: mit heuchlerischer, zu Hause aber durchaus als berechtigt empfundener Empörung.

»Wir verlangen Beweise, bevor wir an den öffentlichen Pranger gestellt werden«, tobte Saudi-Arabiens einflußreicher Innenminister, Prinz Nayef bin Abdulaziz, nachdem amerika-nische Spezialeinheiten der bosnischen Friedenstruppe SFOR Anfang Oktober 2001 die Büros mehrerer islamischer Hilfsorga-nisationen sowie der saudischen »High Commission for Relief« in Sarajevo und der zentralbosnischen Kleinstadt Zenica durchsucht und kistenweise Dokumente und Bargeld abtransportiert hatten.[305] Und der saudische Geschäftsmann Yassim al-Qadi, den die amerikanischen und israelischen Geheimdienste schon 1998 als einen der Hauptsponsoren der radikalen palästinensischen Gruppe Hamas identifiziert hatten und der zusammen mit seiner humanitären Muwafaq-Stiftung nach den Attentaten vom 11. September 2001 von Washington auf die schwarze Liste der Terrorhelfer gesetzt worden war, drohte in einem Interview mit dem *Wall Street Journal* offen damit, daß »die Amerikaner durch solche aus der Luft gegriffenen Anschuldigungen mehr und mehr ihrer wahren Freunde« verlieren könnten.[306]

Anstatt jetzt zu protestieren, hätte Yassim al-Qadi wohl besser daran getan, seine Muwafaq-Stiftung in der Vergangenheit besser zu kontrollieren. Aus den Akten eines in London anhängigen Rechtsstreits geht hervor, daß Muwafaq in Afghanistan, Albanien, Äthiopien, Bosnien, Großbritannien, Österreich, Pakistan, den USA und dem Sudan tätig war. All diese Aktivitäten wurden von einer 1992 auf der Kanalinsel Jersey gegründeten und bei dem Treuhänder Tamaam Trustees registrierten Zweigstelle der Stiftung koordiniert. Anders als Wirtschaftsunternehmen müssen Trusts in der britischen Steueroase nicht angemeldet werden. Die Kontrollen durch die Behörden sind minimal. Tamaam Trustees behauptet heute, für eine einmalige Gebühr von 150 Pfund Sterling »nicht mehr als ein Briefkasten für die Muwafaq-Stiftung« gewesen zu sein.[307]

In den Anfängen des Bosnien-Kriegs operierte die Muwafaq-Stiftung, wie viele andere islamische NGOs, von Zagreb aus. In den ehemaligen Büros der Organisation sind heute die Schlafsäle der größten Koranschule in der kroatischen Hauptstadt untergebracht.

Geleitet wurde die bosnische Muwafaq-Operation von dem in Tunesien geborenen und heute unter einem bosnischen Paß reisenden Geschäftsmann Shafiq Ayadi, der seit dem 11. September 2001 ebenfalls auf der amerikanischen Terrorliste steht. Mehrfach wurden die islamischen NGOs in den Kriegsjahren von der kroatischen Polizei durchsucht. Immer wieder wurden dabei Waffen und anderes Material für den Kampf an der bosnischen Mudjaheddinfront sichergestellt.

Gesichert ist, daß die kroatischen Büros der Muwafaq-Stiftung, aber auch die der saudischen High Commission for Relief in den Kriegsjahren vielen islamistischen Mudjaheddin als Etappe auf dem Weg an die bosnische Front dienten.[308] Viele von ihnen tauchten in der ausschließlich von radikalen nichtbosnischen Islamisten geformten El-Mudzahid-Brigade wieder auf, die sich schnell den Ruf besonderer Grausamkeit bei der Behandlung serbischer Kriegsgefangener machte. Bei dem saudischen Staatsbürger Abdul Hadi al-Gahtani, der 1994 in der bosnischen Stadt Zenica den britischen Helfer Paul Goodall erschoß, nachdem dieser sich allzu intensiv für die Aktivitäten der Islamisten interessiert hatte, wurde ein Ausweis der saudischen High Relief Commission gefunden. Ein bosnisches Gericht, das al-Gathani nach dessen nie erklärter Flucht aus der Untersuchungshaft in Abwesenheit zu einer langen Haftstrafe verurteilte, bezeichnete den Saudi als »Direktor des saudischen Hochkommissars in Zenica«. Die eng mit der saudischen Regierung verbundene und von König Fahds Bruder Prinz Salman bin Abdul Aziz al-Saud persönlich geleitete Institution hat solche peinlichen Verbindungen immer empört zurückgewiesen. Man habe stets versucht, sagte der prinzliche Stellvertreter Fahd al-Zakari im Oktober 2001 vor der Presse in Sarajevo, nur Menschen mit einem »moralisch sauberen Hintergrund« zu beschäftigen. Allerdings, mußte al-Zakari einräumen, »können wir die Menschen nur nach dem beurteilen, was wir sehen, und nicht nach dem, was sie vor uns verbergen«.

Ähnlich argumentiert auch der Muwafaq-Gründer Yassim al-Qadi. Sollte seine Stiftung von islamistischen Terroristen unterwandert worden sein, dann sei dies ohne sein Wissen geschehen, sagte er dem *Wall Street Journal*. Und zitierte sogleich aus einem Bericht der holländischen Spionageabwehr, in dem die Muwafaq-Stiftung zwar als »wichtiges Instrument radikaler Muslime« bezeichnet wird. Es sei aber unklar, schrieben die Holländer weiter, inwieweit die Saudis sich dieser Gefahr bewußt sind. Die Unterwanderung islamischer NGOs scheint ohne das Wissen Riads zu geschehen.«[309]

Solche Persilscheine sind natürlich Musik in den Ohren wohltätiger Muslime, die dementsprechend auch sofort neuen Verdacht wittern, wenn Indizien einer hinter den Aktivitäten humanitärer Organisationen getarnten Kooperation zwischen den Geheimdiensten ihrer Staaten und islamistischen Terroristen in die Debatte geworfen werden. Die Rede ist dann sofort von den unerträglichen doppelten Standards, mit denen »der Westen« die eigenen und die Aktivitäten anderer mißt.

Ein nicht unbegründeter Hinweis. Denn die Arbeit sogenannter Nichtregierungsorganisationen (NGO) hat auf die Schattenwelt aller, und damit auch der westlichen Geheimdienste, schon lange eine starke Faszination ausgeübt. Zwar hat die Diplomatie immer wieder versucht, der Infiltration oder auch direkten Finanzierung solcher Organisationen durch die Dienste einen Riegel vorzuschieben. So wies etwa Dean Rusk, Außenminister unter Präsident John F. Kennedy, am 9. Dezember 1961 seinen Staatssekretär Johnson in einem Memorandum an, den »verdeckten Finanzierungen der CIA für bestimmte private Organisationen im Erziehungs- und philanthropischen Bereich« ein Ende zu setzen. »Verdeckte Finanzierungen ziehen das Mißtrauen auf solche Organisationen und können ihnen sogar den Zutritt zu bestimmten Ländern unmöglich machen.«[310]

Geholfen haben solche geradezu banalen Einsichten nicht. Ob Hilfe für Kriegswaisen, Schulen für die dritte Welt oder Krankenschwestern für entlegene Dschungelstaaten – die Geheimdienste rund um die Welt wissen, daß es sich unter dem Deckmantel humanitärer Operationen trefflich spionieren und konspirieren läßt. Immer wieder sind die Spuren westlicher Geheimdienste auch und gerade bei NGOs entdeckt worden, die sich mit dem schönen Attribut »christlich« schmücken.

Kein Wunder also, daß auch die humanitären Hilfsorganisationen der islamischen Welt vor solchen Angriffen nicht gefeit sind. So wie etwa die Anfang der neunziger Jahre vom Sudan in Wien registrierte, mit saudischem Geld finanzierte und vom iranischen Geheimdienst Vevak unterstützte Third World Relief Agency (TWRA) den Geld- und Waffennachschub für die muslimische Fraktion im Bosnien-Krieg organisierte (siehe auch 3. Kapitel), sorgte al-Haramayne für die arabischen Mudjaheddin in Afghanistan.

Humanitäres Engagement der saudischen Wahabiten: al-Haramayne

Offiziell wurde die humanitäre Organisation al-Haramayne 1992 von dem saudischen Religionsminister Saleh bin Abdulaziz al-Sheikh als Speerspitze der aggressiven Expansion der wahabitischen Staatsreligion Saudi-Arabiens gegründet.[311] Finanziell ist die Stiftung al-Haramayne nach Ansicht der russischen wie inzwischen auch der amerikanischen Ermittler mit dem saudischen Finanzkonzern »Dallah al-Baraka« verbunden. Dessen Gründer und Mehrheitseigner Saleh Abdullah Kamel diente in der Vergangenheit unter anderem als Generalinspekteur der Finanzen der saudischen Monarchie. Der Name Kamels taucht immer wieder auch in dem Teil der sudanesischen Finanzwelt auf, der seit dem 11. September 2001 mit den Aktivitäten von Osama bin Laden in Verbindung gebracht wird.

Die Existenz und Aufgabe von al-Haramayne wirft damit ein selten helles Licht auf die bis heute enge Beziehung zwischen dem Königshaus al-Saud und den in der Familie al-Sheikh vertretenen Nachkommen des geistigen Begründers der wahabitischen Sekte aus dem 18. Jahrhundert, Abdel Wahhab.

Jahrelang galt diese Beziehung nicht nur in Saudi-Arabien, sondern auch in den Hauptstädten des Westens als striktes Tabuthema. Den in Riad stationierten Mitarbeitern der CIA, erklärte der ehemalige Arabien-Experte des Geheimdienstes, Robert Bear, war es untersagt, nach finanziellen Verbindungen der religiösen Führer Saudi-Arabiens und dem Terrornetz von al-Qaida zu suchen.[312]

Stundenlang mußte der US-Finanzminister Paul O'Neill am 5. März 2002 mit seinem saudischen Amtskollegen Ibrahim al-Assaf und hohen Vertretern der königlichen Familie streiten, bevor diese überhaupt bereit waren, einen Blick in die amerikanischen Ermittlungsunterlagen gegen al-Haramayne zu werfen. Inzwischen, so heißt es, habe die saudische Regierung einer detaillierten Untersuchung in die operativen und finanziellen Aktivitäten der humanitären Organisation zugestimmt.[313]

Tatsächlich sind die wahabitischen humanitären Helfer den USA schon lange keine Unbekannten. Denn bereits seit Beginn der achtziger Jahre und damit längst vor seiner offiziellen Gründung operierte das fromme Hilfswerk als logistische Unterstützungsgruppe für die in Afghanistan kämpfenden Mudjaheddin. Die Gruppe wurde schnell zu einem der wichtigsten Kanäle für die reichlich fließende Hilfe aus Saudi-Arabien. Zwölf Jahre nach dem Abzug der Sowjets aus Afghanistan war das »humanitäre« Hilfswerk in so gut wie allen Regionen der Welt tätig, in denen Muslime einen »Heiligen Krieg« führen – von Pakistan über Tschetschenien und andere Länder im Kaukasus bis hin nach Somalia und in die muslimischen Regionen des Balkans. Und auch wenn der bis 1998 in Tirana von al-Haramayne unterstützte Ägypter Ibrahim al-Najjar nach seiner Verhaftung alles tat, um seine Gönner von jeder nur denkbaren Verbindung zu al-Qaida zu entlasten,[314] so macht die Fülle der Indizien einer weit über jede ideologisch-religiöse Übereinstimmung hinausgehenden praktischen Kooperation jeden Anspruch auf Unwissenheit zumindest höchst unglaubwürdig.

1999 eröffnete al-Haramayne in Aserbaidschan die Büros einer bis dahin unbekannten »Stiftung für Tschetschenien«. Diese Organisation wird über die Dallah al-Baraka Bank finanziert.[315] Ein Jahr zuvor hatte der nach Erkenntnissen des russischen Geheimdienstes FIS zum Spitzenmanagement der Al-Baraka-Gruppe zählende Hafez Abu Bakr Mohammed die »Al-Baraka Investment and Development« angewiesen, eine Reise tschetschenischer Rebellenführer in die USA zu finanzieren. Von da an hatten die »humanitären« Wahabiten alle Hände voll zu tun. Im November 1999 etwa wurde 1 Million Dollar auf das von einem gewissen Omran Ahmed Ali al-Ouais bei der International Islamic Bank eröffnete Konto 0 150 239 640 überwiesen. Als Verwendungszweck war der Ankauf von Waffen für die tschetschenischen Mudjaheddin angegeben. Kurze Zeit später half al-Haramayne dem Saudi Mansur ben Abdel Rahman al-Kady bei der Überweisung von 480 000 saudischen Riyal nach Tschetschenien.[316]

Im Dezember 1999 hörte ein Mitarbeiter eines europäischen Geheimdienstes in der pakistanischen Stadt Karachi die Begrüßung von Scheich Abu Omar, des al-Haramayne-Vertreters in Tschetschenien, durch den Konsul der afghanischen Taliban. »Jedesmal, wenn wir von euren Siegen hören, füllen sich unsere Herzen mit Glück. Wir sind bereit, an eurer Seite im Djihad gegen die Russen zu kämpfen.«[317]

Wenige Wochen später fing eine russische Eliteeinheit an der tschetschenischen Front einen Funkspruch nach Georgien ab. Al-Haramayne, hieß es da, müsse vermeiden, als »Anstifter des Djihad identifiziert« zu werden. Die versprochene Hilfe werde daher auf mehrere kleinere Transporte verteilt werden.[318] Der russische Geheimdienst behauptet, die »versprochene Hilfe« habe sich auf 50 Millionen Dollar belaufen. In einem Anfang Februar vom FIS abgefangenen Funkspruch hieß es, »al-Haramayne hat dieses Geld eigens für die Bedürfnisse der Mudjaheddin vorgesehen«. Im gleichen Gespräch war dann auch die Rede davon, »qualifiziertes Personal mit operativer Erfahrung aus Bosnien und Kosovo nach Tschetschenien« zu schicken. Wenige Tage später hörten die Russen mit, als die islamistische Guerilla die Ankunft eines neuen Kommandanten namens Abu Talkh aus Bosnien bestätigte.[319]

Bei allem Einsatz für den Heiligen Krieg rund um die Welt wurde auch die Afghanistan-Operation nicht vernachlässigt. Sofort nach dem Einmarsch der Nordallianz in der Hauptstadt wurde am 20. November 2001 der saudische Leiter der afghanischen al-Haramayne-Projekte verhaftet. Die Organisation hatte aus der unmittelbar nach dem Ausbruch des Kriegs geschlossenen Botschaft Saudi-Arabiens heraus operiert. Er habe, gab Nasser bin Mohammed al Gilale im Verhör zu Protokoll, eine direkte Anweisung aus Riad erhalten, die saudischen Staatsbürger in Afghanistan auch nach dem 11. September 2001 zu unterstützen.[320] Da die saudischen Diplomaten und Zivilisten das Land längst verlassen hatten, blieb nur eine Gruppe übrig, für die al-Haramayne während der amerikanischen Bombardements noch sorgen konnte: das saudische Kontingent von al-Qaida. Die Terroristen, bestätigte einer der verhafteten afghanischen Taliban, hätten immer als erste Zugriff auf die Hilfsgüter von al-Haramayne gehabt.

Aber auch andere fromme Hilfswerke werden inzwischen sehr unfrommer Aktivitäten verdächtigt. Und viele von ihnen haben ihren Sitz in den USA oder in Großbritannien.

Die »International Islamic Relief Organization« (IIRO), die von Washington verdächtigt wird, »Zakat«-Gelder auch des Genfer »Dar al-Mal al-Islami« Fonds (DMI) an Osama bin Ladens Terrornetz al-Qaida weitergeleitet zu haben, residierte bis September 1999 an der gleichen Adresse in Oxford wie die »International Development Foundation« (IDF) des saudischen Milliardärs Khalid bin Mahfouz. Ebenfalls an der gleichen Anschrift ist ein »Oxford Trust for Islamic Studies« zu finden, dem die Bin-Laden-Familie nach eigener Aussage jährlich eine größere Summe spendet.[321]

Die IDF, die inzwischen zur britischen Tochtergesellschaft Sedco Services Ltd. von Khalid bin Mahfouz' Saudi Economic and Development Company (Sedco) nach London umgezogen ist, wird von Khalids Bruder Mohammed Salim bin Mahfouz und dem britischen Waffenhändler jemenitischer Herkunft Mohammed Saleh Affara geleitet. Affara war der Mittelsmann für eine Reihe unter dem Codenamen »Sawari-2« laufender Rüstungsverträge zwischen Frankreich und Saudi-Arabien.

Kontakte zu Osama bin Laden werden auch der sudanesischen Zweigstelle der Organisation »Blessed Relief« nachgesagt, die von Khalids Sohn Abdul Rahman bin Mahfouz geleitet wird. Die Organisation wird von den ägyptischen und amerikanischen Geheimdiensten verdächtigt, einem islamistischen Terrorkommando 1995 bei einem mißglückten Attentat auf den ägyptischen Präsidenten Hosni Mubarak während eines Staatsbesuchs in Äthiopien geholfen zu haben.[322]

Und in die Kassen der gleichen International Islamic Relief Organization (IIRO), in die die Zakat-Gelder der Genfer DMI

flossen, gingen wohl auch die Hilfsmittel, die die in Lugano ansässige Al-Taqwa-Gruppe des naturalisierten Italieners Youssef
Nada nach London überwies. Auch diese Organisation wurde
im Oktober 2001 auf die von den Vereinten Nationen anerkannte schwarze Terrorliste der Vereinigten Staaten gesetzt.[323]
Ende April 2002 wurden al-Taqwa und die mit der Organisation verbundenen Personen und Unternehmen von Washington endgültig als Helfershelfer von Osama bin Laden und al-
Qaida klassifiziert.

Wie nicht anders zu erwarten, haben die islamischen Hilfsorganisationen und ihre Unterstützer vehement gegen den
Verdacht protestiert, die fünfte Kolonne des internationalen
islamistischen Terrorismus zu sein. Doch die über die Jahre gesammelten Indizien lassen sich durch Leugnen allein nicht aus
der Welt schaffen. Die Suche mag kompliziert sein. Aber irgendwo im globalen System hinterlassen Geldbewegungen immer
Spuren. Und so wäre eine Antwort etwa auf die Frage fällig,
woher und wofür die 7 Millionen Dollar kamen, die das »Komi-
tee für Wohltätigkeit« und die »Scheich-Eid-ben-Mohammed-
al-Thani-Stiftung«, zwei humanitäre Organisationen aus dem
Emirat Qatar, zwischen November und Dezember 1999 an die
islamistischen Mudjaheddin in Tschetschenien überwiesen.[324]
Nur durch die schonungslose Öffnung ihrer Bücher könnten
die frommen NGOs die Vorwürfe entkräften, denen zufolge
unter anderem:

- »… die von Birmingham in Großbritannien aus gesteuerte
  Organisation Blessed Relief integraler Teil der internationalen Organisation der Muslimbrüder ist … 1993 wurde
  die Organisation als Nichtregierungsorganisation anerkannt und als beratendes Mitglied in den Wirtschafts- und
  Sozialrat der Vereinten Nationen aufgenommen … Blessed
  Relief wird immer wieder von bin Laden benutzt und operiert heute vor allem auf dem Balkan, in Tschetschenien, in

Aserbaidschan und im Kaschmir ... Die Organisation verfügt über beträchtliche Mittel und ist für die Logistik zuständig, unter dem Deckmantel der humanitären Hilfe Waffen in eine Reihe von Kriegsgebieten einzuschleusen.«

– »... die humanitäre Hilfe der Muwafaq-Stiftung nur ein Vorwand für ihre Unterstützung der ägyptischen Jamiyya Islamiya ist. Über diesen Kanal hat bin Laden eine Reihe seiner Leute nach Albanien und auf den Balkan geschleust.«

– »... auch der von Kuwait aus gesteuerte Islamische Wiederauferstehungsfonds stark in Albanien vertreten ist ... Diese Organisation ist mit dem ehemaligen Führer der ägyptischen Djihad, Ayman al-Zawahiri, verbunden, der einer der engsten Mitarbeiter bin Ladens ist ... Der Fonds erfüllt auch Schleuserfunktionen für die algerischen Islamisten der GIA.«

– »... die von dem albanischen Muslim Mohammed Abdel Karim geleitete Filiale der Islamic Revival Foundation in Tirana ... zuständig für das Eintreiben von Spenden unter der nach Westeuropa emigrierten balkanischen Diaspora ist. Die größten Summen kommen von den nach Deutschland und der Schweiz emigrierten Kosovaren. Umgekehrt wird die Islamic Revival Foundation von einem in Kuwait ansässigen anonymen Hilfskomittee für Kuwait finanziert.«[325]

All diese Organisationen werden von einflußreichen Persönlichkeiten der islamischen Welt geführt, haben beste Kontakte zu den konservativen arabischen Regierungen und sind in der Regel eng mit international operierenden islamischen Geldinstituten verknüpft. Und wenn auch nur ein Bruchteil der Informationen stimmt, die das Deuxième Bureau in den Monaten vor und nach dem 11. September 2001 am Finanzplatz Luxemburg gesammelt hat und die aus vielen anderen Quellen bestätigt werden, dann muß davon ausgegangen werden, daß die Debatte um die wahre Rolle der islamischen NGOs ihren Höhepunkt noch lange nicht erreicht hat.

Geldwäsche für den Gotteskrieg

Glaubt man den Fährten der amerikanischen Ermittler, dann waren die Zakat-Überweisungen an die International Islamic Relief Organization (IIRO) nicht der einzige Kontakt des Genfer Dar-al-Mal-al-Islami-Fonds (DMI) mit der Organisation des saudischen Terrorpaten Osama bin Laden. In ihrem Portfolio hält die DMI auch eine Beteiligung an der sudanesischen al-Shamal Islamic Bank. In dem kleinen Geldinstitut laufen eine Reihe von radikal-islamischen Fäden zusammen. Und alle führen letztlich nach Saudi-Arabien. Schon 1996 behauptete das Außenministerium in Washington, Osama bin Laden habe zu Beginn der neunziger Jahre 50 Millionen Dollar in die al-Shamal Bank investiert und zumindest bis in die zweite Hälfte des Jahrzehnts einen Großteil seiner Geschäfte über dieses Geldinstitut abgewickelt.

Die Kunst, große Beträge schnell und unauffällig rund um die Erde bewegen zu können, liegt in einem einzigen Wort: »Korrespondenzbank«. In der Welt des nie schlafenden globalen Finanzmarktes ist es gängige Praxis, daß Geldinstitute an Finanzplätzen, an denen sie selbst nicht repräsentiert sind, bei »befreundeten Banken« Konten im eigenen Namen einrichten. Nur so können sie an dem pausenlosen Geldspiel ohne Grenzen teilnehmen. Doch Korrespondenzbanken sind auch ein verführerisches Instrument, um schwarze Terrorkassen oder Drogengelder unauffällig per Mausklick von einem Kontinent zum andern zu verschieben. Die Dokumentation des Transfers von einer zur anderen Bank »vergißt« konvenient den Namen des eigentlichen Besitzers des Geldes, das am anderen Ende der Welt auf einem nur einer Bank zuzurechnenden Konto aufläuft. Die Prozedur kann beliebig oft wiederholt werden. Mit jedem Transfer dieses namenlosen Betrags von einer Korrespondenzbank zur nächsten wird das schmutzige Geld ein wenig weißer gewaschen, bis es schließlich als blütenreines Kapital wieder bei seinem ursprünglichen Besitzer ankommt.

Die Verfechter einer liberalisierten globalen Finanzwelt haben lange Zeit eine verstärkte Kontrolle des Systems der Korrespondenzbank mit dem Hinweis auf die Seriosität der »Global Players« abgelehnt. In Wahrheit aber steht es um die Selbstkontrolle selbst der größten Banken nicht zum besten, wenn sich mit Geldgeschäften auch höchst dubioser Kunden im Ausland schnell viel Geld verdienen läßt.

Es ist ein – für die internationale Konkurrenz allerdings willkommener – Mythos, daß die faulen Stellen im globalen Finanzsystem sich vor allem in der Schweiz und in Liechtenstein befänden. Es ist nicht zu leugnen, daß Schweizer Großbanken den Schatz des philippinischen Diktators Ferdinand Marcos genauso horteten wie die Gelder von Mobutu Sese Seseko aus Zaire oder die aus der nigerianischen Staatskasse gestohlenen Millionen des Abacha-Clans. Auch bestreitet heute niemand mehr, daß südamerikanische Drogenkartelle wie etwa der Clan des kolumbianischen Kokainbarons Ochoa ihre Drogengelder über skrupellose Treuhänder und Finanziers in Liechtenstein wuschen. Und selbst der Spendensumpf von Bundeskanzler Helmut Kohl und der deutschen CDU hätte ohne die Konten des Waffenhändlers Karl Heinz Schreiber in Vaduz und Zürich nicht so reibungslos funktionieren können. Daß sich ausgerechnet Amnesty International Anfang des Jahres 2002 für Schreiber einsetzte, weil das in Kanada anhängige Auslieferungsverfahren nach Deutschland angeblich seine Menschenrechte verletzte, gehört zu den vielen Kuriositäten des deutschen Parteifinanzierungsskandals.

Doch jenseits der Grenzen der Eidgenossenschaft und des Fürstentums sieht es kaum besser aus. Die GiroCredit Bank in Wien hatte keine Probleme damit, das 350-Millionen-Dollar-

Konto islamistischer Fundamentalisten für den Krieg in Bosnien zu verwalten.

Eine italienische Großbank zog sich über Nacht aus dem Albanien-Geschäft zurück, nachdem Spekulationen über ihre Verwicklungen in den Skandal der Pyramiden-Banken laut geworden waren. Es brauchte erheblichen internationalen Druck, um die deutschen Banken von der Notwendigkeit verschärfter Gesetze gegen die Geldwäscherei zu überzeugen. Die amerikanische Chase Manhattan Bank brauchte über ein Jahr, um einem konkreten Verdacht auf Geldwäsche lateinamerikanischer Drogenbarone im großen Stil über eine argentinische Korrespondenzbank nachzugehen. Und die Bank of New York fand jahrelang nichts dabei, die Flucht- und Korruptionsmilliarden der russischen Präsidentenfamilie Jelzin und der sie umgebenden Oligarchen zu verwalten. Ein erheblicher Teil dieser Gelder wurde von Moskau aus über die in Genf registrierte Valmet in den Westen verschoben. Geleitet wurde die Valmet von Freunden des Jelzin-Vertrauten Boris Beresowski. Daß das Genfer Unternehmen zu 100 Prozent im Besitz der Ricks National Bank in Washington war, wurde in der Öffentlichkeit freilich verschwiegen.[326] Selbst unter dem Eindruck der Terroranschläge vom 11. September 2001 waren die US-Banken nur zögerlich zu einer verstärkten Kontrolle ihrer profitablen Korrespondenzbank-Kunden bereit. In wochenlanger Lobbyarbeit gelang es ihnen wenige Wochen nach den Attentaten, ein im Eilverfahren vor den Kongreß gebrachtes Gesetz in entscheidenden Punkten zu verwässern.

Niemand sollte sich daher darüber wundern, daß sich auch die Suche nach Geldern des Terrornetzes al-Qaida schwierig gestaltete. Die al-Shamal Islamic Bank in Khartoum etwa benutzt als Korrespondenzbank in London die British Arab Commercial Bank.[327] Über al-Shamal wickelte Osama bin Laden nach Ansicht der Geheimdienste bis in die zweite Hälfte der neunziger Jahre einen Großteil seiner den globalen Djihad finanzierenden Geschäfte ab. Die British Arab Commercial Bank befindet sich zu einem Viertel im Besitz der direkt von der libyschen Zentralbank kontrollierten Libyan Arab Foreign Bank.[328] Der andere Hauptanteilseigner ist die größte britische Bank, die Hong Kong-Shanghai Banking Corporation (HSBC).[329] Die British Arab Commercial Bank sei eine »in Großbritannien lizenzierte und nach britischen Vorschriften regulierte Bank«, sagte HSBC-Sprecher Richard Beck dem Wirtschaftsmagazin Bloomberg. Nicht ein Wort hatte er zu den Geschäftsbeziehungen seiner Bank mit al-Shamal in Khartoum zu sagen. »Die britischen Behörden wissen von der libyschen Beteiligung und haben keine Einwände.«[330]

Während des Prozesses gegen vier Al-Qaida-Mitglieder Anfang 2001 in New York, die der Beteiligung an den Bombenanschlägen von 1998 auf die US-Botschaften in Kenia und Tansania beschuldigt wurden, sagte der Kronzeuge der Anklage Jamal Mohammed al-Fadl aus, daß er und andere Angehörige von al-Qaida mehrere bei al-Shamal geführte Konten zur Finanzierung terroristischer Aktivitäten benutzt hätten. »Ein anderes Konto hatten wir bei der Bank Faisal Islami«, nannte al-Fadl bei dieser Gelegenheit eine zweite sudanesische Bank, an der der Genfer DMI-Trust ebenfalls beteiligt ist.[331]

Und im gleichen Prozeß gab der Al-Qaida-Überläufer Essam al-Ridi zu Protokoll, Osama bin Laden habe ihm über die al-Shamal Bank 230 000 Dollar überwiesen, um in Arizona einen gebrauchten Düsenjet zu erwerben. Das Flugzeug sollte angeblich dazu dienen, während des Afghanistan-Kriegs von der CIA gelieferte Stinger-Flugabwehrraketen von Pakistan in den Sudan zu fliegen.

Al-Shamals Spitzenmanager Mohammed S. Mohammed hat diese Anschuldigungen immer wieder vehement bestritten. Weder tauche Osama bin Laden unter den Namen der Bankgründer auf, die schon 1983 das Startkapital für die Bank in Höhe von 20 Millionen Dollar hinterlegten. Noch sei der meistgesuchte Terrorist der Welt im Jahr 1996 unter den 13 saudischen und sudanesischen Anteilseignern der Bank gelistet.[332] Allerdings wollte der Manager sich im Detail über die Besitzverhältnisse zwischen 1983 und 1996 nicht äußern.

Laut Mohammed S. Mohammed hat Osama bin Laden bei der al-Shamal Islamic Bank bis 1997 lediglich für zwei seiner Unternehmen, die Wadi Al Aqiq und die Al-Hijrah for Construction and Development Ltd., Konten unterhalten. Konten, die in diesem Jahr wegen mangelnder Bewegungen geschlossen wurden. Eine überraschende Information. Denn die Wadi Al Aqiq, deren Konten bei al-Shamal Islamic Bank laut Mohammed S. Mohammed »seit 1995 inaktiv waren«, wird von dem Sudanesen nicht nur als Unternehmen nach saudischem Recht, sondern sogar als ein in Saudi-Arabien registriertes Unternehmen angegeben. Riad hat sich bis heute nicht zu dem Rätsel geäußert, wie Osama bin Laden zu einem Zeitpunkt noch Besitzer eines Unternehmens in Saudi-Arabien sein konnte, zu dem die saudische Regierung dem Terroristen offiziell schon seit einem Jahr die Staatsbürgerschaft entzogen und sein im Land befindliches Vermögen eingefroren hatte.

Und wie nicht anders zu erwarten, leugnet auch die DMI in Cointrin energisch, jemals direkt oder indirekt Kontakte zur islamistischen Terrorstruktur um Osama bin Laden gehabt zu haben. Der Trust, hieß es in einem Ende Oktober 2001 von DMI-Sprecher Mouaouia Mokhtari in Cointrin verbreiteten Kommuniqué, weise »kategorisch jede Anspielung oder falsche Behauptung zurück, die die Gruppe (DMI) mit Finanznetzen von Terrororganisationen in Verbindung bringen«.[333]

Yeslam bin Laden

Der Welschschweizer Lucien Rouiller war bis ins Jahr 2001 nicht nur Berater des Treuhandfonds DMI in Cointrin, sondern auch der Faisal Finance SA und der Faisal Islamic Bank. Zugleich war Rouiller aber auch mit der in Genf registrierten MKS Finance SA verbunden, die den Brüdern Shakarchi gehört.[334]

Mohammed Shakarchi ließ in den achtziger Jahren über sein in Zürich gemeldetes Unternehmen Shakarchi Trading Company nicht nur 25 Millionen Dollar der CIA für die afghanischen Mudjaheddin, sondern auch Drogengelder der türkischen Mafia fließen. Bis vor einiger Zeit war ein Mitglied der Familie Shakarchi auch im Verwaltungsrat des Unternehmens Russel-Wood in London vertreten. Und dieses kompliziert verzweigte Unternehmen wiederum ist der britische Ableger der in Genf registrierten Saudi Investment Company (SICO). Das am 19. Mai 1980 als Schweizer Investmentzentrum der Saudi bin Laden Group unter dem Namen Cygnet SA gegründete und später in SICO umgetaufte Unternehmen gehört dem im Frühling 2001 in der Schweiz eingebürgerten Yeslam bin Laden, einem der vielen Halbbrüder Osama bin Ladens.[335]

Reich, elegant und vor allem immer diskret, hat Yeslam bin Laden es in den letzten Jahren unternommen, den Ruf der Familie vor dem Terrorbruder zu schützen. Vor allem auf sein Drängen hin erklärte die Familie den endgültigen Bruch mit dem Terroristen, nachdem die saudische Regierung 1994 entschieden hatte, Osama die Staatsbürgerschaft zu entziehen und sein Vermögen in Saudi-Arabien zu beschlagnahmen. Doch die Explosionen in den beiden Türmen des World Trade Center und im Pentagon haben die alten Zweifel an dieser Version einmal mehr ans Licht geholt. Denn die von der Familie selbst verbreiteten Informationen zeichnen ein anderes Bild.

Nicht nur, daß Osama bin Ladens Mutter Anfang des Jahres 2001 zur aufwendig zelebrierten und über den arabischen Sender al-Jazeera ausgestrahlten Hochzeit ihres Enkels nach Afghanistan reiste. Immer wieder hörten die amerikanischen Geheimdienste in den letzten Jahren mit, wenn Osama bin Laden mit der Mutter am Telefon sprach. Wenige Tage vor dem 11. September ließ der Terrorist die Mutter dann wissen, daß bald etwas geschehen werde, was sie für längere Zeit trennen werde. Und Ende Februar 2002 schließlich, so erklärte sein Halbbruder Scheich Ahmad in Jeddah gegenüber dem amerikanischen Nachrichtensender CNN, erhielt die Mutter einen Anruf, in dem ihr ausgerichtet wurde, Osama sei wohlauf. Sie solle sich keine Sorgen machen. »Kein Muslim kann akzeptieren, was am 11. September in Amerika geschah. Aber als Geschwister wünschen wir uns natürlich, daß es Osama auch in Zukunft gutgehen wird.« Kein Wort von einem unheilbaren Bruch in der Familie. Im Gegenteil, Scheich Ahmad konnte seine Bewunderung für die tiefe Frömmigkeit des Halbbruders und für seine »Halsstarrigkeit, ein sich gesetztes Ziel bis zum Ende zu verfolgen«, nicht verbergen.[336]

Und nicht nur die US-Geheimdienste vermuten, daß es bei telefonischen Kontakten nicht geblieben ist. Amerikanische und französische Finanzexperten sind sich sicher, daß Osama bin Laden seinen »Djihad gegen die Juden und Kreuzfahrer« nur zum Teil aus seinem auf ungefähr 300 Millionen Dollar geschätzten Erbe und sicher auch nicht allein mit Blutdiamanten, Rauschgift und »wohltätigen« Spenden reicher Sympathisanten aus der arabischen Welt finanziert. Nach Ansicht der Experten mehren sich seit dem 11. September die Anzeichen dafür, daß immer wieder auch Spenden der Familie den Djihad ihres Verwandten unterstützen.

Es gab wirtschaftliche Konsequenzen. Auf einmal waren die bin Ladens nicht nur in den USA aus ihren gewohnten Krei-

sen ausgeschlossen. Die Investment-Gruppe Carlyle zum Beispiel, die erhebliche Interessen in der amerikanischen Rüstungsindustrie hält und bei der der ehemalige Präsident
George Bush und einige seiner Kabinettsmitglieder ein hoch-
dotiertes Auskommen gefunden haben, bat die Familie bin
Laden nach den Attentaten diskret um den Ausstieg aus ihren
Fonds. Auch eine Einlage der Familie in mindestens zweistelli-
ger Millionenhöhe bei einer Tochtergesellschaft der Deutschen
Bank in London war nach den Anschlägen auf einmal nicht
mehr willkommen.

Am direktesten von allen aber hat es den seit über 20 Jahren
in der Schweiz lebenden Yeslam bin Laden getroffen. Als der
Schweizer Autor Richard Labevière 1999 in seinem Buch *Les
dollars de la terreur*[337] zum ersten Mal die offizielle Version der
Familie bin Laden anzweifelte, bereits seit 1994 mit dem Terroristen Osama endgültig gebrochen zu haben, hatte Yeslam bin
Laden noch auf jede Reaktion verzichtet. Dabei hatte Labevière
schweres Geschütz aufgefahren. Die SICO, hatte er sinngemäß
behauptet, sei nichts als ein »legales Finanzinstrument« des Terrorismus, sozusagen eine richtungsverkehrte Geldwaschma-
schinerie, die gutes, sauberes Geld in schmutziges Terrorgeld
verwandle. Yeslam bin Laden hatte nur die Schultern gezuckt
und erklärt, er werde mit einer Stellungnahme nicht auch noch
Werbung für ein Buch »voller grober Fehler« machen.[338]

Seit dem 11. September 2001 muß Yeslam bin Laden nicht
nur mit den Vorwürfen von Labevière leben. Auch in einem in
Frankreich veröffentlichten Geheimbericht eines internationalen Finanzfahnders über »Das ökonomische Umfeld von
Osama bin Laden« steht einmal mehr die SICO im Zentrum des
Interesses.[339] Eines von vielen unbequemen Ergebnissen dieser
Studie: Die Saudi Investment Company des Yeslam bin Laden
hat sich mit undurchsichtigen Offshore-Strukturen umgeben,
deren Finanzgebaren sich jeder Kontrolle entzieht.

Fünf Monate später hatten die Fahnder der französischen Zollbehörde Tracfin genügend Material gegen den Neu-Schweizer zusammengetragen, um bei der Pariser Staatsanwaltschaft die Eröffnung eines Verfahrens wegen Geldwäscherei zu beantragen. Ermittlungsrichter Renaud van Ruymbeke gab diesem auch politisch brisanten Antrag, bei dem es unter anderem um verdächtige Finanztransaktionen zwischen Frankreich, England und den Britischen Virgin Islands ging, Ende Januar 2002 statt.[340] Fast auf den Tag genau zwei Monate später wurden die Häuser und Wohnungen, aber auch die Firmen von Yeslam bin Laden in der Schweiz durchsucht.

Yeslam bin Laden hat sich daran gewöhnen müssen, daß seit dem 11. September 2001 jeder Aspekt seines bisher weitgehend unbehelligten Luxuslebens unter die Lupe genommen wird. Warum etwa flog er in den ersten acht Monaten des Jahres 2001 neunmal nach Mailand? Die Besuche bin Ladens und seiner Begleiter in der lombardischen Metropole seien jedesmal so kurz gewesen, behauptet ein Angestellter des Wartungsteams auf dem Privatflughafen Forlanini, »daß es noch nicht einmal für einen Shoppingtrip in die Innenstadt gereicht hätte«.[341] Sechsmal kam Yeslam bin Laden aus seinem Domizil im französischen Cannes angeflogen. Weil das nach den Schengener Bestimmungen der EU ein »Inlandsflug« war, wurden die Insassen in Mailand nicht registriert. Aber dreimal kam der Jet aus Zürich. Und von diesen Besuchen liegen der italienischen Grenzpolizei die Kopien der Reisedokumente der Passagiere vor, die den Behörden einige Rätsel aufgegeben haben.

Vor allem der auf einen gewissen Carlos Rochat ausgestellte eidgenössische Paß hat die Ermittler neugierig gemacht. Denn ein Paßinhaber dieses Namens ist den Schweizer Behörden nicht bekannt. Zwar hört einer der Freunde und Anwälte bin Ladens, der auch im Verwaltungsrat der Sico sitzt, auf den

Namen Charles Rochat. Aber nein, wehrt ein hoher Beamter der Zürcher Kantonalspolizei den Verdacht ab, bevor er überhaupt erst ausgesprochen wurde: Er könne sich nicht vorstellen, daß ein angesehener Schweizer Anwalt mit einem falschen Paß durch Europa reise.[342] Die italienischen Geheimdienste zumindest haben auf dem Mailänder Flughafen die entsprechenden Dokumente beschlagnahmt. Einem in Mailand stationierten Mitarbeiter der CIA sind Kopien davon ausgehändigt worden. Auch seine Anfrage bei den Schweizer Behörden, behauptet der Geheimdienstler, habe keine befriedigenden Antworten gebracht.[343] Zweifellos könnte Yeslam bin Laden selbst die Fragen nach Carlos Rochat jederzeit beantworten. Aber Yeslam bin Laden schweigt.

Vielleicht auch deshalb, weil jede seiner Antworten automatisch neue unbequeme Fragen nach sich ziehen würde. Etwa, warum ausgerechnet die beiden SICO-Verwaltungsräte und Anwälte Charles Rochat und Baudoin Dunand die Liquidatoren einer am 16. Januar 1986 in Villars-sur-Glane bei Fribourg unter dem Namen Tyndall Trust registrierten und am 21. Mai 2001 wieder gelöschten Unternehmung waren.[344] Die gleiche Funktion erfüllten die beiden Geschäftsfreunde von Yeslam bin Laden auch für die 1990 in Genf eingetragene und im Januar 2001 gelöschte gleichnamige Tochtergesellschaft der Tyndall Trust. Einer der Spitzenmanager der Tyndall Trust war seit der Gründung der in Genf lebende amerikanische Steueranwalt Willard Zucker,[345] der auch die ebenfalls am Genfer See registrierte Compagnie de Service Fiduciaires (CSF) kontrollierte.[346] Und die CSF hatte, unter Beteiligung der Tyndall Trust, ab 1986 das Finanzmanagement für eine Unternehmensgruppe namens Enterprise übernommen.[347]

Die Enterprise war allerdings nichts als die Nachfolgerin der 1983 von dem Iraner Albert Hakim und dem US-General Richard Secord gegründeten Stanford Technologies Trading

Group International (STTGI). Und über die in Enterprise umbenannte Stanford Technologies hatten Richard Secord und Oliver North vom Weißen Haus in Washington aus ihre vor dem Kongreß verheimlichten und illegalen Waffengeschäfte mit dem Iran und den nicaraguanischen Rebellen der Contras abgewickelt. Willard Zucker veranlaßte die Zahlungen von den Konten der Enterprise an Oliver North.[348]

1986 wurde der Syrer Monsar al-Kassar aus den Kassen der Enterprise für eine Waffenlieferung an die Contra bezahlt. Al-Kassar gilt aber nicht nur als einer der größten internationalen Waffenhändler. Immer wieder ist er auch mit islamistischen Fundamentalisten und terroristischen Gruppen des Nahen Ostens in Verbindung gebracht worden. Und schließlich verhandelte Monsar al-Kassar mit einer Gruppe internationaler Gift- und Atommüllhändler über die Bereitstellung von Schiffen zum illegalen Transport von gefährlichem Sondermüll nach Mosambik.[349]

Willard Zucker hat stets bestritten, bei seiner Arbeit für die Enterprise gegen amerikanische und Schweizer Gesetze verstoßen zu haben. Weil keiner der am Iran-Contra-Skandal Beteiligten wegen des Betrugs an der amerikanischen Regierung verurteilt wurde, konnten 10 Millionen vom Sultan von Brunei »versehentlich« auf einem Konto des Genfer Bankiers Bruce Rappaport geparkte Dollars nie an die USA zurückgegeben werden.[350] Immerhin verweigerte die Gemeinde von Bernex vor den Toren von Genf dem Steueranwalt Willard Zucker 1992 die Schweizer Staatsangehörigkeit.[351]

Doch die Verbindung zwischen den Vertrauten Yeslam bin Ladens, Rochat und Dunand, und dem Verwalter der Iran-Contra-Gelder ist nicht das einzige, was die internationalen Terrorfahnder interessiert. Zunehmend stoßen die Ermittler auch auf Berührungspunkte zwischen dem islamistischen Terrorismus und dem internationalen Rechtsextremismus.

Und Maitre Baudoin Dunand war dem Schweizer Alt-Nazi François Genoud bis zu dessen Freitod im Jahr 1996 nicht nur als Anwalt, sondern auch als guter Freund verbunden.[352]

V
Eine fatale Mischung

14 Von Islamisten, Rechtsextremisten und Mafiosi

Offen bezeichnete sich der 1915 geborene François Genoud als
»Nationalsozialisten der ersten Stunde«. Und wenn er sich eine
Berufsbezeichnung geben mußte, dann nannte er sich Bankier.
Ersteres war richtig. Letzteres hingegen eine dreiste Lüge. Denn
tatsächlich war François Genoud ein gelernter Tapezierer, der
in seinem langen Leben nicht einen Tag in einer Bank gearbeitet hatte.[353] Was allerdings stimmte, waren die umfangreichen
Geldgeschäfte, die der welsche Hitler-Verehrer über die Jahre
hinweg dank der Verwertung der Urheberrechte auf eine Reihe
von Texten und Manuskripten von Spitzenvertretern des Dritten Reichs tätigen konnte.

Genoud hatte Geld, um die Verteidigung Adolf Eichmanns
und des Nazi-Schlächters von Lyon Klaus Barbie zu unterstützen.[354] Seine Mittel flossen vor allem in rechtsextremistische
Gruppierungen in Europa oder zur rechtsnationalistischen
Front Nationale pour la liberation (FNL) während des Alge-
rien-Kriegs. Wenn es not tat, gab es bei Genoud aber auch Hilfe
für Linksextremisten wie den venezolanischen Terroristen
»Carlos«, den er sogar als Freund bezeichnete, oder für die
»Volksfront für die Befreiung Palästinas« (PFLP), als diese 1972
eine Boeing 747 der Lufthansa von Delhi nach Aden ent-
führte.[355] Die Ideologie wurde zur Nebensache, solange es nur
gegen den großen gemeinsamen Feind ging, das »Weltjudentum«.[356]

Zu seinen Freunden zählte François Genoud, der 1996 in Genf Selbstmord beging, auch den zum Islam konvertierten Schweizer Rechtsextremisten und Holocaust-Leugner Albert Friedrich »Ahmet« Huber.[357] Der ehemalige Journalist, dessen entsetzliches Gedankengut wesentlich durch den nach dem Zweiten Weltkrieg nach Kairo geflohenen Chefideologen des NS-Reichspropagandaministeriums Johannes von Leers (nach seiner Konversion zum Islam Omar Armin von Leers) beeinflußt wurde,[358] feierte nach einem Bericht der Schweizer Zeitung *Blick* die Attentate vom 11. September 2001 auf die »Türme der Gottlosigkeit« in New York und das »Symbol des Satans« (das Pentagon) mit jugendlichen Gleichgesinnten lautstark in einem öffentlichen Lokal.[359]

Besonders originell war Ahmet Huber mit diesem makabren Gelage nicht. Der Schweizer Rechtsislamist erhob sein Glas im Andenken etwa an Amin al-Husseini, Hitlerverehrer, Großmufti von Jerusalem und 1974 verstorbener Onkel von Yassir Arafat. Araber und Deutsche seien »natürliche Freunde«, hatte der fromme Mann dem Führer Ende November 1941 in Berlin gesagt, denn beide Völker hätten die gleichen Feinde: »Die Engländer, die Juden und die Kommunisten«. Zu diesem Zeitpunkt waren die USA noch nicht in den Krieg eingetreten. Reichsführer-SS Heinrich Himmler aber wollte New York noch kurz vor der Niederlage des Dritten Reichs »in Schutt und Asche« legen, damit »die Amerikaner auch etwas vom Krieg zu spüren bekommen«.[360] Und ganz im Sinn von al-Husseini und Heinrich Himmler schließlich war das Freitagsgebet am 13. Oktober 2000 in der Sultan Aal Nahyan-Moschee in Gaza, als Ahmed Abu Halabiya, ehemaliger Rektor der Islamischen Universität in Gaza und Mitglied des von Arafat ernannten »Fatwa-Rats«, rief: »Wo immer ihr seid, tötet Juden und Amerikaner (...) Laßt uns Allah vertrauen! (...) und das Motto von uns allen möge sein: Heiliger Krieg! Heiliger Krieg!«[361]

Mohammed Atta und seine achtzehn Mordgesellen hatten die Träume der Islamisten und der Nazis erfüllt und den Krieg nach Amerika getragen. Kein Wunder, daß »Ahmet« Huber und seine Freunde den 11. September bejubelten.

Seit Jahren zieht der 1927 geborene Huber als Festredner »im Rahmen der Islamischen Bewegung« auf allen Kontinenten von einem rechtsextremen Treffen zum anderen.[362] Von Teheran aus, wohin er sich vor einer fünfzehnmonatigen Haftstrafe geflüchtet hatte, lud der Schweizer Rechtsextremist Jürgen Graf im Frühling 2001 zu einer internationalen Konferenz nach Beirut ein. Teilnehmer sollten international bekannte Holocaustleugner und NS-Revisionisten sein. Huber hatte Graf von Europa aus bei den Vorbereitungen geholfen. Die Festansprache unter dem bezeichnenden Titel »Endlösung der Judenfrage« sollte der vom Linksterrorismus nach rechts außen abgedriftete Berliner Rechtsanwalt Horst Mahler halten. Erst auf internationalen Druck hin wurde das Treffen in letzter Minute von der libanesischen Regierung verboten. Dafür wurden auf der von Mahler presserechtlich verantworteten Internetseite des »Deutschen Kolleg« die Terrorangriffe vom 11. September 2001 mit folgenden Worten gerechtfertigt: »Die militärischen Angriffe auf die Symbole der mammonistischen Weltherrschaft sind – weil sie vermittelt durch die Medien den Widerstandsgeist der Völker beleben und auf den Hauptfeind ausrichten – eminent wirksam und deshalb Rechtens.«[363]

Die von Graf und Huber organisierte Konferenz wurde statt in Beirut schließlich in Moskau abgehalten. Die russische Regierung hatte keine Einwände und früher stramm kommunistische Journalisten fanden nichts dabei, auch in angesehenen Zeitungen über die Gefahr des Weltjudentums und die globale Verschwörung des von »den Juden« kontrollierten »Kapitals« zu spekulieren.

»Ahmet« Huber ist ein gutes Beispiel für die gefährlichen ideologischen Verflechtungen zwischen rechtsextremen Judenfeinden, Fremdenhassern und Globalisierungsgegnern im Westen und islamischen Fundamentalisten. Einerseits ist er über die rechtsextreme Schweizer Denkfabrik Avalon mit dem deutschen Thule-Seminar verbunden, das sich als Wiege einer neuen völkischen Kultur in Europa versteht.[364] Ideologischer Zulieferer für das Thule-Seminar ist der Vordenker der französischen »Nouvelle Droit« Alain de Benoist, dessen langfristig angelegte Strategie sich gegen den »bürgerlichen Liberalismus« und den in der Demokratie verankerten Gleichheitsgrundsatz richtet und der statt dessen die »kulturelle Hegemonie« einer am völkischen Gedanken orientierten Elite anstrebt.[365] Nachdem sein Stern in der rechten europäischen Szene in den letzten Jahren zu verblassen schien, erfährt de Benoist momentan in Italien neuen Aufschwung. Sein Gedankengut ist von Gianfranco Fini, dem stellvertretenden italienischen Premierminister und Erben der faschistischen Partei Mussolinis, in das im April 2002 vorgestellte neue Parteiprogramm der postfaschistischen »Alleanza Nazionale« integriert worden.[366]

Den Schritt vom Ideologen zum Aktivisten der islamistischen Sache vollzog Albert Friedrich »Ahmet« Huber spätestens am 21. Juli des Jahres 1988. An diesem Tag betrat der Konvertit das Luganeser Büro von Notar Gianluca Boscaro. Ebenfalls anwesend waren der naturalisierte Schweizer Hochschullehrer Mohammed Mansour und dessen Frau Zeinab Mansour Fattouh sowie die beiden in der italienischen Enklave Campione d'Italia lebenden Tunesier Youssef Nada und Ali Ghaleb Himmat.

Von Damaskus kommend, hatte Himmat sich schon im Jahr 1958 zuerst in Deutschland, dann in Österreich niedergelassen. Der im ägyptischen Alexandria geborene Nada hatte zwei Jahre später den umgekehrten Weg gewählt, er hatte zuerst in Österreich, später in Deutschland gelebt. Seine älteste Tochter heiratete den Sohn des vom deutschen Verfassungsschutz zu den gefährlichen Islamisten zählenden Leiters des islamischen Zentrums in Aachen, al-Attar Issam. Himmat übernahm von Anfang an wichtige Funktionen in der deutschen islamischen Gemeinde. Nada würde dies später im Tessin tun. Beide waren, als sie nach Europa kamen, bereits Mitglieder der fundamentalistischen Muslimbrüderschaft. Und beide nahmen in den neunziger Jahren die italienische Staatsbürgerschaft an.

Zweck der Versammlung bei Notar Boscaro war die Gründung eines »al-Taqwa Management Organization SA« genannten Unternehmens, das sich mit dem Import und Export verschiedenster Güter weltweit beschäftigen würde.

Je 333 der insgesamt 1000 Aktien zu je 100 Schweizer Franken wurden von Mohammed Mansour und seiner Frau gezeichnet. 332 Anteilsscheine übernahm »Ahmet« Huber. Die letzten beiden Aktien teilten sich Nada und Himmat. Mansour wurde zum Präsidenten der neuen Gesellschaft ernannt. Seltsam war bei dieser Aufteilung des Aktienpaketes nur die im Gesellschaftervertrag festgelegte Klausel, daß jede Entscheidung die Unterschrift eines der beiden Minderheitsaktionäre Nada oder Himmat tragen müsse.[367]

An diesem Tag legten »Ahmet« Huber und seine Freunde die Keimzelle für ein weltweites Netzwerk, das amerikanische Fahnder nach dem 11. September 2001 als eine der zentralen Finanzquellen für den internationalen islamistischen Terror bezeichnen sollten.

Youssef Nada findet »solche Mutmaßungen tief betrüblich«. Er selbst sieht sich am liebsten als Philanthrop. Stolz ist er auf seine lange Mitgliedschaft im Direktorium der den Vereinten Nationen nahestehenden italienischen Denkfabrik »Pio Manzu«. Dort saß Nada im Kreis von Männern, die die Welt gemeinhin für wichtig hält: von Fiat-Präsident Gianni Agnelli bis hin zu Henry Kissinger. Als das Institut an der italienischen Adriaküste nach den Septemberanschlägen von dem Terrorverdacht gegen Youssef Nada erfuhr, wollte sich eine Sprecherin nicht zu Herrn Nada äußern. Man werde ihn aber auch nicht vorab verurteilen. »Kurz und gut, wir haben nichts zu sagen.«[368]

Youssef Nada selbst erklärte sich Anfang Oktober 2001 in einem Verhör mit zuerst der italienischen und wenige Tage später auch gegenüber der eidgenössischen Staatsanwaltschaft für völlig unschuldig. Weder er noch seine Unternehmen könnten mit dem islamistischen Terror in Verbindung gebracht werden. Als guter Muslim habe er immer reichlich Zakat gegeben, ohne sich jedoch um die weitere Verwendung seiner Spenden zu kümmern. Zum Inhalt vieler Fragen konnte er sich, zu seinem Bedauern, beim besten Willen nicht mehr erinnern. Dann lächelten seine Befrager freundlich und füllten die Gedächtnislücke mit einem Griff in ihre umfangreiche Dokumentation.

In Nassau auf den Bahamas hatten Youssef Nada und seine Freunde die al-Taqwa Bank gegründet. Als »Zweck des Unternehmens« wurde neben der Betreuung der Vermögensanlagen der Aktionäre sowie der erwarteten Klienten die Durchsetzung der Scharia-Gesetze in der islamischen Bankenwelt angegeben.[369] Unter den fast 500 Aktionären fanden sich, neben Nada, Himmat und dem Altnazi »Ahmet« Huber, auch einige notorische Rechtsextremisten aus Italien – und drei Mitglieder der Familie bin Laden.[370]

Die Gruppe weitete sich über Firmen in Liechtenstein und in Großbritannien weiter aus. Schnell hatte die Al-Taqwa-Gruppe Kontakte in vielen Ländern. Die Geschäfte vor allem mit der islamischen Welt florierten, wie die nach Nassau überwiesenen Gewinne bewiesen. Ganz nach den Vorschriften des Koran wurden 2,5845 Prozent davon als Zakat an karitative islamische Einrichtungen weitergereicht. 300 000 Dollar kamen so 1992 zusammen. Zwei Jahre später waren es dann schon 1,6 Millionen. Das Geld floß über Konten unter anderem bei der Akida Bank in Nassau, der Creditanstalt Bankverein in Wien, der Al Rajht Banking and Investment Corporation in Saudi-Arabien und dem Kuwait Finance House of Safat an die Empfänger. Ein Großteil ging an die International Islamic Relief Organization (IIRO). Von dort haben die Fahnder das Geld weiter zu Gruppen von al-Qaida verfolgen können. Andere Zakat-Gelder von al-Taqwa gingen an tunesische Fundamentalistengruppen, die ebenfalls mit Osama bin Ladens Organisation in Verbindung gebracht werden.

Die Al-Taqwa-Gruppe, heißt es in einem schon vor dem 11. September 2001 erstellten Ermittlungsbericht der italienischen Polizei, finanziere unter anderem islamische Extremisten in Ägypten, Tunesien, Algerien, Jemen, Sudan und Afghanistan. Auch die Muslimbruderschaft, die algerische GIA und selbst die Terrorgruppe des radikalen Palästinensers Abu Nidal werde unterstützt.[371]

Besonders interessiert waren die Fahnder an den Kontakten von Youssef Nada zur Akita Bank. Wie die al-Taqwa Bank residierte auch dieses Geldinstitut in der Devaux Street Nr. 10 in Nassau. Doch die beiden Banken hatten mehr gemein als nur die Postanschrift. Die Akita Bank gehörte zu dem über die ganze islamische Welt verstreuten Firmenimperium des in Mailand lebenden Kuwaiti Ahmed Idris Nasreddin und seinen Söhnen. Und Nasreddin war nicht nur ein wichtiger Anteilseigner auch der al-Taqwa Bank.[372] Die Beziehungen zu der Al-Taqwa-Gruppe waren so eng, daß einige ihrer Angestellten zeitgleich in Unternehmen beider Organisationen arbeiteten.[373]

Auch die Nasreddins gehören zu der muslimischen Bruderschaft. Und sie pflegen Kontakte, die von der Polizei und den Geheimdiensten sehr genau beobachtet werden. Stand ihr Geschäfts- und Glaubensfreund Youssef Nada in engem Kontakt zum Beispiel mit den philanthropischen Vordenkern der Vereinten Nationen, so pflegten die Nasreddins ihre Bekanntschaften bis in die hohen Kreise der italienischen Politik.

Zum weiteren Kreis um Nasreddin gehört etwa Gustavo Selva. Der ehemalige Journalist und heutige Parlamentsabgeordnete für die postfaschistische Partei Alleanza Nazionale war bis 19. April 1999 Teilhaber des römischen Unternehmens Arab-Italian Consulting House. Sechs Monate vor seinem Ausscheiden, am 18. September 1998, wurde ein gewisser Sergio Marini zum Konkursverwalter der Firma ernannt.[374] Marini war, zusammen mit der Nasreddin International Group Limited Holding, auch Mitinhaber der in Mailand registrierten Line Investment srl. Seit 1988 war Marini darüber hinaus CEO der »L.IN.E. Development Light Industry and Environment Development srl« in Rom, der als Verwaltungsratspräsident Abduhrahim Nasreddin und als sein Stellvertreter Ghaleb Himmat vorstanden.[375]

Himmat – zur Erinnerung – war unter den Gründungsmitgliedern der Al-Taqwa-Gruppe um Youssef Nada.

Am 12. September 1977 hatte Ahmed Idris Nasreddin im Büro der Liechtensteiner Rechta Treuhand-Anstalt in Vaduz die Nasreddin International Group Limited Holding (Nasco) gegründet.[376] Die Holding würde sich um »Handels-, Finanz-, Holding- und Rechtsgeschäfte aller Art sowie die Beteiligung an anderen Unternehmen, An- und Verkauf von Mobilien und Immobilien« kümmern. Das Grundkapital des neuen Unternehmens in Höhe von 100 000 Schweizer Franken war eine Woche zuvor auf ein Konto der Filiale der Banco di Roma in Chiasso einbezahlt worden.[377]

Wie im Fall al-Taqwa wurde auch die Holding von Nasreddin zur Keimzelle eines internationalen Netzes von Tochtergesellschaften, Filialen und Partnern, die alle in eine Richtung operierten, den islamischen Fundamentalismus.

Bis in die zweite Hälfte der neunziger Jahre interessierte sich niemand wirklich für dieses von Mailand aus gesteuerte Firmengeflecht. Aber dann mehrten sich die Zeichen dafür, daß die italienische Finanzmetropole auch in den Plänen der islamistischen Extremisten eine wichtige Rolle spielte. Und das Zentrum ihrer Aktivitäten wurde in dem Islamischen Zentrum in der Mailänder Viale Jenner Nr. 50 entdeckt, das während des Bosnienkriegs als Rekrutierungszentrum für Mudjaheddin-Aspiranten auf dem Balkan gedient hatte. Den Imam des Zentrums hatte der kroatische Geheimdienst 1995 bei einer Operation gegen islamistische Bosnien-Krieger liquidiert. Nach dem Krieg diente die Hinterhofmoschee als Anlaufstelle für Al-Qaida-Kämpfer aus aller Welt. Von hier aus wurden immer wieder Anrufe in die Organisationszentrale in Afghanistan getätigt. Und hier beteten auch die Tunesier der Al-Qaida-Gruppe um Khemais, die zuschauen wollten, wie eine mit Giftgas gefüllte Tomatendose in einem Supermarkt explodierte.[378]

Die Miete des Islamischen Zentrums in Mailand wurde von Ahmed Idris Nasreddin bezahlt. Eine Reihe von Unternehmen der Nasreddin-Gruppe wie etwa die Bauarbeiter-Kooperative »Paradiso« hatten direkte Kontakte mit der Moschee in der Viale Jenner.[379] Mitarbeiter des Muslimbruders Nasreddin tauchten in der Hinterhofmoschee auf, die inzwischen so zahlreich besucht wurde, daß die gläubigen Muslime für das Freitagsgebet das Trottoir vor dem Gebäude auf eine Länge von gut 100 Metern mit Beschlag belegten. Proteste der Anlieger und der Inhaber der umliegenden Geschäfte wurden mit dem arroganten Hinweis abgetan, sie seien in dieser Gegend Mailands eigentlich nur noch geduldet. »Merk Dir eins: wo ein Muslim ist, da gilt der Islam«, erklärte eine Gruppe aggressiver junger Männer einem Barbesitzer in der Nähe der Moschee, warum er ab sofort allen Alkohol aus seinem Geschäft zu entfernen habe.[380]

Nicht immer, stellten die italienischen Fahnder bei ihren Ermittlungen gegen Nasreddin fest, war ein ökonomischer Sinn in den Geschäften seiner Unternehmen zu erkennen. Etwa als eine Schiffsladung frischer Datteln fünf Monate lang zwischen der italienischen und der kroatischen Adriaküste hin und her gefahren wurde. Oder als mehrere hundert Kilo Orangen per Flugzeug nach Italien gebracht wurden. Und völlig verdutzt notierte einer der italienischen Fahnder eines Tages, der strenggläubige Muslimbruder Nasreddin habe eine ganze Ladung Schweinefleisch bestellt. Es sei, heißt es in dem Report, »davon auszugehen, daß sich hinter diesen scheinbar unsinnigen Geschäften etwas anderes verbirgt«.[381]

Je tiefer sich die Ermittler in das Firmengestrüpp der Nasreddin-Gruppe vorarbeiteten, um so mehr Fragen tauchten auf. So war es zum Beispiel nicht einsichtig, warum die Gesellschafter der Nasreddin International Group Limited Holding am 20. Oktober 1994 beschlossen, die in Liechtenstein registrierte Firma in Middle East and Turkey Investment Holding Ltd. umzunennen, nur um ihr acht Tage später dann ohne ersichtlichen Grund den alten Namen wiederzugeben.[382] Und auch die Tatsache, daß Nasreddin bei der Gründung seiner Nasreddin International Group Limited Holding im Jahr 1977 neben dem Vaduzer Treuhänder Dr. Enrico Walser ausgerechnet den Tessiner Rechtsanwalt Dr. Ercole Doninelli in den Verwaltungsrat geholt hatte, machte die Fahnder stutzig.[383] Ercole Doninelli galt bis zu seinem Tod allgemein als die »Seele« der Luganeser Finanzgesellschaft Fimo, deren langjährige und oft undurchsichtige Geschäfte die Tessiner Skandalchronik seit Beginn der neunziger Jahre immer wieder gefüllt haben. Wobei die italienischen Kapitalflüchtlinge, die jährlich bis zu 250 Millionen Schweizer Franken von der Fimo in das Tessin schleusen und dort gewinnbringend anlegen ließen, noch der sauberste Teil der Kundschaft der Finanzgesellschaft waren.[384]

Nie endgültig geklärt worden ist etwa die Rolle, die die Fimo seit dem Jahr 1968 bei der Finanzierung in Millionenhöhe der ersten Projekte eines damals völlig unbekannten jungen Bauunternehmers aus Mailand namens Silvio Berlusconi spielte. Das Wissen darüber, wessen Kapital letztlich unter der Verwaltung des Ehepaars Doninelli aus der Eti Holding in Chiasso über mehrere Stationen in die Interchange Bank und von dort weiter zu Berlusconis von zwei Strohmännern geführte Italcantieri floß, ging schließlich mit der Konkursmasse der Fimo verloren.[385]

Auch daß ein Teil der illegalen Finanzierung der italienischen Parteien, die Anfang 1992 von der Mailänder Staatsanwaltschaft entdeckt wurde, über die Fimo geflossen war,[386] war eher harmlos im Vergleich zu der Entdeckung, daß die Fimo auch als Geldwäscheranstalt für die italienische Mafia und die südamerikanischen Drogenkartelle gearbeitet hatte.[387] Kein Problem habe der Mailänder Fimo-Mitarbeiter Giuseppe Lottusi mit den 12 Millionen Dollar gehabt, die die sizilianische Mafiafamilie Madonia an das kolumbianische Medellinkartell überwiesen hatte, diktierte etwa der italo-amerikanische Mafioso Joe Cuffaro dem palermitanischen Untersuchungsrichter Giovanni Falcone in sein Geständnis. Die für die Bezahlung einer 600-Kilo-Lieferung Kokain bestimmte Summe sei »ganz normal über die Bankkanäle der Fimo überwiesen worden«.[388] Als die Flut der Skandale über der Fimo zusammenzubrechen drohte, gab der Präsident des Unternehmens, der gleichzeitig außenpolitischer Sprecher der Regierung in Bern war, Gianfranco Cotti, seinen Sitz im Verwaltungsrat der dubiosen Finanzgesellschaft in aller Eile auf. Das Zeitgefühl des Politikers zahlte sich aus. Cotti blieb von den Ermittlungen gegen die Fimo verschont.

Aber Ercole Doninelli und seine Fimo waren nicht der einzige unfeine Partner in der langjährigen Geschichte der

Nasreddin International Group Holding Limited. Am 21. Oktober 1993, Ercole Doninelli war im Verwaltungsrat inzwischen durch seine Frau Stefania ersetzt worden, wurde auch der Treuhänder gewechselt. An die Stelle von Enrico Walser suchte Ahmed Idris Nasreddin sich den Liechtensteiner Engelbert Schreiber senior aus. Später würde der gleichnamige Junior das Mandat des Vaters übernehmen.[389]

Am 3. März 1997 ging beim Presse- und Informationsamt der Regierung des Fürstentums Liechtenstein ein Brief ein. »Sehr geehrte Damen und Herren«, kündigte der anonyme Schreiber an, »die beiliegenden Informationen sind Gegenstand einer der größten, weltweit durchzuführenden Berichterstattungen über einen bislang einzigartigen Vorfall der internationalen Geldwäsche.« Und wie um der Regierung noch einen letzten Ausweg aus einer höchst peinlichen Situation zu erlauben, wolle er auf das »Vorermittlungsergebnis verschiedener, unabhängiger Reporter … über die Machenschaften – die Ihnen sicherlich NICHT bekannt sein werden – in Ihrem Fürstentum hinweisen«.[390]

Unter der wenig schmeichelhaften Überschrift »Korruption und Geldwäsche im Ländle« hieß es, der Bericht solle »die Verstrickungen zwischen Banken, Justizbehörden und Politik im Fürstentum Liechtenstein mit dem organisierten Verbrechen (italienische Mafia, kolumbianische Drogenkartelle) aufzeigen und nachweisbar dokumentieren«. Der Polizeichef des Fürstentums etwa stehe seit 1985 im Sold des Medellin-Bosses Pablo Escobar. »Die Kontakte zu Escobar kamen über einen Engelbert Schreiber, Vaduz, über Caracas/Venezuela durch die Mafiafamilien Cuntrera, Caruana und Caldarella zustande, mit denen der o. g. Treuhänder, Engelbert Schreiber … in enger Verbindung steht.«[391]

Als dann auch noch ein Bericht des deutschen Bundesnachrichtendienstes an die Regierung an die Öffentlichkeit kam, in der diese Anschuldigungen – nur noch um einige Punkte angereichert – wiederholt und die von Schreiber und anderen Treuhändern benutzten Banken beim Namen genannt wurden, wurde es selbst der gegenüber unfeinen Geldgeschäften sonst so toleranten Regierung Liechtensteins zuviel.[392] Offiziell wurde zwar in Berlin dagegen protestiert, daß die deutschen Geheimdienste offensichtlich Telefonleitungen im Fürstentum angezapft und elektronische Daten vor allem der Banken abgeschöpft hatten. Aber die nach der gezielten Veröffentlichung des BND-Papiers ausgesprochene Drohung der Financial Action Task Force (FATF) der OECD, Liechtenstein auf die schwarze Liste der Geldwäscherstaaten zu setzen, wirkte Wunder. Schreiber und einige andere wurden für eine Schamfrist aus dem Treuhändergeschäft entfernt. Aus Österreich wurde ein Sonderermittler gegen die Zustände im Ländle »importiert«, um wenigstens den Augenschein der Objektivität zu wahren. Auf dem Papier wurden in der Folgezeit eine Reihe von Maßnahmen beschlossen, um den »freien Finanzplatz Liechtenstein« künftig besser vor dem überraschenderweise so plötzlich entdeckten Mißbrauch zu schützen. Ein knappes Jahr nach dem Eingang des anonymen Briefes lief im Fürstentum Liechtenstein alles wieder seinen gewohnten Gang.

War es ein Zufall, fragten sich die Ermittler, daß der Muslimbruder Ahmed Idris Nasreddin sich unter den unzähligen Liechtensteiner Treuhändern ausgerechnet einem Mann vom Kaliber Engelbert Schreibers anvertraut hatte?

Auch die Akida Bank der Nasreddins kümmerte sich vorwiegend um die Verbreitung der Scharia im islamischen Bankenwesen. Und in ihrer in Lugano registrierten Filiale saß neben dem Gründer Nasreddin und anderen auch der Tessiner Pier Felice Barchi. Der Rechtsanwalt hat große Erfahrung im Umgang mit reichen und einflußreichen ausländischen

Kunden. Unter anderem kümmert Barchi sich auch um die Tessiner Interessen des italienischen Premierministers Silvio Berlusconi und um den saudischen Minderheitspartner in Berlusconis Mediengruppe Mediaset, Prinz al-Waleed al-Talal.

Bei diesem Umfeld fanden es die seit längerem gegen Nasreddin und Nada ermittelnden Mailänder Fahnder dann nicht weiter verwunderlich, als bei ihnen am 30. September des Jahres 2000 ein Tunesier namens Habib Waddani auftauchte und eine Aussage machte, in der »Ahmet« Huber und seine islamistischen Freunde eine zentrale Rolle spielten.[393]

Habib Waddani zufolge hatte alles im Frühling 1986 mit dem in Zürich lebenden Rechtsanwalt Rodolfo M. aus Sizilien begonnen, dem ein Handelsunternehmen aus dem Baltikum ein verlockendes Angebot machte. Man habe, hieß es, Zugriff auf die Waffenüberschüsse der ehemaligen Roten Armee. Die Rede war auch von der Möglichkeit, den Warenkatalog nach einer ersten Testphase um gefährlichere Güter wie nukleares Material aus der ehemaligen UdSSR zu erweitern. Was fehle, sei ein Käufer.

Der Sizilianer bat den ebenfalls in Zürich lebenden islamischen Anwalt Kamil B. um Rat. Dieser schaltete seinen guten Freund »Ahmet« Huber ein. Und der wußte nicht nur, wer an den russischen Waffen Interesse haben würde, sondern hatte schnell auch eine Lösung für die Logistik parat.

In dem kleinen Ort Lenzburg zwischen Zürich und Olten, immer gemäß der Aussage von Waddani, kannte der islamische Fundamentalist Huber die beiden ebenfalls streng religiösen afghanischen Immigranten Shoayb Sharifi und Haji K. Agha Mohammad. Die beiden gründeten zusammen mit zwei anderen Afghanen, Zemaray Hakimi und Gulam Sakhi, am 30. Juni 1998 die HSS Handelszentrum GmbH. Als fünfter in die Gesellschaft aufgenommen wurde Sharifis in Zürich geborener Sohn Ahmad.[394]

Als nächstes, gab Waddani bei der Mailänder Polizei zu Protokoll, brachte Huber die Inhaber der HSS mit den Vertretern der Hilfsorganisation »Mutter-Teresa-Zentrum« in Luzern zusammen. In Wirklichkeit verbarg sich hinter dem Namen der inzwischen seliggesprochenen Katholikin eine klandestine Operation der kosovarischen UCK. Die Guerilla nutzte den Namen der frommen Nonne als Tarnung für den militärischen Nachschub im Krieg gegen die Serben.

Als nächsten Schritt aktivierte Huber die Muslimbrüder in der von seinem Geschäftsfreund Nasreddin finanzierten Moschee in der Mailänder Viale Jenner. Sie würden die russischen Waffen an der schweizerisch-italienischen Grenze in Chiasso übernehmen und über den Hafen von Ancona nach Albanien transportieren.

Und so führten islamistische Afghanen vom Sommer 1998 an »mechanische Ersatzteile« der Roten Armee über das Baltikum in die Schweiz ein und traten ihre Ware an eine scheinbar katholische Hilfsorganisation in Luzern ab, die dann wiederum mit Hilfe islamistischer Extremisten und der kosovarischen Drogenmafia mit »Mutter Teresa« beschriftete Lastwagen voller Waffen durch Italien direkt in die Nachschublager der UCK in Albanien brachte. Der Lohn für die Islamisten in Italien war auch geregelt worden. Sie bekamen nicht nur von jeder Waffenlieferung ein paar Stücke für ihren eigenen Djihad ab. Aus den Containern holte Waddani in Mailand gefälschte Ausweise und andere Dokumente, die zur Beschaffung regulärer Arbeitsbewilligungen für illegal nach Italien eingereiste Al-Qaida-Kämpfer dienten.

Der Kosovo-Konflikt ging zu Ende, die Waffenlieferungen dauerten an. Nur lieferte die HSS in Lenzburg mit ihren albanischen und kosovarischen Partnern von nun an in weiter entfernt liegende Krisenregionen. »Mechanische Ersatzteile« der Roten Armee fanden ihren Weg nach Pakistan und von dort über die Grenze in die Ausbildungslager von al-Qaida und in den Irak. Als Waddani, der zur Kooperation mit den Waffenhändlern gezwungen worden war, um falsche Reisedokumente für seine noch in Nordafrika lebende Familie zu bekommen, von einer Neuorientierung der Organisation auf andere Transportrouten erfuhr, verpfiff er als erstes seine Kumpane.[395]

Die italienischen Ermittler verifizierten den größten Teil der Aussage des Nordafrikaners. Seine Angaben erklärten mindestens zwei große Lieferungen russischer Waffen an die UCK, die während des Kriegs im Kosovo in doppelten Böden von Lastwagen im Hafen von Ancona entdeckt worden waren.

Keine Indizien wurden in Italien dafür gefunden, daß die HSS das von dem baltischen Handelsunternehmen unterbreitete Angebot für Nuklearmaterial aus der ehemaligen Sowjetunion aufgegriffen hatte. Aber die Männer um Habib Waddani, die sich bis zu ihrer Verhaftung im Frühling 2001 in dem Mailänder Vorort Gallarate auf ihren Einsatz im islamistischen Gotteskrieg vorbereiteten, hatten ausdrücklich den Gebrauch von chemischen Waffen in ihre Planung einbezogen.

Die von einem libyschen Chemiker erfundene Giftgasformel sei so wirksam, hatte der Tunesier Essid Sami Ben Khemais im Januar 2000 in einem abgehörten Gespräch gesagt, daß »die Leute ersticken, sobald der Behälter geöffnet wird … Das System ist so konstruiert, daß man die auf dem Boden des Behälters komprimierte Flüssigkeit austreten läßt … Es ist schwierig zu handhaben. Aber man kann es zum Beispiel auch in Tomatendosen füllen.«[396]

Auch die Schweiz wurde von dem Inhalt der Aussage informiert. Nach einigen oberflächlichen Kontrollen gab es für die dortigen Behörden allerdings keinen triftigen Grund, gegen das Mutter-Teresa-Zentrum und die islamistischen Umtriebe in der Eidgenossenschaft vorzugehen. Ungestört von der Justiz beschlossen die afghanischen Besitzer der HSS drei Jahre nach dem Kosovo-Krieg von sich aus, am 18. Februar 2002 Konkurs anzumelden. Damit war die von »Ahmet« Huber erdachte und von Habib Waddani bei der Polizei in Mailand beschriebene Operation sechs Monate nach den Attentaten auf das World Trade Center und das Pentagon endgültig abgeschlossen.

Trotz der Fülle der Indizien und Beweise erscheinen Youssef Nada und seine Freunde Nasreddin, Huber und Himmat seltsam gelassen. Entspannt beobachten die Islamisten die ersten Risse in der internationalen Koalition gegen den Terrorismus. Nach außen geht es immer wieder um die Klage der Europäer über die mangelnde Kooperationsbereitschaft der USA. Angeblich halten sich FBI und CIA, die selbst im Vorfeld des 11. September mehr als klägliche Figuren abgaben, vor allem mit der Übermittlung von Fahndungsergebnissen nach Europa zurück. Proteste nach Washington sind nicht nur vom deutschen BKA geschickt worden. Auch die Schweizer Ermittlungen gegen al-Taqwa und die Nasreddin-Gruppe kommen angeblich nicht vom Fleck, weil von der anderen Seite des Atlantik keine Informationen kommen.

Doch gerade im letzteren Fall scheinen noch andere Elemente eine Rolle gespielt zu haben. Anfang Mai 2002 besuchte Saudi-Arabiens Innenminister die Schweiz. Offiziell war Prinz Nayif bin Abdulaziz al-Saud aus gesundheitlichen Gründen gekommen. An einem Abend aber ließ der Saudi sich in die Hauptstadt Bern chauffieren. Hier, so heißt es aus den üblichen »gut unterrichteten Kreisen«, habe er, wie vor ihm schon Spitzenvertreter anderer arabischer Staaten, eine unmißverständliche Warnung abgeliefert: Allzu genau in die Bücher und Aktivitäten arabischer Finanzunternehmen und islamischer Organisationen zu schauen, könne sich für die Schweiz als schädlich erweisen. Das in der Schweiz deponierte arabische Kapital, so die kaum verhüllte Drohung, könne sich notfalls auch eine andere Heimat suchen.

Der Besuch scheint Wirkung gehabt zu haben. Es gebe, hieß es nach dem Besuch des Saudi aus dem Schweizer Finanzministerium, keinen Hinweis darauf, daß über al-Taqwa oder die Nasreddin-Gruppe die Attentate vom 11. September finanziert worden seien. Eine Erklärung, die im benachbarten europäischen Ausland und in den USA befremdetes Kopfschütteln ausgelöst hat. Denn die Beschuldigung war nie erhoben worden. Über al-Taqwa und die Nasreddin-Gruppe, so heißt es, sind seit vielen Jahren Gelder an islamistische Terrorgruppen, darunter auch an al-Qaida geflossen. Und das, sollte man meinen, würde nach dem Großangriff von Osama bin Ladens Organisation reichen, um einzuschreiten. Statt dessen ist die alte liebe Bankerregel »Pecunia non olet« auch angesichts der islamistischen Terrorbedrohung wohl nur schwer auszurotten.

Daß Geschäftsleute ihre Pfründe nur ungern verlieren, ist dabei gerade noch begreiflich. Viel bedenklicher ist es, wenn die Politik im Kampf gegen den Terrorismus zögert, um im trüben Wasser dumpf-rechter Stammtischdebatten auf Stimmenfang zu gehen. Sporadische Kontakte zwischen Rechtsextremismus und Islamisten hat es seit dem dritten Reich immer wieder gegeben. Nach ihrem Verbot im Januar 1980 benannte sich die rechtsextremistische »Wehrsportgruppe Hoffmann« in »WSG Ausland« um und schlug ihre Zelte im PLO-Lager Bir Hassan bei Beirut auf. Dem Umzug zugestimmt hatte der stellvertretende PLO-Chef Abu Ijad, unter dessen Führung unter anderem auch das Attentat auf die olympischen Spiele 1972 in München von der Terrorgruppe »Schwarzer September« ausgeübt wurde. In seinem Aufnahmeformular für die Neonazigruppe »Nationalistische Front« erklärte das ehemalige »WSG-Ausland«-Mitglied Uwe Manka auf die Frage nach »besonderen Fähigkeiten«: »Militärische Ausbildung unter realen Bedingungen im Libanon«. Der Rechtsterrorist

Odfried Hepp wurde 1985 in Südfrankreich in einem Waffen-versteck der Palästinensischen Befreiungsfront (PLF) verhaftet, deren Anführer Abu Abbas für die Entführung des italieni-schen Kreuzfahrtschiffes »Achille Lauro« verantwortlich war. Das Fluchtflugzeug des palästinensischen Terroristen wurde von der amerikanischen Air Force auf dem sizilianischen Nato-Stützpunkt Sigonella zur Landung gezwungen. Dennoch kam Abu Abbas ungeschoren davon, Italiens sozialistischer Premier Bettino Craxi erzwang von den Amerikanern die Herausgabe ihres Gefangenen. An Bord eines Exekutivjet der italienischen Geheimdienste wurde der Terrorist nach Belgrad in Sicherheit gebracht. Craxi honorierte damit ein geheimes Abkommen mit den Palästinensern, das ihnen Straf- und Bewegungsfreiheit in Italien versprach und im Gegenzug versicherte, Italien vor dem nahöstlichen Terrorismus zu verschonen.

Es wäre wohl ein gefährlicher Leichtsinn, all diese »Sün-den« der Vergangenheit heute noch losgelöst vom 11. Septem-ber zu betrachten. Auch wenn viele Experten wie etwa Herbert Müller vom Landesverfassungsschutz Baden-Württemberg an einen operativen Schulterschluß von Rechtsextremisten und Islamisten noch nicht glauben wollen,[397] mehren sich doch die Anzeichen dafür, daß in der internationalen braun-schwarzen Szene etwas in Bewegung geraten ist. Für diese These spricht nicht nur der Jubel unter rechtsextremistischen amerikani-schen Demokratiefeinden und Judenhassern nach dem 11. Sep-tember. Rechte »Pazifisten« der italienischen No-Global-Bewe-gung konnten im März 2002 nach ihrer Rückkehr aus Israel auf dem Mailänder Flughafen Malpensa ungehindert »Juden in die Öfen« skandieren. Und der Widerstand der deutschen Zivilgesellschaft gegen den stellvertretenden FDP-Chef Jürgen W. Möllemann, der die Aufnahme des syrischstämmigen Regio-nalpolitikers Jamal Karsli, eines offenen Antisemiten und erklär-ten Freundes des irakischen Giftgas-Massenmörders Saddam

Hussein, in die Partei erzwingen wollte, brachten den rechtsextremen deutschen Sumpf in Rage. Neonazis in voller Montur demonstrierten für die »Freiheit« des FDP-Politikers Möllemann. Die Zahl der Parteiaufnahmen sprang nach dem gezielt populistischen Tabubruch bei der FDP in die Höhe.

Der ideologische Schulterschluß, den Altnazis und Rechtsextremisten wie François Genoud und Ahmet Huber mit islamistischen Fanatikern wie Youssef Nada und Ahmed Nasreddin längst vollzogen hatten, setzt sich nach dem 11. September auch an der Basis durch. Die Gefahrenherde multiplizieren sich.

Nachwort: Was nun?

Keinen Kilometer entfernt von der Hinterhofmoschee in der Mailänder Viale Jenner, die seit Jahren als eines der europäischen Logistikzentren für Osama bin Ladens Terrornetz al-Qaida fungiert, arbeitet in einer Espressobar der Marokkaner und Muslim F. Der schmale Mann hat seiner Frau den Schleier verboten. Seine beiden Töchter tragen christliche Namen und gehen in eine normale italienische Schule. Niemand käme auf die Idee, F. und seine Familie dem schnell wachsenden aggressiven Segment der muslimischen Gemeinde Italiens zuzurechnen.

Doch seit dem 11. September 2001 ist die Integration für den Muslim F. nicht mehr genug. »Je suis un Juif« – ich bin ein Jude – erklärt er jedem, der ihn nach seiner Herkunft fragt. Mit einer Glaubensgemeinschaft, die sich nicht aktiv gegen die mörderischen Pläne einer Minderheit aus ihren Reihen wehrt, wolle er nichts mehr zu tun haben. Der Nachsatz von F. ist dann allerdings schmerzhafter: »Und was macht ihr Europäer, um euch zu wehren?«

Die Frage trifft den Kern des Problems. In den Jahrzehnten seit dem Zweiten Weltkrieg sind Ausländer aus allen Teilen der Welt zwar zu einem festen Bestandteil des europäischen Alltags geworden. Zur Normalität für die Europäer zu werden, das schafften die Fremden indes nicht. Im besten Fall begegnete man ihnen mit Gleichgültigkeit, in den letzten Jahren zunehmend mit Mißtrauen. Die Kluft blieb: Wir hüben, ihr dort drüben.

Ein größeres Unrecht hätten die Europäer all denen, die in bester Absicht zur Integration zu ihnen kamen, nicht antun können. Umgekehrt: Leichter hätte es den Islamisten nicht gemacht werden können. Der Werdegang Mohammed Attas vom weltoffenen ägyptischen Anwaltssohn zum fanatisierten Massenmörder für Osama bin Laden beweist, wie leicht es für die Hamburger Al-Qaida-Zelle war, unter einer hauchdünnen Tarnkappe der Gutbürgerlichkeit die Attentate auf das World Trade Center und das Pentagon zu planen. Signale für den Wandel dieser jungen Menschen, so wissen wir jetzt, gab es lange vor dem 11. September genug. Aber sie wurden übersehen, weil es nicht zur Regel gehörte, genauer hinzusehen.

Was die großen Volksparteien nicht zur Kenntnis nehmen wollten: das Unbehagen in den europäischen Gesellschaften ist dramatisch angewachsen. Doch anstatt die Demokratie als streitbares offenes Forum divergierender Ideen zu begreifen, haben die Parteipolitiker vor allem auf den Konsens gesetzt. Viele Themen, die die Menschen bewegen, sind so seit Jahren tabuisiert worden. Und unter diesem Kleister des Konsens sind neue Bewegungen herangewachsen, die, wie Jörg Haiders FPÖ in Österreich, wie Umberto Bossis Lega Nord in Norditalien oder wie ab und zu auch der Anfang Mai 2002 ermordete Holländer Pim Fortuyn, zwar immer wieder den europäischen Grundwertekatalog verletzen, die aber zugleich auch die Debatte über Themen erzwungen haben, die von den großen Parteien in der Regel verschwiegen werden.

Von diesen vorschnell abschätzig als Rechtspopulisten abgestempelten Bewegungen geht keine wirkliche Gefahr für die Demokratie aus. Die Erfahrungen in Österreich und Italien haben gezeigt, daß der Wählerkonsens automatisch in dem Augenblick zurückgeht, in dem diese Bewegungen in der Regierungsverantwortung beweisen, daß auch sie nur mit politischem Wasser kochen. Einmal an den sogenannten Schalthebeln der

Macht angelangt, müssen auch sie erkennen, daß die Einflußmöglichkeiten der Politik in der komplexen modernen postindustriellen Gesellschaft sehr gering geworden sind.

Weitaus gefährlicher sind die extremistischen Gruppierungen von rechts wie von links, die im Schatten dieser Bewegungen entstehen. Gruppen, die sich, wie einige der linken Sozialzentren in Italien, den islamistischen Terroristen von al-Qaida als europäische fünfte Kolonne angeboten haben. Oder die, wie viele rechtsextreme Gruppen, offen dem palästinensischen Terror nicht nur gegen die Regierung Israels, sondern gegen »die Juden« insgesamt das Wort reden. Mit Besorgnis registrieren die Geheimdienste, daß sich in diesem ideologieübergreifenden Sumpf des Extremismus die Signale für einen operativen Schulterschluß zwischen dem europäischen und amerikanischen sowie dem islamistischen Terror mehren.

Die Präsenz europäischer Extremisten im Umfeld von al-Qaida, aber auch die Dokumente, Pläne, Fotos und eilig hingekritzelten Gedanken zu allem entschlossener Terroraspiranten, die nach dem Sturz der Taliban in den afghanischen Ausbildungslagern von al-Qaida gefunden wurden, machen eines klar: Wegschauen ist für die Zukunft keine Option mehr. Die mehr aus Bequemlichkeit denn aus Überzeugung entstandene und irrigerweise inzwischen als Bestandteil der Demokratie empfundene Haltung, auch die ärgste Form von Intoleranz noch tolerieren zu können, hat sich als potentiell tödliches Roulettespiel entpuppt. Wer in der Debatte über den Islamismus immer noch fast entschuldigend von »Andersdenkenden« redet, blockiert nicht nur das lang überfällige Entstehen einer islamischen Zivilgesellschaft, die bereit ist, mit den westlichen Demokratien in einen offenen Dialog zu treten. Wer den Islamismus als Gefahr leugnet, verweigert sich der Realität. Die Islamisten haben zuerst den moderaten Muslimen, sodann den »Juden« und schließlich dem säkularen westlichen Gesellschaftsmodell insgesamt den totalen Krieg erklärt. Und wenn es ihnen gestattet wird, werden sie jedes Mittel nutzen, um an ihr Ziel zu gelangen.

Eines dieser Mittel sind Massenvernichtungswaffen. Atomare, chemische und biologische Waffen, mit denen auf einen Schlag eine möglichst große Zahl von »Ungläubigen« aus dem Weg geräumt werden kann. Nicht notwendigerweise die Art von Waffen, vor denen sich Europa in den Jahren des Kalten Kriegs fürchtete. Daß al-Qaida eine mit chemischen Kampfstoffen gefüllte Mittelstreckenrakete auf eine europäische Stadt abfeuern oder irgendwo eine industriell gefertigte Atombombe zünden könnte, ist äußerst unwahrscheinlich.

Doch genau hier liegt das Mißverständnis. Terroristen wollen zwar auch töten. In erster Linie aber wollen sie eine möglichst große Zahl von Menschen – terrorisieren. Und dazu brauchen sie Waffen, deren Wirkung weit über den unmittelbaren Augenblick der Zerstörung hinausreicht. Die meisten Zutaten für solche Waffen in den offenen Industriestaaten zu finden ist ein Kinderspiel. Es muß noch nicht einmal eine Bombe in einem Chemiewerk oder ein in die Kuppel eines Atommeilers gesteuertes Flugzeug sein. Wer über die Idee lächelt, ein wenig Sprengstoff, kombiniert mit chemischen oder radioaktiven »Abfällen«, könne das gewohnte Alltagsleben auf unbestimmte Zeit unterbrechen, sollte sich ein paar einfache Fragen so ehrlich wie möglich beantworten:

Was mache ich, wenn im Zentrum meiner Stadt nach einem Anschlag mit einer sogenannten »schmutzigen Bombe« eine auch nur leichte radioaktive Strahlung oder chemische Verseuchung gemessen wird? Bringe ich meine Kinder wie gewohnt zur Schule? Werde ich zur Arbeit fahren wie jeden Tag? Gehe ich einkaufen oder zu Freunden oder auch einfach nur auf einen Bummel in die Stadt?

Die Wette steht, daß die Reaktion der Mehrheit eine sehr menschliche Reaktion sein würde: Verunsicherung, lähmende

Angst und schließlich Flucht. Dies wäre das Ende der Stadt. Und zugleich auch der Anfang vom Ende der offenen und demokratischen Gesellschaft. Erreichen die Islamisten dieses Ziel, haben sie gewonnen.

Nach dem 11. September weiter zu glauben, daß es auch für den entschlossensten islamistischen Terroristen noch ethisch-moralische Hemmschwellen gibt, wäre im besten Fall naiv. Was in der öffentlichen Debatte häufig noch immer geleugnet wird, geben hinter verschlossenen Türen auch die größten Optimisten zu: Es wird passieren, es ist nur eine Frage der Zeit.

Und so bleibt eigentlich nur eine Option: Das internationale Netz des islamistischen Terrorismus muß Masche für Masche, Zelle für Zelle ausgehoben werden. Die Verbindungen des Terrorismus zur internationalen organisierten Kriminalität müssen aggressiv aufgedeckt und deren Tentakel hinein in alle Ebenen der Gesellschaft abgeschlagen werden. Außenpolitische Positionen, die der Radikalisierung der islamischen Welt Vorschub leisten, müssen überdacht und verändert werden. Wirtschaftliche Abhängigkeiten, die den eigenen politischen und sozialen Entscheidungsspielraum überproportional einschränken, wie etwa die Abhängigkeit von der Energieversorgung aus der arabischen Welt, müssen beseitigt werden. Und kein Pardon darf es schließlich mehr für die Profiteure in Schlips und Kragen geben, denen das Ergebnis ihrer Jahresbilanz wichtiger ist als die Verantwortung, zur Verbreitung von Massenvernichtungswaffen beigetragen zu haben.

Jede wie auch immer geartete Kooperation mit denen, die sich selbst zum Gegner erklärt haben, kann ein Kavaliersdelikt nicht länger sein.

Die Toleranz der Intoleranz muß ein Ende haben.

Anmerkungen

1 Untersuchung von Juliette N. Kayyem an der Harvard University Kennedy School of Government.

2 Edmund L. Andrews, »German officials find more terrorist groups«, The New York Times, 26. April 2002.

3 Aussage von Ahmed Ressam vor dem Distriktgericht Manhattan am 23. Juni 2001.

4 Johannes von Dohnanyi, »Nur aus Faulheit kein Dichter geworden«, Die Weltwoche, 18. Januar 1990.

5 Sun Tzu, The Art of War, in der Übersetzung von Lionel Giles, M.A., 1910.

6 Qiao Liang-Wang Xiangsui, War without Limits, Peking 1999.

7 Die Daten über die Anzahl der Frauen wie auch der Kinder von Mohammed bin Laden schwanken.

8 Rohan Gunaratna, »Terror Unlimited«, Frontline, Bd. 18, Nr. 20, Sept./Okt. 2001.

9 Alexander Cockburn, White Out, London-New York 1998.

10 Fausto Cattaneo, Deckname Tato. Als Undercoveragent gegen die Drogenkartelle, Zürich 2001.

11 US Senate Select Committee on POW's, 1993.

12 Jean-Charles Brisard/Guillaume Dasquié, Die verbotene Wahrheit. Die Verstrickungen der USA mit Osama bin Laden, Zürich 2002.

13 Aussage von Jamal Ahmed al-Fahdl im Prozeß »United States vs. Usama bin Laden«, New York, Februar 2001.

14 FBI-Verhör von Mohammed Saddiq Odeh zum Prozeß »United States vs. Usama bin Laden«, New York 2001.

15 Haftbefehl gegen Lased Ben Heni u.a., Mailand, 2. Oktober 2001.

16 Gary Hart, »The big, lethal sleep«, New Statesman, 17. Dezember 2001.

17 Erklärung von John M. Deutch vor dem »Permanent Subcommittee on Investigations of the Senate Committee on Government Affairs«, 20. März 1996.

18 Peter L. Bergen, Heiliger Krieg Inc. Osama bin Ladens Terrornetz, Berlin 2001.

19 Jean-Charles Brisard/Guillaume Dasquié, Die verbotene Wahrheit. Die Verstrickungen der USA mit Osama bin Laden, Zürich 2002.

20 TAZ, 24. Mai 1994.
21 Jean-Charles Brisard/Guillaume Dasquié, Die verbotene Wahrheit. Die Verstrickungen der USA mit Osama bin Laden, Zürich 2002.
22 Z.B. in United Nations Act 1946; Bank of England Notice, 6. Dezember 2001.
23 siehe etwa deutscher Verfassungsschutzbericht 2000.
24 Österreichischer Staatssicherheitsbericht 1997, Stichwort Islam.
25 Interview der Autoren mit Sonderstaatsanwalt Pierluigi Vigna im Sommer 1998.
26 Bericht über die internationalen islamistischen Finanzstrukturen, 1998 für einen Schweizer Dienst erstellt, im Besitz der Autoren.
27 Bild am Sonntag, 30. September 2001.
28 HNG-Nachrichten, 1/1999, S. 14.
29 »Spiegel warnt vor Bündnis Neonazis – Islamisten«, Der Tagesspiegel, 8. Januar 2001.
30 Haftbefehl gegen Lased Ben Heni u.a. in Mailand, 2. Oktober 2001.
31 Verhörprotokoll Waddani in Mailand, 27. September 2000.
32 Haftbefehl gegen Lased Ben Heni u.a. in Mailand, 2. Oktober 2001.
33 Alice Schwarzer (Hrsg.), Die Gotteskrieger und die falsche Toleranz, Köln 2002.
34 Interview mit Abu Abdel Aziz al-Sirat al-Mustaqeem, Nr. 33, August 1994.
35 Interview von Johannes von Dohnanyi in Rom, Januar 1999.
36 Corriere della Sera, Mailand, 24. Mai 1915.
37 Alice Schwarzer (Hrsg.), Die Gotteskrieger und die falsche Toleranz, Köln 2002.
38 Richard Holbrooke, To end a war, New York 1998.
39 »How Bosnia's Muslims dodged arms embargo«, Washington Post, 22. September 1996.
40 »Saudis funded weapons for Bosnia«, Washington Post, 2. Februar 1996.
41 Telefonat des Autors mit Renate Flottau am 15. Juni 2002.
42 Telefonisches Interview mit Senad Becanin, 15. Dezember 2001.
43 Z. B. galt Helmut Kohl, deutscher Bundeskanzler von 1982–1998, als einer der wichtigen Unterstützer von Sali Berisha.
44 Name geändert.
45 Die »Banca di Roma« zog sich nach nie bewiesenen Gerüchten über eine angebliche Verwicklung in den weiter unten erwähnten Pyramidenskandal aus der albanischen Bank zurück.
46 Interview mit Nicoll Lesa in der von Berishas Anhängern zerstörten Redaktion von Koha Jone, Juni 1997.
47 Kopie des Briefes im Besitz der Autoren.
48 Wiederholte Gespräche von Johannes von Dohnanyi mit »G.« in Tirana.
49 u.a. Tagesanzeiger, Zürich, 3. März 1997.
50 ATA, 12. Juli 1997.

51 Andrew Higgins, »CIA operation had torture links«, The Wall Street Journal, 20. November 2001.

52 Verhörprotokolle der ägyptischen Militärstaatsanwaltschaft im Besitz der Autoren.

53 Andrew Higgins »CIA operation had torture links«, The Wall Street Journal, 20. November 2001.

54 The Sunday Times, 29. November 1998.

55 Interview mit Fatos Klosi, Tirana, Februar 1999.

56 Interview mit Cattaldo Motta im Sommer 1997.

57 Report des russischen Geheimdienstes »How Saudi Arabia supports Wahhabi Terrorism in Chechnya«, FIS, 1998.

58 The European, 13. Februar 1997; Itar-Tass, 4./5. Februar 2000.

59 WISE News Communiqué, Amsterdam, 13. Dez. 1996.

60 The Sunday Times, London, 10. November 1996.

61 Telefongespräch am 15. 10. 2001 mit F., der heute namentlich nicht mehr genannt werden will.

62 Gespräch Johannes von Dohnanyi mit Hamza M. in Tirana im Juli 1998.

63 Anthony M. DeStefano, »Kosovo Connection«, The Wall Street Journal, 9. September 1985.

64 Interview Johannes von Dohnanyi mit Sali Berisha im Sommer 1997.

65 Reise von Johannes von Dohnanyi nach Tropoija im Juli 1998.

66 Marcia Christoff Kurop, »Al-Qaeda's Balkan Links«, Wall Street Journal Europe, 1. November 2001.

67 Nato-Dokument im Besitz der Autoren.

68 Hintergrundgespräch bei Europol, November 2001.

69 Marcia Christoff Kurop, »Al Qaida's Balkan Links«, Wall Street Journal Europe, 1. November 2001.

70 Flavio Haver, »Volevano usare una bomba chimica«, Corriere della Sera, 21. Februar 2002.

71 Background Briefing Pentagon, 19. Februar 2002.

72 Haftbefehl gegen Lased Ben Heni u.a. in Mailand, 2. Oktober 2001.

73 Background Briefing Pentagon, 19. Februar 2002.

74 Hintergrundgespräch am 18. Februar 2002.

75 Center for Nonproliferation Studies, Chronology of State Use and Biologial and Chemical Weapons Control, California, U.C.A., Juli 2000.

76 Dr. Ken Alibek, »Behind the Mask: Biological Warfare«, Perspective, Volume IX, Nr.1, Sept./Okt. 1998.

77 Telefongespräch Johannes von Dohnanyi mit Johannes Rath, ehemaliges Mitglied der UN-Waffenkontrollkommission UNSCOM im November 2001.

78 Jeffrey Goldberg, »The great Terror«, The New Yorker, 25. März 2002.

79 E. J. Hoogendoorn, Bulletin of the Atomic Sciences, Sept./Okt. 1997, Vol. 53.

80 Pressestelle des Pentagon am 25. April 2002.

81 Institute for Foreign Policy Analysis, »Exploring US Missile Defense Requirements in 2010«, April 1997.

82 Laurie H. Boulden, »India may build turnkey chemical plant in Iran«, Arms Control Today, Juli 1996.

83 Jean Pascal Zanders, »Chemical and biological weapon developments and arms control«, SIPRI 1999.

84 »Die Massenvernichtungswaffen des Iran«, ami, 31. Jahrgang, Heft 4, April 2001.

85 Jane Hamilton-Merritt, ›Tragic Mountains‹, Indiana University Press, 1993.

86 »Those beastly weapons«, The Economist, 14. Juni 1986.

87 Germana von Dohnanyi, Missing in Action, unveröffentlichtes Manuskript, 1998, S. 119 ff.

88 Ebd.

89 Johannes von Dohnanyi bei dem Treffen anwesend.

90 Fax im Besitz der Autoren.

91 »How the Russians poisoned their own«, The Independent Science, 29. März 1993.

92 »Deaths in 1979 tied to Sowjet military«, The New York Times, 18. Nov. 1994.

93 »Anthrax answer was blowing in the wind«, The Independent, 18. Nov. 1994.

94 William J. Broad, »US selling papers showing how to make germ weapons«, New York Times, 13. Januar 2002.

95 Peter Ford, »Biochem terror; a reality check«, The Christian Science Monitor, 5. Oktober 2001.

96 Jean-Charles Brisard/Guillaume Dasquié, Die verbotene Wahrheit. Die Verstrickungen der USA mit Osama bin Laden, Zürich 2002.

97 US-State Department Factsheet ›Ussama bin Laden‹, 1996, siehe auch Erklärung des demokratischen Senators Carl Levin am 26. September 2001 vor dem ›Senate Banking Committee‹.

98 Jean-Charles Brisard/Guillaume Dasquié, Die verbotene Wahrheit. Die Verstrickungen der USA mit Osama bin Laden, Zürich 2002.

99 John Diamond, US points to tainted soil as evidence, AP, 27. August 1998.

100 Glenn Zorpette, »Patent Blunder«, American Scientist, November 1998.

101 U.S. Department of State, Information Memorandum 0060-1745, Freigabe 1998.

102 United States of America vs. Usama bin Laden, Southern District Court New York, Protokoll vom 7. Februar 2001, S. 367.

103 Barbara Starr, »More questions than answers«, ABC News, 26. August 1998.

104 Daniel Pearl, »New doubts surface over claims …«, The Wall Street Journal, 28. August 1998.

105 Daniel Pearl, »In Sudan Bombing …«, The Wall Street Journal, 28. Oktober 1998.

106 John Diamond, »U.S. points to tainted soil as evidence«, AP, 27. August 1998.

107 James Risen, »Terror acts by Baghdad have waned«, New York Times, 6. Februar 2002.

108 Johannes von Dohnanyi, »Die gefährlichste Bombe der Welt«, Die Weltwoche, 22. November 2001.

109 Yossef Bodanski, Pakistan's Islamic Bomb, Juli 1998.

110 Urenco Ltd. ist heute zu einem Drittel im Besitz der britischen Regierung, zu einem weiteren Drittel in holländischem (98,9 % Regierung, 1,1 % industrielle Anleger) und zum letzten Drittel im Besitz der deutschen Energiekonzerne RWE AG und E.ON AG.

111 US-State Department, »The Pakistani Nuclear Program«, National Security Archive, Washington 23. Juni 1983.

112 Bericht an die 2. holländische Parlamentskammer, Sitzungsperiode 1979/80, Report 16,082, Nr. 12, S. 26.

113 Gespräch mit Johannes von Dohnanyi im Januar 2002.

114 US-National Archives, »US Nuclear Non-Proliferation Policy: 194591«, Dok. Nr. 0232.

115 Luigi Grimaldi, Da Gladio a Cosa Nostra, 1993.

116 Carlo Palermo, Il quarto livello, Rom 2001.

117 Hintergrundgespräch in der US-Botschaft in Bangkok im Mai 1995.

118 Jie fang jun bao, 2. Mai 1995.

119 Seymour M. Hersh, »The Iran game«, The New Yorker, 3. April 2002.

120 Carlo Palermo, Il quarto potere, erweiterte Auflage, Rom 2001, S. 168.

121 Reuters, »Lebed insists nuclear bombs are missing«, 22. September 1997.

122 Aussage von A. Jaboklov vor dem ›Military Research and Development Subcommittee‹ des US-Kongresses am 3. Oktober 1997.

123 The Jerusalem Report, 25. Oktober 1999.

124 Massimo Calabresi, Romesh Ratnesar, »Can we stop the next attack?«, Time Magazine, 3. März 2002.

125 Hintergrundgespräch mit Johannes von Dohnanyi am 17. März 2002.

126 Andrew Quinn, »Data show world awash in stolen nucelar material«, Reuters, 6. März 2002.

127 Telefongespräch mit Johannes von Dohnanyi im Januar 2002.

128 Conference to tackle nuclear trafficking threat, Environment News Service, 2. Mai 2001.

129 »The nuclear Bomb of Islam«, Erklärung von Osama bin Laden, wahrscheinlich 29. Mai 1998; siehe auch Prozeß »United States of America vs Usama bin Laden«, New York, Verhandlungsprotokoll Tag 38, 2. Mai 2001.

130 Time Magazine, 13. Oktober 1999.

131 David E. Sanger, »Nuclear Experts in Pakistan may have links …«, New York Times, 9. Dezember 2001.

132 »Ein Reagenzglas mit der Aufschrift ›Anthrax‹«, u.a. Spiegel Online, 22. November 2001.

133 Bob Woodward, »New evidence is adding to U.S. fears ...«, Washington Post, 5. Dezember 2001.

134 John M. Deutch, »Think again: Terrorism«, Foreign Policy, Sept./Okt. 1997.

135 Tagesbericht des Polizeipräsidiums von Matsumoto vom 27. Juni 1994.

136 Zur näheren Erklärung von »Sarin« siehe Römpp Kompakt, Lexikon Biochemie und Molekularbiologie, Stuttgart 1999, S. 243.

137 »The Matsumoto Incident. Sarin Poisoning in a Japanese Residential Community«, Bericht an die japanische Regierung, Herbst 1994.

138 Haruki Murakami, Untergrundkrieg, Köln 2002.

139 Dr. Sadayoshi Ohbu und andere: Sarin Poisoning on Tokio Subway, St. Luke's International Hospital, Tokio, 3. Juni 1997.

140 Hintergrundgespräch von Johannes von Dohnanyi am 3. Juni 1995 in Kamikuishikimuira.

141 Peter Ford, »Biochem terror: a reality check«, The Christian Science Monitor, 5. Oktober 2001.

142 Joby Warwick, »Makings of a ›Dirty Bomb‹«, Washington Post, 18. März 2002.

143 Steven Erlanger, »Lax Nuclear Security in Russia ...«, The New York Times, 12. November 2001.

144 US-Senate Foreign Relations Committee Hearing, C-Span 3, 3. März 2002.

145 Hintergrundgespräch mit einem IAEO-Experten am 16. Dezember 2001.

146 CNN, Breaking News, 10. Juni 2002.

147 US-Senate Armed Services Committee, Testimony of Director of Central Intelligence, 19. März 2002.

148 Joby Warrick, »Makings of a ›Dirty Bomb‹«, The Washington Post, 18. März 2002.

149 US-Senate Armed Services Committee, Testimony of Director of Central Intelligence, 19. März 2002.

150 US-Senate Foreign Relations Committee Hearing, C-Span 3, 3. März 2002.

151 Ebd.

152 CNN, Breaking News, 10. Juni 2002.

153 Emmanuel Reau, »Toulouse, l'Effet Domino«, Option Futur, Oktober 2001.

154 Carlo Palermo, Il quarto livello, Rom 2001. S. 163.

155 Ebd.

156 Hintergrundgespräch in Wien, Dezember 1995.

157 Pierluigi Vigna auf der ›Exa 93‹, Brescia, 14. Februar 1993.

158 Hintergrundgespräch in Wien, Dezember 1995.

159 Center for Nonproliferation Studies, Kalifornien, November 1994.

160 Tango, Berlin, November 1994, S. 98–101.

161 Gianni Barbacetto, »Atomica Connection«, Il Mondo, 23. August 1993.

162 Telefoninterview mit IAEO-Pressesprecher David Kyl, November 2001.

163 Susanne Kopte, »Ein paar Kilo Uran im Hotelzimmer«, Greenpeace Magazin, März-April 2002.

164 Hintergrundgespräch bei der Atomenergie-Organisation in Wien, Juli 1994

165 Paolo Fusi, »Arsen und Spitzenhaubitzen«, Die Wochenzeitung, 23. Juli 1993.

166 Corriere della Sera, 9. Februar 1992.

167 Hintergrundgespräch in Karlsruhe im September 1997.

168 Dies erklären unabhängig voneinander ein Mitarbeiter des italienischen Militärgeheimdienstes SISMI und ein Fahnder der Kantonalpolizei in Zürich.

169 Aussage von J. Q. Nielsen vor der Staatsanwaltschaft Como, 30. Oktober 1991.

170 Claire Sterling, Thieves' World: The Threat of the New Global Network of Organized Crime, New York 1994, S. 273.

171 Vladimir A. Orlov, Adressing the challenge of illicit nuclear trafficking, 2001.

172 Brian Freemantle, The Octopus – Europe in the grip of Organized Crime, London 1995.

173 Claire Sterling, Thieves' World: The Threat of the New Global Network of Organized Crime, New York 1994.

174 Ebd.

175 Ebd.

176 Michele Gambino, Luigi Grimaldi, Traffico d'armi, Rom 1995.

177 Claire Sterling, Thieves' World: The Threat of the New Global Network of Organized Crime, New York 1994.

178 »Die Massenvernichtungswaffen des Iran«, ami, 31. Jahrgang, Heft 4, April 2001.

179 Martin Sieff, »US money supports Iran's nuclear program«, Washington Post, 30. September 1987.

180 »Arab Banking Corporation«, The Washington Times, Special Report ›Bahrain‹, 21. März 2000.

181 Il Messagero Veneto, 21. Oktober 1992.

182 Luigi Grimaldi, Traffico d'Armi, Rom 1995.

183 Paolo Mieli, »Servizi Segreti ...«, Corriere della Sera, 24. März 2002.

184 Giovanni M. Bellu, »Strage di Piazza Fontana«, La Repubblica, 11. Februar 1998.

185 Anhörung von V. Parise vor der »Commissione Stragi« am 9. Oktober 1990.

186 Gianni Barbacetto, »Colpiranno ancora«, Il Mondo, 16. August 1993.

187 Luigi Grimaldi, Traffico d'Armi, Rom 1995.

188 Verhör Ostrogonac durch R. Dolce in Como, am 21., 29. Januar und 14. Februar 1992.

189 Ebd.

190 Ebd.

191 La Repubblica, 22. März 1994.

192 La Repubblica, 22. März 1998.

193 Pierluigi Vigna in einem Vortrag auf der Waffenmesse in Brescia, Februar 1993.

194 Gespräch mit Johannes von Dohnanyi in Rijeka, Sommer 1996.

195 Gespräch mit Johannes von Dohnanyi.

196 Fotos im Besitz der Autoren.

197 BBC World News, 3. April 2002.

198 Greenpeace Deutschland, Müllexport-Verbot weltweit, Juni 1995.

199 Inter Press Service, 7. Juli 1995.

200 Ebd.

201 Italienisches Parlament, X. Legislaturperiode, Plenarsitzung vom 26. Juni 1988.

202 Dokument im Besitz der Autoren.

203 Germana von Dohnanyi/Franco Ulivo, Somalia, Rom 2002.

204 Kopie des Telex im Besitz der Autoren.

205 Germana von Dohnanyi/Franco Uliva, Somalia, Rom 2002.

206 Dokument im Besitz der Autoren.

207 Brief von RA F. Rizzuto/Genua an den ital. Staatspräsidenten Francesco Cossiga, 24. Juni 1992.

208 Germana von Dohnanyi/Franco Uliva, Somalia, Rom 2002.

209 Greenpeace Mediterranean, Toxic Attack against Lebanon, Malta, August 1996.

210 At-Tadamun, 18. Juli 1988.

211 Germana von Dohnanyi/Franco Uliva, Somalia, Rom 2002.

212 Greenpeace Mediterranean, Toxic Attack against Lebanon, Malta, August 1996.

213 Telefoninterview mit Greenpeace Beirut, November 2001.

214 Ebd.

215 Greenpeace Deutschland, Müllexport-Verbot weltweit, Juni 1995.

216 Gespräch mit C.T. in Durres im Juni 1997.

217 Technical Environmental Database (TED), Industrial Waste in Albania, Dezember 1996.

218 Jewell. Topsy, »EU Pesticide Aid to Albania«, Global Pesticide Campaigner, 5. März 1995.

219 Greenpeace-Pressemitteilung, 2. März 1994.

220 US-State Department Memorandum, 18. März 1991; Auch: CNN, ›Albania pays price for market transition‹, Transkript Nr. 318-1, 29. April 1994.

221 Giorgio Meletti, ›Scorie da profitto‹, Il Mondo, 14. März 1988.

222 Kopie des Vertrags im Besitz der Autoren.

223 Germana von Dohnanyi/Franco Uliva, Somalia, Rom 2002.

224 Gespräch mit G. Garelli in der Haftanstalt Ivrea am 29. März 2002.

225 Ebd.

226 Ebd.

227 Alle Zitate aus dem Gespräch mit G. Garelli am 29. März 2002.

228 Germana von Dohnanyi/Franco Uliva, Somalia, Rom 2002.

229 Maurizio Torrealta u.a., L'Esecuzione, Kaos Edizioni, 1999.

230 Germana von Dohnanyi/Franco Uliva, Somalia, Rom 2002.

231 Kopie der äthiopischen Notizen im Besitz der Autoren.

232 Kopie der Frachtpapiere im Besitz der Autoren.

233 Famiglia Cristiana, Nr. 21, 2000.

234 Gespräch mit G. Garelli in der Haftanstalt Ivrea am 29. März 2002.

235 Kopie der äthiopischen Notizen im Besitz der Autoren.

236 Liste im Besitz der Autoren.

237 Interview Gianpiero Sebri, Famiglia Cristiana, Nr. 39, 2000.

238 Kopie der äthiopischen Notizen im Besitz der Autoren.

239 Interview mit den Eltern von Ilaria Alpi in Rom, November 2001.

240 Kopie der äthiopischen Notizen im Besitz der Autoren.

241 ANSA, 20. März 1994.

242 Ein entsprechender Brief im Besitz der Autoren.

243 Aussage von Stefano Menicacci, Alpi/Hrovatin-Prozeß, Rom.

244 Famiglia Cristiana, Nr. 47, 1988.

245 Konferenzprotokoll im Besitz der Autoren.

246 Vorvertrag im Besitz der Autoren.

247 Kopie des Briefes im Besitz der Autoren.

248 Italienisches Parlament, Untersuchungskommission zur Müllentsorgung, 10. Legislaturperiode, 1996.

249 Vertrag der ODM mit Sierra Leone im Besitz der Autoren.

250 Eingabe von Greenpeace bei der ›International Maritime Organization‹, London, Dezember 1995.

251 Verhör von Giorgio Comerio in Asti/Italien.

252 Ermittlungsbericht Carabinieri in Catanzaro.

253 Germana von Dohnanyi/Franco Uliva, Somalia, Rom 2002.

254 Ebd.

255 Aussage von Renato Pent vor dem Amtsgericht Reggio Calabria.

256 Vertrag Österreich – Multidyne im Besitz der Autoren.

257 Meldung von Greenpeace Österreich, August 1988.

258 Kopie des Telex im Besitz der Autoren.

259 Italienisches Parlament, Untersuchungskommission zur Müllentsorgung, 10. Legislaturperiode, 1996.

260 Germana von Dohnanyi/Franco Uliva, Somalia, Rom 2002.

261 UNEP-Bericht im Besitz der Autoren.

262 Greenpeace, ›Toxic Trade Update‹, Nr. 6.3, 1993.

263 Greenpeace-Nachrichten 4/95.

264 Staatsanwaltschaft Monza, AZ 8664/00 R.G, 20. Juni 2001.

265 Ebd.

266 Ken Silverstein, »Brothers in Arms«, The Washington Monthly, Januar/ Februar 2002.

267 UN-Informationsdienst: »UN publishes travel ban list«, 8. Juni 2001.

268 Joseph D. Douglass Jr., Red Cocain, Clarion House, 1990.

269 Interview mit den Autoren in Brüssel, Januar 2002.

270 The Washington Post, 2. November 2001.

271 Ebd.

272 Ken Silverstein, »Brothers in Arms«, The Washington Monthly, Januar/ Februar 2002.

273 Philip von Niekerk, »Africa's ›Merchant of Death‹«, The Public I, 20. März 2002.

274 Vorbericht einer UN-Expertengruppe zu Sierra Leone; VII. Conclusions regarding weapons and the RUF, Herbst 2000. Der etwas abgeschwächte Schlußbericht wurde dann am 21. Dezember 2000 veröffentlicht.

275 Sharjah the Epicenter of ›Axis of Evil‹?, Intelligence Online 425, 14. März 2002.

276 Judy Pasternak, »Emirates looked the other way«, Los Angeles Times, 20. Januar 2002.

277 Ebd.

278 Phillip van Niekerk, »Africa's ›Merchant of Death«, The Public I, 20. März 2002.

279 Judy Pasternak, »Emirates looked the other way«, Los Angeles Times, 20. Januar 2002.

280 Aussage von Ahmed Ressam vor dem Distriktgericht Manhattan am 23. Juni 2001.

281 Alfred W. McCoy, The Politics of Heroin in Southeast Asia, Harper & Row, Reprint 1989.

282 Maj.-Gen. Sing-yu Chu, Communist Strategy of Narcotics, Society for Strategic Studies, Taipei, 1957.

283 Alfred W. McCoy, The Politics of Heroin in Southeast Asia, Harper & Row, Reprint 1989.

284 Solche Anzeigen sind zum Beispiel in der amerikanischen Fachzeitschrift Medical Mirror aus dem Jahr 1900 zu finden.

285 US-Congress, Senate Committee on Government Operations, Organized Crime and Illicit Traffic in Narcotics, 88. Congress, 1.& 2. Sitzungsperiode, 1964.

286 Special Forces Maj. Ret. Mark A. Smith, Interview in Bangkok, 1995.

287 Alexander Cockburn, White Out, London-New York 1998.

288 Ebd.

289 US Army ›Cheko‹ Report (secret).

290 Diese Schätzung der UN-Drogenbehörde in Wien schließt alle Drogen ein.

291 J. H. Turnbull, Chinese Opium Narcotics, Foreign Affairs Publishing Company, 1972.

292 »How Bosnia's Muslims dodged arms embargo«, Washington Post, 22. September 1996.

293 Information des italienischen Militärgeheimdienstes SISMI.

294 Joseph D. Douglass, Jr., Red Cocain, Clarion House, 1990.

295 Hintergrundgespräch am 12. Februar 2002.

296 Kommuniqué des britischen Schatzministeriums vom 8. November 2001.

297 John Crewdson, »Bin Laden-linked bank not on US terror list«, The Chicago Tribune, 3. November 2001.

298 Jean-Charles Brisard/Guillaume Dasquié, Die verbotene Wahrheit. Die Verstrickungen der USA mit Osama bin Laden, Zürich 2002.

299 http://www.faysalbank.com; siehe unter ›Group Profile‹.

300 »Shamil Bank all set to open branch in Yemen«, Islamiq Daily, Financial News, 23. August 2000.

301 The Bankers' Almanac, 2002.

302 Ebd.

303 Ebd.

304 John Crewdson, »Bin Laden-linked bank not on US terror list«, The Chicago Tribune, 3. November 2001.

305 Andrew Higgins, »Assault on Charities is risky«, The Wall Street Journal, 16. Oktober 2001.

306 Ebd.

307 Telefonische Erklärung von Mrs. Wendy White/Tamaam Trustees am 22. Oktober 2001.

308 Hintergrundgespräch am Sitz des Hohen Vertreters der Europäischen Union in Sarajevo im März 1999.

309 Andrew Higgins, »Assault on Charities is risky«, The Wall Street Journal, 16. Oktober 2001.

310 US-National Archive and Records Administration; RG 59, Rusk Files: Lot 72 D 192, Chron Files, December 1961. Secret (Special Handling).

311 »What's behind the al-Haramayne Foundation«, Intelligence Online 425, 14. März 2002.

312 Ebd.

313 Hintergrundgespräch mit einem Mitglied der O'Neill-Delegation am 12. März 2002.

314 Verhörprotokoll al-Najjar vor der Militärstaatsanwaltschaft Kairo, im Besitz der Autoren.

315 Bericht des russischen Geheimdienstes FIS, März 2000.

316 Ebd.

317 Gespräch von Johannes von Dohnanyi in Bangkok im April 2000.

318 Hintergrundgespräch mit einem Vertreter des italienischen militärischen Aufklärungsdienstes SISMI in Rom, Oktober 2001.

319 Ebd.

320 Alice Schwarzer (Hrsg.), Die Gotteskrieger und die Toleranz, Köln 2002.

321 CNN, 8. Oktober 2001.

322 Hintergrundgespräch bei der Militärstaatsanwaltschaft Kairo im Dezember 2001.

323 United Nations Act 1946; Bank of England Notice, 6. Dezember 2001 u.a.

324 Report des französischen Geheimdienstes, November 2001.

325 Ebd.

326 Auszug aus dem Eidgenössischen Handelsregister.

327 The Bankers' Almanac, 2002.

328 Vernon Silver, »Inside Qaddafi's financial web«, Bloomberg Markets Magazine, November 2001.

329 The Bankers' Almanac, 2002.

330 Vernon Silver, »Inside Qaddafi's financial web«, Bloomberg Markets Magazine, November 2001.

331 John Crewdson, »Bin Laden-linked bank not on US terror list«, The Chicago Tribune, 3. November 2001.

332 »Alledgedly hacked Bank denies bin Laden connection«, Washington Post, 12. Oktober 2001.

333 John Crewdson, »Bin Laden-linked bank not on US terror list«, The Chicago Tribune, 3. November 2001.

334 »Allah, Odin und die Schatten der Unterwelt«, Independent Media Center, Austria, 4. Dezember 2001.

335 Zentrales Eidgenössisches Firmenregister (Zefix), 2002.

336 »Bin Laden family: he's still alive«; CNN, 19. März 2002.

337 Richard Labevière, Les dollars de la terreur.

338 Roland Rossier, »Un demi-frere sous haute surveillance«, L'Hebdo, 27. September 2001.

339 www.intelligenceonline.fr, ›L'environnement économique d'Oussama bin Laden‹, September 2001.

340 »Tracfin Takes a look at Yeslam bin Laden«, Intelligence Online 425, 14. März 2002.

341 Gespräch Johannes von Dohnanyi mit dem Bodenpersonal des Flughafens Forlanini im November 2001.

342 Hintergrundgespräch bei der Kantonalpolizei Zürich am 10. November 2001.

343 Hintergrundgespräch mit dem CIA-Officer in Mailand am 22. November 2001.

344 Eidgenössisches Amt für das Handelsregister Zefix, 2002, und Teledata Kiss, Stand 27.12.2001.

345 Eidgenössisches Amt für das Handelsregister, 1998.

346 US-Congress, Walsh Report on the Iran-Contra Affaire, Kapitel 8: The Enterprise and it's finances.

347 Ebd.

348 Ebd.

349 Interview Bixio, Famiglia Cristiana.

350 »Irangate Financial Fallout«, Intelligence Online, Nr. 199, 26. August 1992.

351 »Zucker doesn't get Swiss Nationality«, Intelligence Online, Nr. 207, 16. Dezember 1992.

352 »Allah, Odin und die Schatten der Unterwelt«, Independent Media Center, Austria, 4. Dezember 2001.

353 Informationen gegen Rechtsextremismus (IDGR), Lexikon Stichwort ›François Genoud‹.

354 Anton Mägerle, ›Portrait eines Schweizer Alt-Nazis‹, blick nach rechts, 4/96.

355 Ebd.

356 Karl Laske, Ein Leben zwischen Hitler und Carlos: François Genoud, Zürich 1996.

357 Ebd.

358 Anton Mägerle, »Die unheilige Allianz zwischen Hakenkreuz und Halbmond«, Tribüne, Zeitschrift zum Verständnis des Judentums, Heft 160, 4. Quartal, S. 218-232, 2001.

359 »Enttarnt! Bin Ladens Schweizer Freunde«, Blick, 16. September 2001.

360 Otto Skorzeny, Meine Kommandounternehmen, München 1976.

361 Konkret, Nr. 12, 2000.

362 Interview mit Huber in Der Morgenstern, Schweiz, Nr. 1, 1998.

363 http://www.deutsches-reich.de/deutscheskolleg/independence.html.

364 Informationsdienst gegen Rechtsextremismus, Lexikon, Stichwort ›Avalon‹.

365 Friedrich Heller, Anton Mägerle, Die Sprache des Hasses, Schmetterling Verlag, 2001.

366 G. Desiderio, »Guarda chi c'e' nel nuovo Pantheon di Fini«, Il Corriere della Sera/Sette, 14. März 2002.

367 Gründungsakt der ›al-Taqwa Management Organization SA‹, registriert am 22. Juli 1988 in Lugano.

368 Telefonische Anfrage bei dem Institut Pio Manzu Anfang Oktober 2001.

369 Laut Firmenregister Nassau/Bahamas.

370 Aktionärsverzeichnis der al-Taqwa Bank im Besitz der Autoren.

371 Italienischer Ermittlungsbericht im Besitz der Autoren.

372 Aktionärsverzeichnis der al-Taqwa Bank im Besitz der Autoren.

373 Italienischer Ermittlungsbericht im Besitz der Autoren.

374 Auszug aus dem italienischen Handelsregister.

375 Ebd.

376 Auszug aus dem Handelsregister des Fürstentums Liechtenstein.

377 Brief des Banco di Roma vom 5. September 1977.

378 Haftbefehl gegen Lased Ben Heni u. a. in Mailand, 2. Oktober 2001.

379 Auszug aus dem Handelsregister der Mailänder ›Camera di Commercio‹.

380 Interviews Johannes von Dohnanyi mit dem Barbesitzer und anderen Bewohnern des Mailänder Viertels um die Viale Jenner zwischen Oktober 2000 und Dezember 2001.

381 Ermittlungsbericht der italienischen Finanzpolizei im Besitz der Autoren.

382 Protokolle der Generalversammlungen vom 20. und 28. Oktober 1994.

383 Auszug aus dem Handelsregister des Fürstentums Liechtenstein.

384 Vittorio Malagutti, »Lavanderia globale«, Il Mondo, 7. Juni 1993.

385 Grimaldi, Berlusconi – la biografia non autorizzata, Editore L'Altritalia, Avvenimenti.

386 Vittorio Malagutti, »Lavanderia globale«, Il Mondo, 7. Juni 1993.

387 Enzo D'Antona, »Quelle azioni d'onore«, Il Mondo, 7. November 1993.

388 Vittorio Malagutti, »Lavanderia globale«, Il Mondo, 7. Juni 1993.

389 Auszug aus dem Handelsregister des Fürstentums Liechtenstein.

390 Anonymer Brief an die Regierung des Fürstentums Liechtenstein, im Besitz der Autoren.

391 Ebd.

392 BND-Bericht »Die Geldwäsche-Community in Liechtenstein«, Kopie im Besitz der Autoren.

393 Aussage von Waddani und Folgeermittlungen in Mailand im Besitz der Autoren.

394 Eidgenössisches Handelsregister Zefix.

395 Aussage von Waddani und Folgeermittlungen im Besitz der Autoren.

396 Mailänder Anklageschrift gegen Khemais u. a.

397 »Rechtsradikale mit Islamisten vernetzt«, Süddeutsche Zeitung, 7. Dezember 2000.

»Beeindruckend und ... überzeugend!«

Frankfurter Allgemeine Zeitung

Jean-Charles Brisard
Guillaume Dasquié
Die verbotene Wahrheit
Die Verstrickungen der USA
mit Osama bin Laden
288 Seiten. Gebunden mit SU.
€ 18,90 / sFr 36,–
ISBN 3-85842-477-3

Die beiden Geheimpolizisten Brisard und Dasquié entlarven die
Geschichte brisanter politischer Verbindungen, die durch das
Attentat vom 11. September eine tragische Dimension bekamen.
Ihre Recherche beruht auf zuverlässige Quellen – internen Doku-
menten des Geheimdienstes und unveröffentlichten Zeugenaus-
sagen – und beschreibt die geheimen Verhandlungen zwischen der
US-Administration und den Taliban bis zum Sommer 2001.
Den Autoren gelingt es, tief in die Welt Osama bin Ladens und
seiner Verbündeten einzutauchen. So entsteht ein anschauliches
Bild dieses Mannes, der zugleich Partner des Westens und Geld-
geber des Terrors ist.

Pendo
www.pendo.ch

Forchstraße 40 CH - 8032 Zürich
Fon 0041 / 1 / 389 70 - 30
Fax 0041 / 1 / 389 70 - 35